武汉大学党内法规研究中心

珞 珈 党 规 精 品 书 系

拉丁美洲主要国家政党法规和党内法规选译

TRADUCCIÓN DE LEGISLACIONES Y ESTATUTOS SELECCIONADOS
DE PARTIDOS POLÍTICOS DE PAÍSES DE AMÉRICA LATINA

刘晋彤　苏雨荷　罗佳 / 译
祝捷 / 策划

社会科学文献出版社
SOCIAL SCIENCES ACADEMIC PRESS (CHINA)

丛书编委会

主　　任：王永辉　周叶中

副主任：艾海滨　李斌雄　祝　捷

编　　委：(按姓氏音序排列)

陈洪波　陈焱光　丁俊萍　刘茂林　罗永宽

秦前红　孙大雄　孙德元　王广辉　王伟国

伍华军　张晓燕　赵　静

武汉大学党内法规研究中心简介

武汉大学党内法规研究中心成立于 2016 年 9 月 21 日。中心由中共湖北省委办公厅与武汉大学共建，是全国第一家党内法规实体性科研机构。中心按照建设全国党内法规研究高端智库、党内法规理论研究和创新基地、党内法规制度教育培训基地的"一库两基地"目标定位，主要承担党内法规基础理论和应用理论研究、对策研究、人才培养和学术交流等基本任务。武汉大学是我国高校中最早开展党内法规相关问题研究的学术阵地。依托马克思主义理论、法学、政治学等优势学科，党内法规研究中心的专家学者围绕党内法规基础理论、党内法规与国家法律的关系、党内法规实施机制等问题，已经出版学术专著数十部，发表学术论文数百篇，并提交多篇咨询报告，形成了一批具有重要理论价值和实践价值的标志性成果。中心陆续获批招收全国首批党内法规研究方向博士研究生、硕士研究生，开创"党内法规学"学科建设先河。中心召开的 2017 年第一次工作会议图片入选 2017 年 9 月 25 日开幕的"砥砺奋进的五年"大型成就展，这充分肯定了中心在标志性、引领性、关键性党内法规制定出台工作中作出的贡献。面向未来，武汉大学党内法规研究中心将始终坚持正确的政治方向，继续贯彻中央有关全面从严治党的大政方针，围绕党内法规建设问题开展跨学科协同创新研究，集中力量打造党内法规理论研究、智库建设、人才培养、高端培训的高质量研究平台与国家高端智库。

目　录

序 言

习近平总书记指出：加强党内法规制度建设是全面从严治党的长远之策、根本之策。党的十八大以来，以习近平同志为核心的党中央坚持思想建党与制度治党紧密结合，坚持依法治国与制度治党、依规治党统筹协调、一体建设，在党内法规制度建设领域取得了丰硕的成果。党内法规制度建设，已经成为中国共产党探索共产党执政规律的重要组成部分。世界很多国家都采取政党政治，法治也成为治国理政的必然选择，将政党政治和法治结合起来，推进政党法治建设，已经成为一种潮流，也体现了人类政治文明发展的一般规律。政党法规，是由国家或地区的公权力机构制定、施行，以规范政党行为的规范性文件，而党内法规则是由各政党自行制定、施行，以规范党组织和党员行为的规范性文件。政党法规在政党外部规范政党行为，体现了国家或地区的公权力机构对于政党的政策、立场和原则，而党内法规则在政党内部规范党组织和党员的行为，体现了政党对于自身建设的政策、立场和原则。世界上很多国家都在宪法中规定政党的地位和作用，有很多国家制定专门的政党法规以规范政党组织和政党行为，一些国家的政党也制定党章、党纲和其他党内法规。他山之石，可以攻玉。学习、借鉴其他国家的政党法规和党内法规，对于加强中国共产党党内法规制度建设，推进党内法规制度建设更加科学化有着积极意义。

然而，受限于语言的障碍和资料的匮乏，对国外政党法规和党内法规的翻译工作开展得十分艰难。我们对很多国家的政党法规和党内法规特别是一些长期执政或具有国际影响力的大党、老党的党内法规缺乏系统的收集、整理和翻译，这不能不说是党内法规理论研究工作的一种遗憾。2017年，中共中央印发《关于加强党内法规制度建设的意见》，明确提出要在建党100周年时形成比较完善的党内法规制度体系、高效的党内法规实施体系、有力的党内法规制度建设保障体系。国外政党法规和党内法规的构成和主要内容，是形成比较完善的党内法规制度体系的有效借鉴。国外公权力机构制定、运行政党法规，以及国外政党制定、运行党内法规的实践，是我国形成高效的党内法规实施体系的必要参考。国外政党法规和党内法规的比较研究，是党内法规制度建设理论研究的重要组成部分，因而也是形成有力的党内法规制度建设保障体系的关键环节。因此，对国外政党法规和党内法规的收集、翻译、整理以及在此基础上的研究工作，对于建立完善的党内法规体系有着重大的理论和实践价值。

为此，武汉大学党内法规研究中心组织骨干力量，运用跨学科、多语言的优势，翻译出版"国外政党法规和党内法规译丛"，翻译德国、日本、俄罗斯、韩国、西班牙、法国等国家的政党法规和这些国家主要政党的党内法规，供学术界开展研究时参考，也供有关部门决策和制定相关党内法规时参考。对于这套译丛，有几个理论、实践和翻译方面的问题，必须予以说明。

第一，关于国外政党法规和党内法规的基本态度。尽管政党政治和法治是世界很多国家进行治国理政的基本方式，也为越来越多的跨社会制度、跨文化背景和跨文明形态的国家所采用，人类在政治文明演进过程中，也的确形成了一些具有规律性的共识，但是，这并不意味着国外特别是西方国家的政党法规和党内法规已经成为一种具有普遍性的模式。世界各国的政党政治发展有着特异性，世界各国的法治形态和法治的实现形式也存在差异，因而并不存在"放之四海而皆准"的政党法规和党内法规模式。各国的政党法规和党内法规也存在诸多不同，差异性大于共同性，特色性大于一般性。中国共产党党内法规制度建设既需要从国外政党法规和党内法规中吸取、借鉴合理的因素，也需要批判、反思国外政党法规和党内法规中值得商榷或不符合中国国情和中国共产党党情的做法。国外政党法规和党内法规因而并不是中国共产党党内法规制度建设的唯一道路和终极目标，更不能作为判断中国共产党党内法规制度建设的标准。

第二，关于国外政党法规和党内法规文本在理论研究和实践运行中的参考价值。《中国共产党党内法规制定条例》第 5 条第 1 款规定，党内法规的内容应当用条款形式表述，不同于一般不用条款形式表述的决议、决定、意见、通知等规范性文件。据此，党内法规是具有规范形态的党的政策、纪律和各级党组织、党员行为方式的总和。法律文本对于法学研究的重要价值,可以类比迁移至理解党内法规文本对于党内法规理论研究的重要价值上来。注重文本,从文本中探寻规范演化规律、发展规律,研究党内各项制度的构成要件、调整方式和责任机制,是从理论角度研究党内法规的重要方法。而对党内法规文本的比较研究,在理论研究的层次适度引入国外政党法规和党内法规文本,有助于深化党内法规制度建设规律的认识,建立党内法规制度建设的理论体系。党内法规制度建设是实践性、技术性和操作性较强的活动。党内法规的实践运行,需要合理借鉴和吸取国外政党法规和党内法规实施的若干经验和教训。从文本出发,了解国外政党法规和党内法规的规范构成、基本框架、主要内容和实施体制,特别是与规范实施密切相关的立改废释制度、责任追究制度、实施评估制度等,对党内法规制度建设的实践运行具有重要意义。

第三,关于本译丛翻译过程中的相关问题。翻译是一次文本再造的过程。规范文本的翻译,需要进入规范文本制定和实施的场域,既需要借助较高的外语能力和业务能力理解、吃透国外政党法规和党内法规文本的含义,又需要较高的语言表达能力将国外政党法规和党内法规文本的含义用准确的中文表达出来。众所周知,由于语言、法律传统以及政党自身的原因,国外政党法规和党内法规的文本都非常晦涩,一些条文的编列方式、表述方式与中国法律和中国共产党的党内法规差异较大,这给翻译工作造成了很大的困扰。本着坚持正确的政治立场、忠实条文原文原意和符合国内读者阅读习惯的原则,在翻译时秉持的准则为:一是翻译对象的选择,包括各国宪法中的政党条款,主要政党法规和主要政党的党章、党纲,其他重要党内法规等,其中所谓"主要政党"是指仍然活跃在该国政坛,曾经或正在执政,或者虽未执政但有着重大影响力的政党;二是翻译文本的结构,尽量忠实于原文本的结构,符合原文本的表述习惯,而对于很多国外政党法规和党内法规自身存在文本瑕疵、结构谬误的,在不影响阅读和不破坏原意的情况下,进行必要的调整和修饰;三是翻译语言的风格,既要符合原文本的风格,也要符合该国法律文本的表述风格,但同时也要考虑国内读者的阅读习惯。如德国政党法规和党内法规的文本,如同其他德国法一样,大量出现复杂句式和晦涩的法律用语,如果按原文直译,会给读者造成较大的困扰,因而在翻译时尽量使用国内读者易于理解的句式和语言。再如日本政党法规和党内法规的文本，有很多制度名称如果按日语直译，与中文同一制度名称含义差异较大且与其他制度名称难以严格区分，因而在翻译时也做了必要的处理。

当然，翻译国外政党法规和党内法规是一项非常艰难的工作，只能逐步摸索、循序渐进，成熟一本、出品一本。我们一致认为，这的确是一项有着重大理论价值和实践价值的工作，也是一件有意义的工作。因此，武汉大学党内法规研究中心将"不忘初心、砥砺前行"，持续推动本项工作，以期为党内法规制度建设贡献智慧。

阿根廷政党组织法

第 23.298 号法律

批准时间：1985 年 9 月 30 日

颁布时间：1985 年 10 月 22 日

本法由阿根廷国会两院依法批准。

第一部分　总则

第一条

选民享有政治结社权，可以组建民主政党。

依据本法的规定和要求，政治团体享有与政党相同的组建、组织、自治及自由运作的权利，并具有政治法人资格，可在一个或多个选区开展活动或组建政党联盟。

（2012 年 11 月 2 日第 26.774 号法律第四条修订）

第二条

政党是制定和执行国家政策的必要手段，拥有提名公职候选人的专属权利。

在政党组织章程认可的情况下，政党可以提名推荐非本党籍的选民。

（2012 年 11 月 2 日第 26.774 号法律第四条修订）

第三条

政党的存续必须符合以下条件：

（1）拥有稳定的、有政治联系的选民群体；

（2）遵守组织章程的规定，具有稳定的组织结构及良好的运作，依照党内民主原则和选举方式，定期选举党的领导人和权力机构，尊重性别平

等原则，但无须严格遵循岗位轮换原则；（2017 年 12 月 15 日第 27.412 号法律第六条修订）

（3）取得由司法机关赋予的政治法人资格，并在相应的政党登记处完成注册。

（2012 年 11 月 2 日第 26.774 号法律第四条修订）

第四条

依据民法典及本法的规定，政党享有权利并承担义务。

第五条①

本法的调整对象属于公共秩序范围。本法自 1985 年 11 月 4 日起，适用于参与国家公职人员选举的政党，以及参与布宜诺斯艾利斯市和国土范围内的火地岛、南极洲及南大西洋诸岛的市政选举的政党。第五十条第（3）款所述情形除外，该款自 1985 年 11 月 3 日起生效。

第六条

联邦选举法院任命的督导专员，将负责审查相关组织法赋予政党的职权和管辖权，政党的有效权利、职权、担保和义务，以及政党领导人、候选人、党员和普通选民依本法及其他法律的规定进行登记的情况。

（2012 年 11 月 2 日第 26.774 号法律第四条修订）

第二部分 政党的组建

第一章 取得法人资格的要求

（一）地区性政党

第七条

为取得临时性政治法人资格，政治团体应向主管法官提出申请，并提交：

---

① 立法文献注：2006 年 12 月 29 日第 26.191 号法律第一条规定："废除第 25.611 号法律及其条款，恢复第 23.298 号法律的效力"，但未说明适用第 23.298 号法律的原始条文规定，或是经第 23.476 号法律第二条修订后的规定。

（1）组建大会的会议记录及支持者人数证明。支持者人数不得低于该地区登记选民总人数的千分之四，但不得超过一百万人。支持者的入党意愿书中应包含姓名、住址和身份证号，并由本人签名。

（2）组建大会上通过的党名。

（3）组建大会上批准的原则声明及政治行动纲领。

（4）组建大会上批准的组织章程。

（5）建党领导人的任命记录。

（6）党址及党的代理人的任命记录。

政治团体在取得临时法人资格期间，将被视为在建政党，不得在初选或全国大选中提名公职候选人，也无权获得普通或特殊的公共拨款。

（2009 年 12 月 14 日第 26.571 号法律第二条修订。依据 2004/2009 号法令第一条的规定，本条自 2011 年 12 月 31 日生效）

第七条之二

为取得最终政治法人资格，在建政党必须：

（1）于一百五十天内，有超过该地区登记选民总人数的千分之四但人数不超过一百万的选民加入该党，并附上经政党权力机构核实的、包含党员住址及身份证号的证件复印件。

（2）于一百八十天内，举行党内选举，组建党的最终权力机构。

（3）于取得政治法人资格的六十天内，提交第三十七条规定的文件。

在政党的权力机构最终组建之前，将由建党领导人或代理人负责审核政党各项材料的真实性，并提交联邦选举法院。

（2009 年 12 月 14 日第 26.571 号法律第二条修订。依据 2004/2009 号法令第一条的规定，本条自 2011 年 12 月 31 日生效）

第七条之三

政党为维持政治法人资格，必须始终保证最低党员人数要求。检察院出于职权或应联邦初审选举法院的要求，应于每年第二个月对政党是否符合要求进行核实，并适时宣布政党的政治法人资格失效。

在宣布政党的政治法人资格失效之前，主管法官应警告政党于九十天内（不可延长）达到相关要求，否则将注销政党在政党登记处的注册、党名及党名缩写。

全国选举委员会应于每年 2 月 15 日之前，公布各地区的政党为维持政治法人资格所需的最低党员人数要求。

（2009 年 12 月 14 日第 26.571 号法律第四条新增）

（二）全国性政党

第八条

如果五个及以上的、已取得法人资格的地区性政党，拥有相同的党名、原则声明、政治行动纲领及组织章程，则可向联邦初审选举法院申请成为全国性政党。在取得全国性政党的法人资格后，政党必须在其开展行动的地区，向主管联邦选举法官提出申请，以便在政党登记处进行注册。除第七条和第七条之二的规定外，政党还需提交：

（1）取得政治法人资格的证明；

（2）组建全国性政党的原则声明、政治行动纲领及组织章程；

（3）全国性领导人和地区性领导人的选举与任命记录；

（4）党中央的地址及党的代理人的任命记录。

全国性政党为维持政治法人资格，必须始终保证最低的地区数要求，且各地区政党均具有政治法人资格。检察院于每年第二个月对政党是否符合要求进行核实，并适时宣布政党的政治法人资格失效。

在宣布政党失效之前，主管法官应警告政党于九十天内（不可延长）达到相关要求，否则将注销政党在政党登记处的注册、党名及党名缩写。

（2009 年 12 月 14 日第 26.571 号法律第五条修订）

第九条

依据第八条之规定，全国性政党的组建地为政党进行组建并开展初始行动的地区。

对于已获得上述任一认可的政党，如果政党提议维持原组建地区，且在最终裁决中未涉及其他地区，则政党的组建地将为法院。

（三）政党联盟

第十条

在符合组织章程的规定下，政党可以组建选举联盟，以提名公职候选人。两个及以上的地区性政党可以组成地区性选举联盟，两个及以上的全国性政党可以组成全国性选举联盟。不属于全国性政党的地区性政党，可以与全国性政党组建选举联盟。

加入地区性选举联盟的政党，必须取得所在地区的联邦选举法官赋予的法人资格；加入全国性选举联盟的政党，必须取得联邦首都区的联邦选举法官赋予的法人资格。政党应于大选初选①的六十天之前，取得相应法官赋予的法人资格，并提交：

（1）选举联盟的组建协议，其中应包含财务协议；

（2）选举条例；

（3）各政党依据其组织章程的规定，由各自的领导机构批准成立的过渡联盟；

（4）联盟的中央地址及代理人的任命记录；

（5）联盟选举委员会的组成；

（6）对政党常设基金的拨款的分配协议。

加入选举联盟的政党，可在大选后组成党派联盟，以便继续开展行动。

（2009 年 12 月 14 日第 26.571 号法律第六条修订）

第十条之二

两个及以上的地区性政党可以组成地区性党派联盟，两个及以上的全国性政党可以组成全国性党派联盟，以便在大选后继续开展行动。党派联盟将代行各成员政党的政治权和财务权。

加入地区性党派联盟的政党，必须取得所在地区联邦选举法官赋予的法人资格；加入全国性党派联盟的政党，必须取得联邦首都区的联邦选举法官赋予的法人资格，并提交：

（1）党派联盟的组建协议和组织章程；

（2）联盟的名称；

（3）组建大会上批准的原则声明及政治行动纲领；

（4）领导人的任命记录；

（5）联盟的中央地址及代理人的任命记录；

（6）于取得政治法人资格的六十天内，提交第三十七条规定的文件。

为以党派联盟的身份参加大选，联盟应于大选初选的六十天之前，向联邦选举法官申请取得法人资格。

（2009 年 12 月 14 日第 26.571 号法律第七条新增）

———————————

① 译者注：阿根廷大选初选（PASO）为初步、公开、全国同步和强制性的选举。

第十条之三

所有依规定完成注册的政党，均可与一个或多个政党进行合并，但应向其组建地的联邦初审选举法院提交：

（1）合并协议，并附上签署人的姓名、住址及身份证号。

（2）成员政党的相关机构提出合并意愿的会议记录。

（3）本法第七条第（2）款至第（6）款规定的材料。

（4）公示证明。合并协议应在各成员政党的组建地的官方公报上，进行为期三天的公示，如有异议，可于公示后的二十天内向组建地的初审选举法院提出。

联邦初审选举法院应对成员政党的党员总数进行核实，其人数不得低于该地区登记选民总人数的千分之四。

合并政党在取得联邦选举法官赋予的法人资格后，将享有政治法人资格，并从法律上继承成员政党的权利和义务，但成员政党的负责人将继续对合并前的行为承担个人责任。

自合并政党取得司法机关赋予的法人资格之日起，成员政党的所有选民将成为新政党的党员，除非选民在上述公示后的二十天内提出异议。

（2009 年 12 月 14 日第 26.571 号法律第八条新增）

（四）审查权与脱离权

第十一条

全国性政党中的地方性政党不具有脱离权，党中央主管机构对地方性政党具有审查权。

第十二条

党派联盟中的成员政党具有脱离权且可废除联盟协议，联盟中央机构对成员政党不具有审查权。

第二章　党名

第十三条

党名是政党的特有属性，不得被国土范围内任何其他政党、协会或实体使用。

党名在党的组建大会上确立，但不妨碍其后续的更改或修订。

第十四条

党名的更改或修订必须符合法律的规定，并须经联邦选举法院通过。

在新党名获得承认后，联邦选举法官应告知政党的代理人，并在国家官方公报上对新党名进行为期三天的公示，同时，还应公布由其他政党或联邦检察官提出异议的时间。

在联邦选举法官做出最终决定之前，其他已取得法人资格的政党或在建政党可以对获得承认的党名提出异议，或是在依本法规定召开的听证会上提出上诉，但上诉将不妨碍政党后续行动的开展。

依据第三十九条之规定，就党名所做出的最终决议，应告知全国选举委员会。

第十五条

"政党"一词仅用于获得法人资格的或在建的政治团体。

第十六条

党名中不得包含个人姓名或衍生名，不得包含"阿根廷""国家""国际"等表述或派生表述，不得包含可能对阿根廷国际关系造成影响的表述，不得包含可能导致种族、阶级、宗教对立的字眼。党名必须与任何其他政党、协会或实体的名称有明显且合理的区别。在政党分立的情况下，分立后的团体无权使用整个或部分的党名，或在原党名的基础上进行增添。

第十七条

在政党的政治法人资格失效或被宣告终止的情况下，其党名不得被任何其他政党、协会或实体使用，直至该党的法人资格失效满四年或经最终判决被宣告终止满八年。

第十八条

政党的注册编号按政党获得法人资格的先后顺序生成，政党对其拥有永久使用权。

第三章　党址

第十九条

政党应在申请取得法人资格的地区首府设立合法党址，并应对外公布党的中央党址和地方党址。

第二十条

依据本法之规定，选民的选举地以户口本或身份证件上的最新登记的地址为准。

（2012 年 11 月 2 日第 26.774 号法律第四条修订）

第三部分　政党的组织章程和竞选纲领

第二十一条

组织章程是政党的基本准则，对政党的职权、权利和义务具有约束力。政党的领导人和党员必须依据政党的组织章程开展行动，并在党内职位分配上尊重性别平等原则。

（2017 年 12 月 15 日第 27.412 号法律第七条修订）

第二十二条

在进行候选人的选举之前，党的机构必须按照原则声明及政治行动纲领，对竞选纲领进行批准或事先认可，并将竞选纲领副本及候选人资格证明提交联邦选举法官，以便将候选人纳入正式的选举名单中。

第四部分　政党的运作

第一章　党员

第二十三条

为加入政党，选民应当：

（1）在申请入党的地区选民登记处进行注册。

（2）提供户口本、居民身份证等身份证明材料。

（3）提交一式四份的入党申请表，其中包含：姓名、住址、身份证号、阶层、婚姻状况、职业、工作单位及本人签名。公职人员或党的执行机构任命的人员必须对申请人签名的真实性进行核实，并将党员名单上报联邦选举法院。此外，申请人亦可通过居住地的邮局提交入党申请，由邮局领导对申请人签名的真实性进行核实。

入党申请表由内政和交通部向政党免费提供，政党按照申请表模板的尺寸、材质及其他特性自行制作，费用自理。

（2012 年 11 月 2 日第 26.774 号法律第四条修订）

第二十四条

以下人员不得入党：

（1）依现行法律规定，被排除在选民登记册外的人员；

（2）国家武装部队中现役的或退役后继续履职的长官和副官；

（3）国家或各省安全部队中现役的或退役后继续履职的长官和副官；

（4）国家及省级司法机关、市级法院的大法官。

第二十五条

党员资格自党的主管机构通过其入党申请后生效，或自提交入党申请的十五个工作日后自动生效。政党拒绝申请人的入党申请，必须提出合理的理由，且申请人可向该地区的联邦选举法官提出上诉。

入党申请表一式四份，一份由本人保存，一份由政党保存，其余两份提交联邦选举法院。

（2009 年 12 月 14 日第 26.571 号法律第九条修订）

第二十五条之二

党员因退党、被开除党籍或违反第二十一条和第二十四条的规定，将被终止党员资格，并应及时通知相应的联邦选举法官。

（2009 年 12 月 14 日第 26.571 号法律第十条修订）

第二十五条之三

选民不得同时加入两个政党。选民必须在事先退出已加入政党的情况下，方可加入另一政党。

（2009 年 12 月 14 日第 26.571 号法律第十一条修订）

第二十五条之四

选民可亲自或通过免费电报，向相应地区的选举秘书处提出退党申请。为此，阿根廷共和国将为选民免费提供国土范围内的电报服务，电报服务产生的费用由内政和交通部承担，且无须预付。联邦初审选举法院在收到党员的退党申请后，必须予以同意，并将退党事宜告知相关政党。

（2012 年 11 月 2 日第 26.774 号法律第四条修订）

第二十六条

党员的注册信息应对外公开，其中的入党申请表应保持信息更新。联邦选举法院及政党将负责党员注册事宜的组织和运作。

选民有权知悉入党的进展情况，但出于对第三方数据的访问限制，全国选举委员会应制定机制，让选民仅可查询到个人的入党进展情况。

（2009 年 12 月 14 日第 26.571 号法律第十三条修订）

第二十七条

党员名册应对外公开，并由政党出于职权或应联邦司法机关的要求进行完善。政党在对党员名册进行完善时，应及时更新并核实党员的信息及党员名单，并于党内选举之前或应联邦选举法官的要求，交由相应的联邦选举法官。

第二十八条

政党可以按照初审法院的规定和要求，自行负责党员的注册登记及党员名册的完善，无须联邦选举法院的参与，但法官可以依职权或应相关利益方的请求，对政党进行监督和审查。

第二章　党内选举

第二十九条

政党应依据党的组织章程，并在符合政党组织法及选举立法规定的情况下，定期对党的权力机构进行选举。选举产生的国家公职候选人将依据相关法律的规定，与其他政党一起参加全国范围的，公开、同步和强制性的大选初选。

（2009 年 12 月 14 日第 26.571 号法律第十四条修订）

第三十条

联邦选举法院可以应利益方的请求，在党内选举中任命监察员，以监督党的各项收支情况。

第三十一条

党内选举结果应对外公开，并告知联邦选举法官。

第三十二条

自党内选举的召开之日起至最终投票结束，选举委员会在此期间做出的任何决定，应于二十四小时内告知政党。政党有权在上述期限内，向相应的联邦选举法官提出上诉。法官于收到上诉后的二十四个小时内，无须其他手续，可直接做出裁决。就该裁决结果，政党不得再次提出上诉。

选举委员会对最终投票结果做出的裁决，应于二十四个小时内告知政党。政党有权在四十八个小时内，向相应的联邦选举法官提出上诉。法官于收到上诉后的七十二个小时内，无须其他手续，可直接做出裁决。

政党提出上诉时应有充分、合理的理由，且应告知选举委员会。选举委员会应及时对上诉事宜进行记录。

除第一段所述情形外，就其余的上诉，法官应于收到上诉后的三日内，在相应的法庭进行审理，并做出司法裁定。政党可以就上述司法裁定结果，向联邦选举法官提出申诉，并由法官立即移交上级机关。上级机关在收到申诉后的五日内，无须其他手续，可直接做出裁决。

在任何情况下，不得出于任何原因，对相关的大法官提出质疑。

第三十三条

下述人员不得在初选或大选中担任国家公职候选人，也不得担任党内职务：

（1）依现行法律规定，被排除在选民登记册外的人员；

（2）国家武装部队中现役的或退役后继续履职的长官和副官；

（3）国家或各省安全部队中现役的或退役后继续履职的长官和副官；

（4）国家及省级司法机关、布宜诺斯艾利斯自治市司法机关及市级法院的大法官和常任公职人员；

（5）在国家、省市及布宜诺斯艾利斯自治市的特许公共服务公司和工程公司中担任领导或代理人的人员，或在博彩公司担任领导或代理人的人员；

（6）因种族灭绝罪、反人类罪、战争罪，以及因非法镇压、虐待、买卖人口、拐卖儿童等构成严重侵犯人权的行为，被处以判决的人员，或其行为触犯了国际刑事法院《罗马规约》的人员；

（7）因上述罪行被判刑但尚未执行的人员。

政党在大选中提名国家公职候选人时，不得违反本条的规定。

（2009年12月14日第26.571号法律第十五条修订）

第三十四条

依据宪法及法律的要求，候选人在就职时必须提供住址。如果候选人已在相应地区的选民登记处完成注册，则无须提供证明文件，可通过其他方式对其住址进行核实。

第三章　政党的所有权

第三十五条

依据本法、其他相关法律和政党组织章程的规定，政党有权使用党名，对党进行领导和管理，以及开展一切与党相关的活动。

第三十六条

依据第三十五条之规定，政党的党产、标识、编号、账簿和所有文件归政党所有，且政党拥有使用权。

第四章　政党的账簿和文件

第三十七条

政党的账簿和文件必须符合其组织章程的规定。下述材料应由联邦选举法官签字盖章，并由党的全国委员会和地区中央委员会进行定期保存：

（1）党产清单；

（2）近三年的现金簿；

（3）固定式或移动式会议纪要及决议记录。

此外，党的地区中央委员会还须保存党员的档案。

第五章　政党的标识和党徽

第三十八条

取得法人资格的政党对其标识、党徽、编号有注册权和专属使用权，不得被任何其他政党、协会或实体使用。本法对党名的相关规定适用于政党的标识和党徽。

第六章　政党的登记

第三十九条

全国选举委员会和地方初审法院相应的书记员应负责对政党进行登记，

登记信息包含：

（1）取得政治法人资格的政党，以及在本法生效之前，依据相关适用规定取得法人资格的政党；

（2）政党的党名及其更改或修订；

（3）政党代理人的姓名和住址；

（4）政党登记的标识、党徽和编号；

（5）政党政治法人资格的失效；

（6）政党的终止及解散。

政党的登记信息应对外公开。地方初审法院应将政党登记信息的更改或变动，及时告知全国选举委员会，以便全国选举委员会对登记信息进行更改。

第五部分　政党的资产

（依据 2002 年 6 月 12 日第 25.600 号法律第七十一条的规定，废除本部分内容，自第 25.600 号法律颁布的第一百二十天起生效）

第六部分　政党的失效及终止

第四十九条

政党失效将导致政党失去政治法人资格，在政党登记处的注册也将被注销。

政党终止将导致政党政治法人资格的终止及政党的解散。

第五十条

政党的法人资格失效的原因如下：

（1）四年内未组织党内选举；

（2）连续两次未参加全国大选；

（3）在全国大选中，连续两次支持率未达到地区登记选民总数的百分之二；

（4）违反第七条第（5）款及第三十七条的规定；

（5）未达到第七条和第七条之三规定的最低党员人数；

（6）未加入由五个及以上的已取得法人资格的地区性政党组成的全国性政党；

（7）违反第三十三条第（6）款和第（7）款的规定；

（8）未在政党权力机构及党组织的选举中遵守性别平等原则。（2017 年 12 月 15 日第 27.412 号法律第八条新增）

（2009 年 12 月 14 日第 26.571 号法律第十六条修订）

第五十一条

政党终止的原因如下：

（1）出于政党组织章程的规定；

（2）党员依据组织章程的规定，表达终止政党的意愿；

（3）党的领导人或候选人被提起刑事诉讼；

（4）组织党员参加军事训练或军事行动。

第五十二条

终止政党及取消政党的法人资格的判决，应由联邦选举法院依照相应的法律程序做出，并应保证政党方的出席。

第五十三条

政党在政治法人资格失效之后，可于失效之日至下一届全国大选召开的期间，依据本法第二部分的规定，重新申请取得政治法人资格，但须事先接受联邦检察官的审查。

政党被最终宣判终止之后的六年内，不得再次以相同的党名、组织章程、原则声明、政治行动纲领，申请取得政治法人资格。

各地区的联邦初审选举法院不得在六年内，对有半数以上党员由失效政党的党员组成的新政党予以注册。

（2009 年 12 月 14 日第 26.571 号法律第十七条修订）

第五十四条

政党终止后，应依据其组织章程的规定，对党产进行处理。如果组织章程未做出相关规定，则应将清算后的党产纳入政党常设基金，但不得损害债权人的权利。

政党终止后，其账簿、档案、文件和党徽交由联邦选举法院保存，并于六年后在官方公报上进行为期三天的公示，此后下令销毁。

第七部分　政党在选举法院的审理程序

第一章　基本原则

第五十五条

对政党的审理适用简易和口头诉讼程序，采取两审制度。

第五十六条

政党应向一审法院提交证据，并在听证会上进行质证。

第五十七条

如果组织章程赋予政党的权利受到损害，且政党已穷尽救济程序，政党、党员及负责政党利益和公共秩序的联邦检察官均有权向联邦选举法院提出申诉。

在简易审理程序中，政党的权利受到损害、政党已穷尽救济程序，均不得构成排除案件受理的诉前特殊事由，可在诉讼期间和判决中构成抗辩事由。

第五十八条

政党的诉讼资格可以通过选举大会的记录、政党领导人或代理人的任命记录、经公证员公证的权力或选举秘书处授予其职权的记录来加以证明。

第五十九条

政党可委托其代理律师向联邦选举法院提出诉讼。

一审和二审法院在必要时，可以要求政党的代理律师出庭，以便更好地推进审理程序。

第六十条

联邦选举法院采取简易的书面审理方式，最终结果将在官方公报上免费发布。

第二章　取得法人资格的程序

第六十一条

申请取得法人资格的在建政党，应由公证员或相关公职人员对其提交的文件及签名的真实性进行证明，否则将由联邦选举法官通过其他方式进行核实。

第六十二条

如果在建政党符合第六十一条的规定，但在第十四条规定的党名公示期满之后，才取得法人资格，联邦选举法官应于十个工作日内，召集联邦检察官、该党所属地区的其他政党的代理人及与该党利益相关的其他地区的政党代理人共同参加听证会。

在听证会上，出席人员可对该党是否符合本法及其他法律的规定、该党的党名的登记和使用是否符合要求等问题提出质疑，但必须提出合理的证据，且不妨碍检察官审查及提出审理意见。

出席听证会的人员可以提出上诉。

第六十三条

联邦选举法官在履行完必要的程序后，应于十个工作日内，以正当理由对是否对政党赋予法人资格做出裁决。如果赋予政党法人资格，联邦法官应在官方公报上，对裁决结果及该党的组织章程进行为期一天的公示。

第六十四条

相关利益方及联邦检察官可于五个工作日内，就联邦选举法官做出的决定或最终裁决结果，向全国选举委员会提出上诉，并按照以下规定进行审理。

第三章　诉讼程序

一审

第六十五条

联邦选举法院应于诉讼程序启动后的五个工作日内，将案件抄送相关利益方。此后，联邦选举法官应于五个工作日内召开听证会，并于十个工作日内做出裁决，听证会应强制性要求政党方的出席。如果政党的代表不具备资格或欠缺能力，法院可以提前做出裁决。联邦检察官可在听证会上或听证会后的三个工作日内，提出审理意见。

本法规定的期限具有强制性，联邦选举法院可视具体情况，在提出合理理由的情况下，缩短审理时间。

二审

第六十六条

政党可于五个工作日内，就一审做出的判决或最终决议，向全国选举委员会提出上诉，国家选举法第六十一条规定的情形除外。

二审仅在一审判决可被推翻的情况下受理，执行一审判决可能造成无可挽回的损失的情形除外。二审可以做出上诉无效的判决。

第六十七条

联邦选举法官应于收到二审上诉后的五日内，将具有合理理由的上诉书抄送被告方。

在提出上诉时，相关利益方应向联邦选举法官提交一个位于联邦首都区范围内的地址，否则，全国选举委员会将于五个工作日内向其发出通知，将其地址设在审判法庭。

第六十八条

全国选举委员会在收到一审的审理记录后，可召开听证会，或要求提供在一审或举证程序中未提交过的证据，以更好地做出裁决。

在提交证据或召开听证会后，案件将交由二审联邦检察官审查。判决书中应附上检察官的审理意见。

第六十九条

对于被驳回的上诉，申诉时效为五天。

政党可于收到一审或二审判决结果后的二十四小时内，要求法院对最终判决结果做出解释。对一审判决提出的疑义，应于四十八小时内予以解释。对审判结果做出解释将中止上诉时效。

第七十条

在宣布最终决议或判决为无效后，全国选举委员会应将该结果抄送政党的法定代表人。

第七十一条

此外，本诉讼程序还受到国家民商事诉讼法典的制约。司法机关应遵守及时性、集中性和高效性原则。

第八部分　一般规定

第七十二条

废除第22.627号法令、第22734号法令及第23.048号法律。

第七十三条

为执行本法而产生的费用将从国家税款中支出。

第七十四条

国家行政机关将从政党常设基金中，以特许经营款项的名义向内政部拨付专款。

第七十五条

在本法生效之前，依据相关适用规定取得法人资格的地区性或全国性政党及政党联盟，可在本法生效后的一年内，继续维持其政治法人资格，但须遵守本法的规定。

第七十六条

本法中关于政党或政党联盟取得法人资格的程序，应于下一届全国大选召开的五十天之前完成。

第九部分　过渡条款

第七十七条

在不影响本法第五条规定的情况下，依据第四十六条的规定，向取得法人资格且参加 1985 年 11 月 3 日的大选的政党提供大选补助。

第七十八条

任何与政党相关的事宜，可与国家行政机关取得联系。

阿根廷国会议会厅，布宜诺斯艾利斯市

1985 年 9 月 30 日

（刘晋彤 译）

阿根廷正义党组织章程

本组织章程经正义党在 1991 年 9 月 20 日、1998 年 7 月 17 日、2001 年 11 月 10 日、2002 年 11 月 5 日及 2003 年 1 月 24 日召开的全国代表大会上修订并通过。

第一章　总则

第一条

本组织章程是正义党的基本准则，对正义党的组织和运作具有约束力。

第二条

本党的党员由联邦首都区的党员及各省的党员组成。

第二章　党员和拥护者

第三条

凡申请加入本党且被党的主管部门接纳的公民，无论性别，均可成为本党党员。

第四条

第 23.298 号政党组织法第三十三条及其后续修订中明令禁止的人员，不得加入本党。

第五条

申请入党的公民应填写一式四份的入党申请表，其中包含：姓名、住址、身份证号、阶层、性别、婚姻状况、职业、工作单位及经过核实的本人签名，并做出遵守党的基本原则、政治行动及本组织章程的声明。公民的入党申请被批准后，将获得入党证明。

第六条

入党申请长期对外有效。公民应加入与其户口簿或身份证上最新登记的住址相对应的党组织。

第七条

依据本组织章程及党的地区组织章程的规定，党员有责任领导、管理和监督本党。

第八条

党员退党或被开除党籍，将被终止党员资格。

第九条

党员退党应提出正式的退党申请，党的主管部门应于收到申请的十五天内予以处理。如果在该期限内未予以处理，则被视为同意退党。

开除党籍是党的主管部门视党员违纪行为的严重程度，而实施的纪律处分。

第十条

所有党员享有平等的权利和义务。任何党员或党员团体不得代表党、党组织或其他党员行事。

依据党的权力机构颁布的规定，党员应遵守党的政治原则和行动方案，拥护党的选举纲领，遵守党的纪律制度，严格服从党组织的管理，参与党内选举，并为党产做出贡献。

党员有被选举权，可在党内担任职务或在政府担任公职。

第十一条

外国人及十八岁以下的阿根廷公民，经本人申请，可以成为党的拥护者，并获得入党证明。拥护者享有与党员相同的权利和义务，选举权除外。

第三章　基层单位及区域、派别或部门单位

第十二条

党的基层单位是党的初级组织，是推广和宣传党的政治行动、文化活动及社会援助的天然中心。具有入党资格的基层单位将按照党的相应条例，负责入党事宜。

第十三条

基层单位的最低组成人数及其属地管辖范围，应由党的领导机构确立。

第十四条

基层委员会是基层单位的权力机构，按照上级权力机构的领导和指示以开展行动。

第十五条

在同一选区内，可按区域、派别或部门对党进行划分，并设立相应的区域、派别或部门委员会。委员会应依据各自的组织条例，监督其组织单位内开展的行动，并对其组织单位内的党员档案进行保管。

第十六条

基层、区域、派别或部门委员会的成员，应由相应组织单位内的党员通过无记名、简单多数、直接投票的方式选举产生。当选成员必须具有连续两年以上的党龄。拥护者的党龄自注册成为拥护者之日起算。

在党内选举中，如果基层、区域、派别或部门委员会已确定正式的选举名单，可直接对候选人名单进行公布，而无须组织党员选举。候选人名单应在相应的组织单位中进行为期五天的公示，公示的时间、地点应以适当的方式告知党员。党员可在上述期限内，对候选人是否归属该组织单位或是否触犯第二十九条的规定，提出异议。党的主管部门应于上述期限结束的四十八小时内，依据党的相关规定，对党员提出的异议予以解决。

基层、区域、派别或部门委员会将依据其职能进行选举，其成员人数由各选区的组织章程确定。

第十七条

如果在区域、派别、部门或市级党组织中提名市政当局，候选人将依据党的地区组织章程所确立的方式选举产生，或是由相应组织单位中的党员通过无记名、简单多数、直接投票的方式选举产生。

省立法议会议员的候选人将依据相应地区组织章程所确立的方式选举产生。

第四章 地区权力机构

第十八条

依据党的地区组织章程，各地区（联邦首都区或各省）代表大会和地区理事会负责对党进行领导。

地区代表大会是党在各地区的最高权力机构。地区代表大会有权对其管辖范围内的领导和党员实施纪律处分，有权依据地区组织章程，任命省长、副省长及国家立法议会议员的候选人。省长、副省长及国家立法议会议员的候选人通过简单多数的方式选举产生或依据组织章程的规定，由党员直接选举产生。

地区代表大会的代表由所在地区的党员通过无记名、简单多数、直接投票的方式选举产生，选举方式、组成人数及当选比例由相应地区的组织章程确立。代表的任期为两年，其应具备担任全国代表大会代表的能力。

地区理事会在地区层级行使有效权力。理事会有权设立行政机构，并对党进行必要的宣传和推广。地区理事会的理事由党员通过无记名、简单多数、直接投票的方式选举产生，组成人数由相应地区的组织章程确立。理事的任期为两年，其应具备担任全国理事会理事的能力。

第五章　全国性权力机构

第十九条

党的全国代表大会是党的最高权力机构。全国代表大会的代表任期为四年，由党员直接选举产生或由地区代表大会按比例选举产生，其比例为每个选区产生三名代表；每五千名党员产生一名代表，人数不足的地区仍按该比例执行。

党员在成为全国代表大会的代表后，将继续担任原职位，直至该职位任期结束。原任职机构对其实施处分的情形除外。如果代表所在地区正在接受账目审查，代表将由审查员任命，且不涉及上述规定。

全国代表大会的总部位于联邦首都，但可在全国范围内举行会议。其中，第一次会议应由半数以上的成员参加，第二次会议应由三分之一的成员参加。

全国代表大会的审议将受到国会议事规则及国家众议院最新条例的制约。

第二十条

全国代表大会的领导小组通过到会人员的简单多数选举产生，包括：主席 1 人、第一副主席 1 人、第二副主席 1 人、第三副主席 1 人、第四副主席 1 人及秘书 7 人，其中应包含工会、妇女组织和青年组织的代表。

全国代表大会的常态化会议每年至少召开一次，非常代表大会可由三分之一的代表向大会主席提出联名请求，或由全国理事会申请召开。领导小组应在收到请求后的五日内举行内部会议，并于二十日内召开非常代表大会，否则将在三分之一的代表同意或全国理事会批准的情况下，自行召开。在全国代表大会领导空缺的情况下，将由全国理事会的主席或三分之一的代表召集会议。

第二十一条

全国代表大会的权力如下：

（1）为党在政治、社会、经济和文化方面制定国家层级的行动计划，通过党的选举纲领；

（2）为党在全国范围内的发展提供指导，为提升党的管理能力制定必要的条例；

（3）征询并收集党的全国或省级党组织及党员提交的报告；

（4）对依本组织章程或地区组织章程设立领导机构的行为，做出最终裁定或提出上诉；

（5）审议本党籍国会议员提交的报告；

（6）经出席代表的简单多数同意，修订党的组织章程；

（7）经党的全国或地区党组织的事先同意，对党组织开展账目审查，但审查期不得超过一年；

（8）了解地区代表大会对其下属机构的账目审查情况。

第二十二条

代表大会是审核代表资格的唯一机构，将在其预备会议上对代表资格进行审核。

第二十三条

全国代表大会的代表必须具有连续两年以上的党龄，并具备担任国会议员的能力。

第二十四条

全国理事会由一百一十名成员组成，其中包括：17 名工人运动成员、

10 名妇女组织成员、10 名青年组织成员及各地区的代表。党的代理人在审议中具有发言权，但无表决权。

全国理事会的领导小组由二十四名成员组成，其中包括：理事长 1 人、副理事长 1 人、第一副理事长 1 人、第二副理事长 1 人、第三副理事长 1 人、秘书长 1 人、财务主管 1 人、候补财务主管 1 人及秘书处成员。

此外，担任政府代表、党的地区主席、国会参议院小组主席及国会两院主席的党员，均可出席理事会会议，不妨碍上述人数规定。

全国理事会自行颁布组织条例，并自行决定下属机构的组织及运作。理事会的总部位于联邦首都，但可在全国范围内举行会议。全国理事会及其领导小组的第一次会议应由半数以上的成员参加，第二次会议应由三分之一的成员参加。其成员的任期为四年。

全国理事会是党的最高权力机构的执行机构，负责本组织章程、全国代表大会的决议及党的规章制度的执行，并可在全国代表大会闭会期间指导党的行动。理事会及其领导小组均设有执行机构以确保理事会决议的执行，且其执行机构可在紧急政治状态下通过决议。

地区主席是全国理事会的当然成员。理事会的其余成员将由全国党员（不分选区）通过无记名、直接投票的方式选举产生。在全国理事会成员整体换届时，当选的理事应在当年 10 月 17 日举行的会议上公开就职，以纪念阿根廷人民在这一天所做的英雄事迹。

全国理事会各机构召开的会议及做出的决议都应留存书面记录，并由会议主持人、秘书长、会议纪要秘书及党的代理人联合签名。

第二十五条

全国理事会的权力如下：

（1）解决党组织之间产生的冲突；

（2）监督党代表在政府机构的政治行为；

（3）与国家公共权力机关和地区党组织保持紧密联系；

（4）建立必要的组织，从国家层级对党进行宣传和推广；

（5）依据本组织章程的规定及全国代表大会的决议，对党的方针和行动做出指示，并依据法律规定，执行应当遵守的契约及行动；

（6）在纪律评审委员会做出裁决，并经全国代表大会表决通过后，依据第三十二条第（1）款和第（2）款的规定，实施纪律处分；

（7）依据第25.600号法律规定，在选举中任命财务负责人、政策负责人或其他必要的人员。

第六章　国家总统和副总统候选人的选举

第二十六条

国家总统和副总统候选人的选举应遵循党内开放原则，由全国党员（不分选区）直接投票选举产生。此外，未加入其他政党且拥有选举权的公民，亦可参与投票。

第七章　全国选举委员会

第二十七条

全国选举委员会由八到十四名正式委员及三名候补委员组成，其中的八名正式委员（主席1人、副主席1人、秘书长1人、委员5人）和三名候补委员应由全国代表大会任命。委员的任期为四年，其应具备担任代表大会代表的能力。

在选举过程中，代表大会的领导小组将从代理人提出的候选人名单中，任命六名正式委员。如果代理人未提出名单或领导小组未任命委员，将不对其职能的运作产生影响。如果候选人名单上的成员未能任职，委员会将由五名正式委员组成，委员会的决议由成员的绝对多数通过。选举委员会做出的关于党的决议不可上诉、不可撤销，具有既判力。

第二十八条

选举委员会的权力如下：

（1）指导及监督党内选举活动；

（2）通过、整理及分配党员名册；

（3）组织选举活动，解决争议，监督选举过程，宣布当选名单；

（4）筹备选举日程；

（5）自行颁布组织条例及必要的规定，以规范选举行为。

第八章　纪律评审委员会

第二十九条

党在各地区均常设纪律评审委员会。委员会可对品行不端、违纪、违反党的原则、不遵守党组织决议的个人或集体性纪律案件进行审理，以便党的机构对党员或拥护者实施纪律处分。委员会以书面程序对纪律案件进行审理，确保被告人的辩护权，并提出处分建议。

第三十条

全国代表大会应设立全国纪律评审委员会。全国纪律委员会采用与地区纪律评审委员会相同的审理方式，以书面程序对全国代表大会和全国理事会提出的案件进行审理，或对全国代表大会就地区权力机构做出的纪律处分而提出的上诉进行审理，确保被告人的辩护权，并提出处分建议。全国理事会将根据全国纪律评审委员会的处分建议，实施第三十二条第（1）款和第（2）款的处分。

第三十一条

纪律评审委员会由十二名正式委员和三名候补委员组成，律师或公证员优先。委员的任期为四年，其应具备担任全国代表大会代表的能力，且不得在党组织中担任职务。

第三十二条

纪律评审委员会可实施以下处分：

（1）警告；

（2）中止党员资格；

（3）劝退；

（4）开除党籍。

第九章　财务委员会

第三十三条

全国代表大会将设立财务委员会，以对党的经费收支进行监管。财务委员会由七名正式委员和三名候补委员组成，专门从事财务方面工作的人员优先。委员会将自行制定运作条例，但须获得全国理事会的批准。

第十章 党的代理人

第三十四条

全国代表大会和地区代表大会可在其管辖范围内，任命一名或多名代理人，律师优先。代理人将共同、轮流或分别在司法机关、选举机构或行政机关代表本党行事，并执行各机关交办的程序性或管理性事项。

第十一章 党产

第三十五条

党产由全国理事会管理，由以下部分组成：

（1）全国范围内的党员捐款；

（2）本党籍国家立法议会议员所得报酬的百分之十；

（3）依据第 25.600 号法律第十八条及其他相关规定，地区党组织所得捐款的百分之二十；

（4）法律允许的、由他人自愿提供的任何性质的捐款、捐赠或收入。

第三十六条

党的资金由三名执行委员会委员（包括委员会主席和财务主管）共同管理，并以正义党的名义存入阿根廷国家银行。用党产购得的或捐赠所得的不动产，均应登记在正义党的名下。

第三十七条

全国理事会将依据第 23.298 号、第 25.600 号法律及其后续修订的规定，制定必要的条例，以对党产的收支进行严格的会计控制。

第十二章 妇女代表

第三十八条

在全国、省、市各级的党内职位及政府公职的候选人中，都应有相应的妇女代表。

第十三章　青年组织

第三十九条

庇隆主义青年团是正义党全国运动的组成部分，应积极融入党的组织结构中。青年团由二十七岁以下的党员及拥护者组成。

第四十条

庇隆主义青年团下设全国代表大会、理事会及领导小组，各机构应融入党的组织结构中。

青年团的一名青年团秘书长及九名成员由青年组织的全国代表大会任命，且属于全国理事会的成员。青年组织成员有权成为全国、省、市各级的公职候选人。在党的地区组织章程中，应制定青年组织融入党的组织结构的相关规定。

第十四章　规划委员会

第四十一条

规划委员会由全国理事会设立，其组织及运作由全国理事会负责。规划委员会负责为社会部门、工会、专业领域、大学等机构制定政策方案及管理制度。

第十五章　党的解散

第四十二条

除法律规定的原因外，仅可在党员向党的全国代表大会提出解散意愿，且经代表一致同意的情况下，方可解散本党。

第十六章　一般规定

第四十三条

党内选举将受到本组织章程的制约，并应符合第 23.298 号法律、第

25.600 号法律及相关选举立法的规定。

第四十四条

在党内职位及公职的候选人选举中，由获得百分之二十五的有效选票的少数群体参加。

第四十五条

在选举党的合议机构成员时，应选举合议机构的候补成员。候补成员人数为正式成员人数的一半。

第四十六条

本条的效力中止，直至下一届全国代表大会召开。

第四十七条

本党可提名非党员的公民作为公职候选人。

本组织章程及地区组织章程可依据第 23.298 号和第 25.600 号法律的规定，授权组建政党联盟。如果组建联盟的地区正在接受账目审查，全国代表大会可与省级政党组建选举联盟、党派联盟或进行合并，并共同选举该地区的各职位候选人。全国代表大会可将上述权力授予接受账目审查的党组织。

第十七章　过渡规定

第四十八条

如果出现了诸如制度、政策、工会或财务等方面的特殊情况，并对党的自由或正常发展造成严重影响时，代表大会代表的任期将被延长，直至代表大会确定上述情形终止。任何与本条相冲突的规定均无效。

第四十九条

为即刻执行本组织章程第二十四条的规定，现任理事的任期于 1991 年 10 月 16 日结束，新当选的理事将于 1991 年 10 月 17 日正式就职。

其他过渡规定

1. 全国理事会的职能终止，则其成员的任期随之结束。

2. 就第二十六条之规定及选举委员会的相关条例，应于 1988 年 3 月 6

日进行全国理事会成员的选举。选举名单应于 1987 年 12 月 30 日之前提交，并由选举委员会制定选举日程。

3. 在党的权力机构依组织章程的规定最终选举产生之前，将任命全国理事会，作为临时过渡机构。理事会成员包括：党的地区主席、在大选中当选省长的本党籍地区副主席、党推选产生的省长、本党籍国会参议院小组主席、工人运动的 2 名代表、妇女组织的 1 名代表和青年组织的 1 名代表。在没有党员当选省长的地区，将由地区领导机构任命 1 名代表以加入理事会。

4. 就上述第 2 款之选举，应采用经司法机关批准的且在最近一次党内选举中使用的地区党员名册。

5. 就上述第 2 款之选举名单，必须要获得该选区党员名册总数的百分之五以上党员的认可，或在未达到党员名册总数的百分之五的选区，应获得至少两万名党员的认可。如果党员参与且获得两个或多个选举名单的认可，将被实施纪律处分。

6. 在上述情形下，各地区的妇女组织的选举由全国理事会召集，并通过党员直接投票选举产生。妇女组织应融入党的组织结构中，可自行颁布组织条例，并安排活动日程。党的地区组织章程中应制定庇隆主义妇女组织融入党的组织结构的相关规定。

7. 党的政治行动委员会由各省的本党籍省长组成，包括：卡洛斯·拉克夫、卡洛斯·阿尔贝托·鲁特曼、何塞·曼努埃尔·德拉索塔、卡洛斯·华雷斯、胡安·卡洛斯·罗梅罗、卡洛斯·曼弗雷多蒂、内斯特·基什内尔、鲁本·马林·朱利奥·米兰达、吉尔多·因斯弗兰、爱德华多·费勒、卡洛斯·罗维拉、阿道夫·罗德里格斯·萨和安吉尔·马扎。委员会的运作条例应由上述人员制定。如果上述人员拒绝加入该委员会或退出该委员会，将不会对委员会的组建、存续及正常运作产生影响。

政治行动委员会是过渡机构，在新一届全国理事会履职前行使职权。委员会的权力如下：

（1）监督党代表在政府机构的政治行为；

（2）与国家公共权力机关和地区党组织保持紧密联系；

（3）建立必要的组织，从国家层级对党进行宣传和推广；

（4）依据本组织章程的规定及全国代表大会做出的决议，对党的方针和行动做出指示，并依据法律规定，执行应当遵守的契约及行动；

（5）在纪律评审委员会做出裁决，并经全国代表大会表决通过后，依据第三十二条第（1）款和第（2）款的规定，实施纪律处分；

（6）向全国代表大会申请召开常态化会议；

（7）在全国代表大会领导空缺的情况下，由政治行动委员会的主席召集会议；

（8）为实现政治目的和职权而采取的一切行动。

此外，政治行动委员会的特别权力还包括：在履职期间，负责执行本组织章程的规定、全国代表大会的决议及党颁布的规章条例；作为党的最高权力机构的执行机构，在全国代表大会闭会期间，指导党的行动；确保其决议的执行，并可在紧急政治状态下做出决议。

政治行动委员会采取的行动及做出的决议都应留存书面记录，并由参会成员联合签名。

8. 在政治行动委员会行使职权期间，全国理事会的特别权力如下：

（1）管理党的资产；

（2）依据现行法律规定，专门制定必要的条款，以对党产的收支进行严格的会计控制；

（3）为政治行动委员会及其他依组织章程设立的机构提供咨询建议；

（4）接收、整理及分发党的资料；

（5）尽快处理入党申请；

（6）在选举委员会成立之前，接收及整理党员和拥护者的材料；

（7）对党的基层单位及各委员会进行登记；

（8）保存会议记录及资产记录；

（9）为党及政治行动委员会提供需要的信息；

（10）对党的动产和不动产进行保管及维护。

（刘晋彤 译）

墨西哥政党法

（现行文件为 2014 年 5 月 23 日公布在《联邦官方公报》上的新法。根据国家最高法院的判决，其中部分条款已被宣布无效。此判决于 2014 年 9 月 10 日发出通知并产生法律效力，于 2015 年 8 月 13 日公布在《联邦官方公报》上）

墨西哥合众国总统，恩里克·培尼亚·涅托，宣布国家议会决定颁布以下法令：

法 令

墨西哥合众国议会，决定：

颁布《政党法》。

第一部分 总则

第一章 基本规定

第一条

1. 本法是需要全国公民共同遵守的公共法规，其目的是确定宪法中适用于全国性和地方性政党的各项规定，并分配联邦政府和各联邦单位的有关职权，包括：

（1）各政党的成立及其进行合法登记的期限和要求；

（2）党员的权利和义务；

（3）党的领导机构成立的基本方针，政党候选人的提名，党内活动的民主开展，党的特权及资金使用的透明度；

（4）党的基本文件应包含的内容；

（5）以政党联盟的形式来参加选举的方式；

（6）各项资源的收入和支出审计制度；

（7）党的内部机构的组织和运行，以及党内司法机制；

（8）未履行政党义务时应实施的程序和处罚；

（9）政党失去登记资格和进行资产清算时的适用法规；

（10）适用于全国性政治团体的法律制度。

第二条

1. 墨西哥公民具有以下与政党有关的政治和选举权利：

（1）以和平方式组成团体，以便参与国家政治事务；

（2）自由、独立地加入政党；

（3）如果具备法律和党章规定的条件，可在党的候选人及领导人内部选举程序中，参与所有民选职务投票或选举。

第三条

1. 各政党是具有法人资格和私有资产的公共利益单位，并且在全国选举协会或地方公共机构中进行了合法登记，其宗旨是推动人民参与民主生活，参与组建各政治机构，并以公民组织的身份帮助公民行使公共权力。

2. 自由、独立加入各政党是墨西哥公民的专有权利，因此，不允许受到下列干涉：

（1）国内外民间、社会、行业组织；

（2）与政党成立的社会宗旨不同的组织；

（3）任何形式的团体入党。

3. 各政党应向儿童和青少年宣传爱国价值观及民主文化，在组建党的机构和提名候选人的过程中寻求男性和女性的有效平等参与。

4. 每个政党都应制定并公布用于确保联邦及地方立法者候选人性别比例平等的标准。这些标准应是客观的，且能保证性别平等。

5. 在任何情况下，都不应接受将造成如下后果的规则，即某一性别仅被分配到该党在上一次选举程序中获得最低票数的选区。

第四条

1. 在本法中，下列术语应理解为：

（1）成员或党员：在享有充分的政治和选举权利并能完全行使这些权利的情况下，按照某一政党的内部规定，自由、自愿且独立地在该党登记注册的公民，无论其称谓、积极性和参与度如何；

（2）地方司法当局：各联邦单位负责选举事务的司法当局；

（3）总委员会：全国选举协会总委员会；

（4）宪法：墨西哥合众国宪法；

（5）协会：全国选举协会；

（6）法律：政党法；

（7）总法：选举制度与选举程序总法；

（8）地方公共机构：各联邦单位的公共选举机构；

（9）审计署：全国选举协会审计署；

（10）政党：全国性和地方性政党；

（11）法院：联邦选举法院。

第五条

1. 按照宪法规定，本法由全国选举协会、联邦选举法院、地方公共机构和地方司法当局负责执行。

2. 在解释有关政党内部事务冲突的决议时，应当考虑到，政党作为公民组织，是公共利益单位，可以自由在党内做决定，有权自行组织党内活动，且其成员或党员可以行使自身权利。

第六条

1. 本法未明确的内容应遵照《选举制度与选举程序总法》执行。

第二章　政党的职能分配

第七条

1. 协会具有以下职权：

（1）对全国性政党和地方性政党进行登记注册；

（2）检查全国性政党及联邦民选公职候选人的权利使用和特权获取情况；

（3）当政党向协会提出申请时，按照本法规定来组织该政党领导人的选举活动，费用由政党特权中包含的经费承担；

（4）审计各政党、政党联盟、全国性政治团体及联邦和地方民选公职候选人的收入和支出情况；

（5）宪法和本法规定的其他职权。

第八条

1. 协会应具备直接行使其审计职权所需的预算资源、技术资源、人力资源和物质资源。

2. 在特殊情况下，如果得到总委员会中至少八名成员的投票批准时，协会可授权地方公共机构负责审计各联邦单位的地方性政党、政党联盟和民选公职候选人的收入和支出情况。

3. 协会执行秘书处应当将有关该决定的意见提交总委员会审批，且其中应说明使用该项职权的理由和依据。

4. 要行使该职权，协会应评估有关地方公共机构是否满足下列条件：

（1）其组织和运行架构符合总委员会为此发布的具体范例、条约和方针；

（2）其法规中建立的审计程序符合联邦立法的规定；

（3）具备行使上述审计职权所需的基础设施和设备；

（4）具备符合《全国选举专业服务》规定的专业可靠的人力资源；

（5）能按照现行的联邦及地方选举法规来履行其职能；

（6）只要得到总委员会成员八票通过，协会可在任何时候重新担任已授权的审计职能。

5. 地方公共机构在行使协会所授职权时，应遵照本法规定以及总委员会颁布的各项方针、通用意见、技术标准和其他规定。

第九条

1. 地方公共机构具有以下职权：

（1）检查各联邦单位的地方性政党和民选公职候选人的权利使用与特权获取情况；

（2）为地方性政党登记注册；

（3）证实各联邦单位立法议会的议员是按照相对多数制和比例代表制及其法律规定选出的。在任何情况下，一个政党通过相对多数制和比例代表制获得的议员席位比例都不能超过其在立法议会中获得投票总数比例的百分之八。该标准不适用于凭借在单名制选区中获胜，获得的议员席位比例超过其在立法议会上获得的投票总数比例百分之八的政党。为了认可并保障在联邦单位中竞争的各政治力量的代表性和多样性，按比例代表制选出的地方议员和联邦区立法大会议员的席位分配应遵照下列规定：

a.［在相应选举中获得百分之三有效投票的政党，将按比例代表制分给该政党一个席位，无论其是否按多数代表制获胜；］

依据国家最高法院对违宪诉讼的判决，方括号中的内容被宣布无效。判决于 2014 年 9 月 10 日发出通知，于 2015 年 8 月 13 日公布在《联邦官方公报》上。

b.［在完成上述分配后，剩余的按比例代表制选出的议员席位将按照地方法律规定的方式进行分配；］

依据国家最高法院对违宪诉讼的判决，方括号中的内容被宣布无效。判决于 2014 年 9 月 10 日发出通知，于 2015 年 8 月 13 日公布在《联邦官方公报》上。

c. 在立法议会的组建过程中，一个政党的代表比例不得低于其已获得的投票比例减去八个百分点后的比例。在任何情况下，都会根据需要制定法规来减少通过比例代表制获得的议席数量，以便给出现上述情况的政党分配议员席位，补足或削减其代表比例。［如果政党已按照选举规定获得保留其登记资格所需的最低选票比例且已通过比例代表制分到了一个众议员席位，则应使用此规定。］

依据国家最高法院对违宪诉讼的判决，方括号中的内容被宣布无效。判决于 2014 年 9 月 10 日发出通知，于 2015 年 8 月 13 日公布在《联邦官方公报》上。

（4）宪法和本法规定的其他职权。

第二部分　政党

第一章　政党的建立和登记

第十条

1. 有意建立全国性或地方性政党的公民组织应当在协会或地方公共机

构（根据情况）中注册登记。

2. 一个公民组织要登记为政党，应满足下列条件：

（1）提交一份原则声明以及与这些原则相一致的规范其活动的行动纲领和章程；这些都应当满足本法规定的最低要求；

（2）如果是全国性政党，则至少应在二十个联邦单位拥有三千名党员，或至少在二百个单名制选区拥有三百名党员，且这些人应当具备所在联邦单位或选区的投票许可证；在任何情况下，其全国党员总数都不得少于提交登记申请前最近一次联邦常规选举中所使用的联邦选举名册人数的百分之零点二六；

（3）如果是地方性政党，则至少应在该联邦单位或联邦区三分之二的市或地方辖区拥有党员；这些人应当具备所在市或地方辖区的投票许可证；在任何情况下，其在该联邦单位的党员总数都不得少于提交登记申请前最近一次地方常规选举中所使用的选举名册人数的百分之零点二六。

第十一条

1. 有意建立政党的公民组织，若要在协会（如果是全国性政党）或相应的地方公共机构（如果是地方性政党）获得登记资格，应在墨西哥合众国总统（如果是全国性政党登记）或州长或联邦区长官选举结束后（如果是地方性政党登记）下一年的一月将此意愿告知相应当局。

2. 自上一款所指的通知发出之日起，到对该登记申请做出决议之时，该组织应在每月前十天内向协会报告其资金的来源和用途。

第十二条

1. 要建立全国性政党，应确认以下内容：

（1）至少在二十个联邦单位或二百个选区举行代表大会，且有一名协会官员出席并证明：

a. 根据本法规定，出席并参加州或选区代表大会的成员，他们的人数在任何情况下都分别不少于三千人或三百人；签署了正式入党文件；是自由出席会议的；知晓并认可原则声明、行动纲领和章程；选出了参加全国性政党成立代表大会的正式代表和候补代表；

b. 在上述参会人员的参与下形成了党员名单，包括成员姓名、住址和投票许可证号码；

c. 大会过程中，不存在行业组织或与该政党成立的社会宗旨不同的其他组织的干涉。

（2）举行全国性政党成立代表大会，且有协会委派的官员出席并证明：

a. 州或选区代表大会选出的正式代表或候补代表参加了大会；

b. 代表们通过相应的会议记录证明大会的召开符合本条第（1）项的规定；

c. 通过投票许可证或其他确凿的文件，证实全国代表大会代表的身份和住址；

d. 代表们通过了原则声明、行动纲领和章程；

e. 提交了包含该组织在全国拥有的全部党员和其他成员在内的政党成员名单，从而满足本法要求的党员数量最低比例。这些名单应包含上一项 b 目所要求的信息。

第十三条

1. 对于有意建立地方性政党的公民组织，应确认以下内容：

（1）至少在三分之二的地方选区、市或联邦区辖区（根据情况）举行代表大会，且有一位由地方公共机构委派的有资格的官员出席并证明：

a. 出席并参加大会的成员，人数在任何情况下都不少于该选区、市或辖区（根据情况）选举名册人数的百分之零点二六；签署了正式入党文件；是自由出席会议的；知晓并认可原则声明、行动纲领和章程；选出了参加地方性政党成立代表大会的正式代表和候补代表；

b. 在上述参会人员的参与下形成了党员名单，包括成员姓名、住址和投票许可证号码；

c. 大会过程中，不存在行业组织或与该政党成立的社会宗旨不同的其他组织的干涉。

（2）举行地方性政党成立代表大会，且有一名由地方公共机构委派的有资格的官员出席并证明：

a. 选区、市或联邦区辖区代表大会上（根据情况）选出的正式代表或候补代表参加了大会；

b. 代表们通过相应的会议记录证明大会的召开符合上一项的规定；

c. 通过投票许可证或其他确凿的文件，证实地方代表大会代表的身份和住址；

d. 代表们通过了原则声明、行动纲领和章程；

e. 提交了包含该组织在联邦单位拥有的全部党员和其他成员在内的政党成员名单，从而满足本法要求的党员人数最低比例。这些名单应包含上一项 b 目所要求的信息。

第十四条

1. 所需证明的费用由协会或相应地方公共机构的预算承担。被授权颁发这些证明的官员有责任办理相应的手续。

2. 如果相关组织未在本法规定的期限内提交登记申请，则所颁发的证明无效。

第十五条

1. 一旦完成了与政党成立相关的程序，相关公民组织应当在下一次选举年前一年的一月向协会或有资格的地方公共机构提交登记申请，并附上下列文件：

（1）其成员批准通过的原则声明、行动纲领和章程；

（2）以电子文档的方式提交本法第十二条和第十三条所指的州、选区、市或联邦区辖区（根据情况）的成员名单；

（3）各联邦单位、选区、市或联邦区辖区（根据情况）举行的代表大会以及全国性或地方性政党成立大会的会议记录。

第十六条

1. 当收到有意登记为全国性政党的组织的申请后，协会应当核实该组织是否符合本法规定的政党成立的要求和程序，并制定相应的意见草案。

2. 为此，协会应按照总委员会为此制定的方针，通过全部审查或随机抽查的方法，确认新政党成员的入党真实性，并核实其成员数量是否符合在选举名册中登记的最低党员人数；同时确认截至提交申请时最新更新的入党成员在该党的党龄最多为一年。

第十七条

1. 当收到有意登记为地方性政党的公民的申请后，相应的地方公共机构应当审查申请的文件，以便核实其是否符合本法指出的政党成立的要求和程序，并制定意见草案。

2. 相应的地方公共机构应通知协会核实新政党成员的人数和入党真实性，据此证明其成员人数符合最低要求，并确认这些入党成员在新政党的党龄最多为一年。

3. 协会应当有一份地方性政党登记簿，其中至少应包含下列信息：

（1）政党的名称；

（2）政党的标志及象征该党的颜色；

（3）成立日期；

（4）基本文件；

（5）领导人；

（6）法定住址；

（7）成员名册。

第十八条

1. 为了使本法规定生效，应当核实没有人同时加入两个已登记或正在组建的政党。

2. 如果某一公民出现在不止一个政党成员名册上，协会或相应地方公共机构应当要求相关政党说明该情况符合其权利；如果还存在双重入党现象，协会应当要求该公民对此加以说明，如果不做说明，则仅保留其最近一次入党登记。

第十九条

1. 协会或相应的地方公共机构应制定有关政党登记的意见草案，并在收到登记申请后的六十日内，对相关问题做出裁定。

2. 如果通过了登记申请，则应颁发相应登记证明。如果未通过登记申请，则应通知相关组织并解释原因。政党的登记将从选举年前一年的七月一日起生效。

3. 裁定应当公布在《联邦官方公报》或相应联邦单位的官方公报上，且可就结果向联邦选举法院或相应地方司法当局提起申诉。

第二章 全国性政治团体

第二十条

1. 全国性政治团体是协助民主生活和政治文化的发展，更好地了解公众舆论的公民团体。

2. 在任何情况下，全国性政治团体都不得使用带有"党"或"政党"字眼的名称。

第二十一条

1. 全国性政治团体只能通过与某一政党或联盟达成参选协议的方式来参加联邦选举程序。由该参选协议产生的候选人将以政党候选人的身份登记注册，并用该政党的名称、标志和颜色来参与投票。

2. 上一款中提到的参选协议应在本法第九十二条第 1 款规定的期限内提交给总委员会主席进行登记。

3. 在宣传和竞选过程中，可以提及参加的政治团体。

4. 全国性政治团体应按照本法和相应条例的规定履行各项义务并完成其资源审计程序。

第二十二条

1. 要登记为全国性政治团体，申请机构应当向协会证明其满足下列条件：

（1）在全国拥有至少五千名成员且具备一个全国性领导机构；此外，至少在七个联邦单位设有代表处；

（2）拥有基本文件以及不同于任何其他政治团体或政党的名称。

2. 相关团体应在选举年前一年的一月之内，提交其登记申请、上述条件的证明文件，以及总委员会指出的文件。

3. 总委员会应在收到登记申请之日起的最多六十个自然日内对此做出裁定。

4. 如果通过登记申请，总委员会应当颁发相应证书。如果未通过，应当通知相关团体并解释原因。

5. 政治团体的登记自选举年前一年的六月一日起开始生效。

6. 已登记的政治团体享有本法规定的适用于政党的税制。

7. 已登记的政治团体应每年向协会提交一份上一财年的年度报告，说明其以任何形式获得的资源的来源和用途。

8. 上一款提到的报告最晚应在所涉及的年份十二月的最后一天起的九十日内提交。

9. 全国性政治团体可能因下列原因失去登记资格：

（1）多数成员已达成解散协议；

（2）已根据其基本文件给出了解散原因；

（3）没有提交年度报告来说明其资源的来源和使用情况；

（4）未按照条例规定，证明在一个自然年内开展任何活动；

（5）严重违反本法规定；

（6）不再符合获得登记资格所需的条件；

（7）本法规定的其他原因。

第三章　政党的权利和义务

第二十三条

1. 政党的权利如下：

（1）按照宪法和适用法律的规定，参与选举程序的准备、开展和监督；

（2）按照宪法第四十一条第 1 款、本法、《选举制度与选举程序总法》，以及其他相关法规的规定参加选举；

（3）享有规范其党内生活、决定其内部组织和相应程序的权利；

（4）根据宪法第四十一条、本法和其他联邦或地方适用法律的规定，获得特权并接受公共资助。

如果联邦单位对参与其地方选举的全国性政党有地方资助，则地方法律不得对该资助设限，也不能因该政党收到的全国性资助而减少该资助；

（5）按照本法和联邦或地方适用法律的规定，组织内部程序，推选候选人参加选举；

（6）经各政党章程规定的全国领导机构的批准，按照本法和联邦或地方适用法律的规定，组建联盟、统一战线或与其他政党合并；

（7）是为直接实现其目标所不可或缺的不动产的所有者、持有者或管理者；

（8）在时刻保持自身政治和经济绝对独立，且完全尊重墨西哥合众国及其政府机构的主权和完整性的前提下，与外国组织或政党建立关系；

（9）在选举司法制度下维护其合法权益；

（10）按照宪法、地方法规和其他适用法律，任命其派驻到协会或地方各公共机构的代表；

（11）与全国性政治团体签订参选协议；

（12）宪法和法律赋予的其他权利。

第二十四条

1. 担任下列职务的人不能成为全国性政党驻协会各机构的代表：

（1）联邦司法机构的法官、大法官或部长；

（2）某一联邦单位的司法机构的法官或大法官；

（3）选举法官或选举法院秘书；

（4）任何武装力量或警察机构的服役人员；

（5）联邦或地方公共部门职员。

第二十五条

1. 政党的义务如下：

（1）在合法范围内开展活动，使自身及其成员的行为符合民主国家的原则，尊重其他政党参政的自由，尊重公民的各项权利。

（2）不使用暴力，不开展任何以破坏公共秩序为目标或影响公共秩序的活动，不开展干扰享受保障的活动，不实施阻碍政府机构正常运行的行动。

（3）保持相应法律要求的政党成立及登记所需的最低成员人数。

（4）展示已登记的政党名称、标志和颜色，且不得跟现有政党所使用的名称、标志和颜色相同或相似。

（5）遵守其入党规则和其章程所指出的候选人提名程序。

（6）保持依据其章程设立的各机构有效运行。

（7）其内部机构拥有办公地点。

（8）至少发行一份宣传季刊和一份理论半年刊。

（9）不接受来自外国人或任何宗教的神职人员、宗教协会和组织及教会，以及任何法律禁止向政党资助的人的所有种类的经济、政治或宣传支持。

（10）在其参加竞选的选区内，在相应的时段通过广播及电视频道公布并宣传其在选举中使用的竞选纲领。

（11）允许本法所授权的协会各机构对其进行审计与核验，或者由得到授权的地方公共机构按照宪法第四十一条规定对其进行审计，并提交这些机构要求提供的收入和支出文件。

（12）政党应在通过协议决定对其基本文件进行修订后的十日内，向协会或相应地方公共机构报告所做的任何修订。协会总委员会在宣布其符合宪法和法律程序之前，这些修订不得生效。该裁定应在提交相应文件后的三十个自然日内做出，其领导机构成员或办公地点变更后也应根据适用法规上报。

（13）不依靠或附属外国政党、外国自然人或法人、国际组织或单位，以及任何宗教的神职人员开展活动。

（14）仅根据本法规定的目的使用所获得的资助。

（15）在其政治宣传或竞选宣传中，不发表任何诋毁有关机构和政党或诽谤个人的言论。

（16）不在宣传中使用宗教标志以及带有宗教色彩的用语、影射或论述。

（17）不组织公民集体入党。

（18）确保联邦和地方立法者候选人性别比例平等。

（19）编制并提交本法指出的资金来源和使用情况报告。

（20）履行法律规定的有关透明度和信息公开的义务。

（21）联邦或地方适用法律所规定的其他义务。

第二十六条

1. 政党的特权如下：

（1）按照宪法和《选举制度与选举程序总法》的规定，使用广播和电视；

（2）按照本法规定，获得用于开展其活动的相应公共资助；

（3）享受本法及相关法律规定的税制；

（4）使用邮政和电报资费豁免权来履行必要的职责。

第四章 政党在透明度方面的义务

第二十七条

1. 本章的规定对于各政党是强制性的，但不影响其他有关透明度的法律规定。

第二十八条

1. 所有人均有权根据本章规定和有关透明度及信息公开的法律规定来获取政党信息。负责确保信息透明的机构有权处理与获取公共信息和保护政党所拥有的个人信息。

2. 根据宪法第六十条关于透明度的规定，个人可直接获取政党信息。

3. 相关立法将规定处理政党信息申请的机构、方式、程序和期限。

4. 当所申请的信息公开发布在协会、地方公共机构或相关政党的官网上时，始终应当提供该信息，告知申请者获取该信息的方式。

5. 当所申请的信息不能通过公开渠道获取时，信息获取申请应当以纸质文件或电子文件的形式来处理。

6. 政党有义务在其网页上至少公布相关法律规定的有关透明度的特定信息。

7. 政党提供给协会和地方公共机构的信息，或这些机构提供给政党的信息，一般来说应该是公共信息，且应当发布在协会和相应地方公共机构的网页上，使所有人能够获取该信息，除非是相关法律规定的非公共信息。

第二十九条

1. 政党应当在其章程中说明确保党员个人信息受到保护的方式，以及党员获取、纠正、删除或反对这些信息的权利。

第三十条

1. 下列信息被视为政党的公共信息：

（1）基本文件；

（2）领导机构的职权；

（3）其领导机构批准的用于规范党内生活，党员的权利和义务，领导人选举及民选公职候选人提名的条例、协议和其他总纲性规定；

（4）仅包含党员的父姓、母姓、名字、入党日期和居住地址的党员名册；

（5）全国、州、市、联邦区各机构的地址名录及地区、代表处和选区各机构（如有）的地址名录；

（6）上一项所指的各机构成员以及任何从该政党获得收入的人（无论其在党内或党外担任何职）的常规报酬和额外津贴；

（7）为了购买、租赁、转让和提供财产及服务所签订的合同和协议；

（8）在协会登记的竞选纲领和施政纲领；

（9）与其他政党签订的建立统一战线、联盟或合并的协议，或与全国性政治团体签订的参选协议；

（10）发布的用于其领导人选举或民选公职候选人提名的召集通知；

（11）在最近五年内（截至最近一个月），以任何形式向该党的全国、州、市、联邦区各机构提供的公共资助金额以及相应的罚款金额；

（12）按照本法规定必须提交的报告，政党的资产状况清单，政党所拥有的、租赁的或以任何法律身份占有的不动产清单以及上述文件的附录，捐款者名单和每名捐款者的捐款数额；

（13）政党资金审计结束后出具的检查、报告、核验和审计结果及其执行情况；

（14）司法机构的判决（若该党是诉讼中的一方）及其服从判决的形式；

（15）其内部管理机构颁布的决议；

（16）与确保党员权利有关的各项决议及其执行情况；

（17）政党驻协会各机构的代表的姓名；

（18）收到政党经济支持的基金会、研究中心或机构、培训中心或机构和任何其他单位的名单；

（19）总委员会批准的有关本款第（12）项所指报告的意见和决议；

（20）本法和适用法律指出的关于透明度的其他信息。

第三十一条

1. 根据相关法律规定，与政党内部机构审议程序有关的信息、政党的政治策略、按政党指示开展的各类民意调查中包含的信息，以及党员、党的领导人、民选预候选人和候选人的私人、个人或家庭活动信息，均被视为非公共信息。

2. 与政党的竞选、预选活动费用和记入公共预算的一般性费用的分配与使用情况有关的信息，以及与任何类型的个人捐赠（不包括所捐资源的用途）有关的信息不属于非公共信息。

第三十二条

1. 政党应该通过其网页持续更新本章中规定的公共信息，而这不影响本法及相关法规规定的履行透明度义务的周期、形式和手段。

第三十三条

1. 若政党未履行本章中规定的义务，将按照相关法律的规定受到处罚，且这不影响《选举制度与选举程序总法》规定的对政党的各类处罚。

第三部分　政党内部组织

第一章　政党内部事务

第三十四条

1. 按照宪法第四十一条第 1 款倒数第二项的规定，政党内部事务包括政党根据宪法、本法及其领导机构批准的章程和条例开展的与其组织和运行相关的所有活动和程序。

2. 政党内部事务包括：

（1）编制和修订政党基本文件，但在任何情况下都不可在选举程序启动后进行编制和修订；

（2）制定公民自由、自愿加入政党的要求和程序；

（3）选举内部机构成员；

（4）制定其民选候选人和候选人的选举程序和要求；

（5）为制定政治策略和竞选策略以及为内部机构和各党员机构做出决策而进行商讨；

（6）颁布执行基本文件所需的内部条例和总纲性决议。

第二章　政党基本文件

第三十五条

1. 政党基本文件包括：

（1）原则声明；

（2）行动纲领；

（3）章程。

第三十六条

1. 为了使政党基本文件符合宪法和法律规定，总委员会应赋予政党颁布各项组织法规和程序的权利，以便其按照政党宗旨运行。

2. 政党应在决定颁布相关条例后的最多十日内向协会报告这些条例。协会应审查这些条例是否符合法律和章程规定并将其记录在相应的登记簿上。

第三十七条

1. 原则声明至少应包括：

（1）遵守宪法和以宪法为依据的其他法律和制度的义务；

（2）申请者提出的政治、经济和社会方面的意识形态原则；

（3）不签署要求申请者附属任何国际组织或依靠外国机构或政党的协议或条约的声明；不申请或不接受来自外国人、任何宗教的神职人员、宗教协会或组织及教会，以及法律禁止向政党提供资助的人的所有经济、政治或宣传性支持的声明；

（4）以和平民主的方式开展活动的义务；

（5）推动男性和女性平等参与政治活动的义务。

第三十八条

1. 行动纲领应确定下列内容：

（1）达到政党目标的措施；

（2）提出公共政策的措施；

（3）对党员进行思想政治培训的措施；

（4）帮助党员积极参与选举程序的准备措施。

第三十九条

1. 章程应规定下列内容：

（1）政党的名称、标志和象征该政党且区别于其他政党的颜色，其名称和标志不得带有宗教或种族色彩；

（2）以个人名义，独立、自由、和平入党的程序以及政党成员的权利和义务；

（3）党员的权利和义务；

（4）政党的组织架构；

（5）政党内部机构成立和改选的民主法规和程序，以及这些机构的职责、职权和义务；

（6）提名政党候选人的民主法规和程序；

（7）依据政党的原则声明和行动纲领，为政党所参加的每一次选举提出竞选纲领的义务；

（8）政党候选人在所参与的竞选活动中支持并宣传竞选纲领的义务；

（9）政党寻求私人资助的类型和规则；

（10）党内司法制度、期限和程序以及解决内部争议的替代性机制，借此来保障党员的权利，并确保各项裁定合理合法；

（11）通过党内纪律程序对违反其内部规定的成员实施的处罚，该程序至少应包括行使审讯与辩护的权利，说明可能的违规行为或驱逐出党的原因，履行对相关裁定给出理由和证据的义务。

第三章　党员的权利和义务

第四十条

1. 政党可根据党员的参与度和责任在章程中规定党员的类别。同时，还应规定党员的权利，至少包括以下内容：

（1）以个人名义直接参与或派授权代表参与代表大会、委员会、会议或类似性质的活动，这些会议将对政党基本文件的批准及修订，政党领导人和民选公职候选人的选举，政党的合并、联盟、统一战线的建立以及政党解散等事宜做出决定；

（2）在满足适用法规和政党章程规定条件的前提下，报名参加公职候选人选举的内部程序；

（3）在满足党章规定条件的前提下，报名参加领导人选举程序以及党内任何其他职务或任务的任命；

（4）按照有关透明度的法律规定，要求并获取有关政党任何事务的公共信息，无论该党员是否与相关事务有直接的法律利益关系；

（5）要求领导人依据内部法规提供其任职期间有义务提交的账目报告；

（6）要求执行政党基本文件；

（7）获得政治培训并获取行使其政治权利和选举权利所需的信息；

（8）使用政党内部司法程序，并在受到侵害时获得司法指导，以便行使和享受党员权利；

（9）当内部机构的裁定和决议影响到其政治和选举权利时，向联邦选举法院或地方选举法院提出异议；

（10）获得或放弃其党员资格。

第四十一条

1. 政党的章程应规定党员的义务，至少包括以下内容：

（1）遵守并执行党章和党规；

（2）遵守并宣传党的思想原则和行动纲领；

（3）在选举法规定的限度内，按照内部法规向政党捐助资金并缴纳该党确定的党费；

（4）监督内部民主和党规的执行情况；

（5）遵守有关选举的各项法规；

（6）遵守权力机构根据党规颁布的各项内部决议；

（7）参加其应当出席的各项代表大会、会议和其他集会；

（8）通过政党的培训方案来提升自己并获得相应资格。

第四十二条

1. 协会应核实同一个人未加入一个以上的政党，并建立相应名册的咨询机制。

2. 如果某一公民出现在不止一个政党名册中，则按照本法第十八条规定处理。

第四章 政党内部机构

第四十三条

1. 政党内部机构至少应包含下列机构：

（1）一个代表大会或同类机构，由所有联邦单位的代表（如果是全国性政党）或所有市的代表（如果是地方性政党）构成，该机构是党的最高权力机构并具有审议权；

（2）一个全国或地方委员会或同类机构（根据情况），该机构是党的代表，具有执行权、监督权以及批准党的其他机构做决定的权力；

（3）一个负责管理党的资产和财政资源、提交季度和年度收支报告、预选和竞选报告的机构；

（4）一个以民主方式成立的决议机构，负责确立政党内部机构建立程序和民选公职候选人选举程序；

（5）一个负责党内司法事务的决议机构，该机构应当是独立、公正且客观的；

（6）一个负责履行宪法及相关法律对政党规定的透明度和信息公开义务的机构；

（7）一个负责对党员和领导人进行教育和培训的机构。

2. 除了上一款中指出的内容外, 全国性政党还应在各联邦单位设有具备执行权的委员会或同类机构。

第五章 内部机构建立程序和候选人选举程序

第四十四条

1. 政党内部机构建立程序和民选公职候选人提名程序由第四十三条第1款第（4）项中规定的机构负责, 并根据下列基本方针来确定:

（1）政党通过指定权力机构并根据章程规定发布通知, 明确相关事项, 其中至少应包含下列内容:

a. 要竞选的职务或候选人;

b. 竞选条件, 比如预候选人或候选人是否认同党的纲领、原则和思想, 是否满足其他要求, 只要这些条件不违背被选举权的核心内容;

c. 预选或竞选登记日期;

d. 要提交的文件;

e. 用于弥补登记文件中可能出现的疏漏或缺陷的期限;

f. 按照协会规定确立的领导人竞选和民选职务预选活动的一般规则和费用限额;

g. 选举方式, 如果是党员投票, 则应是自由、秘密投票;

h. 选举日期和地点;

i. 提交竞选或预选活动（根据情况）的收入和支出报告的日期。

（2）第四十三条第1款第（4）项中所指的决议机构应当:

a. 登记预候选人或候选人并裁定其是否具备选举资格;

b. 确保选举过程各阶段公平公正、透明合法。

第四十五条

1. 政党可以向协会提出申请, 由协会负责根据政党的章程、条例和程序来组织政党领导机构的选举, 费用由政党特权中包含的经费承担。

2. 选举程序的组织和开展应遵循下列规则:

（1）政党应在其章程中规定有权提出上述申请的内部机构, 以及提交申请的依据和程序;

（2）政党应在相应领导机构选举期限到期前四个月内, 通过本法第四十三条第1款第（2）项指定的执行机构向协会提交申请;

如果领导机构改选期限因在法庭上提出的争议而失效，政党可以请求协会在上段指出的期限外组织选举；

（3）政党只能在非选举时期请求协会给予配合；

（4）提出申请的政党应当与协会就其参与范围及组织和开展选举程序的条件达成协议，这些条件应符合政党章程和条例的规定；

（5）协议中应规定组织选举程序的费用由该政党特权中包含的经费承担，其中可纳入协会为此临时聘请人员处理特定事务的费用；

（6）协会应当与本法第四十三条第1款第（4）项规定的机构协调开展选举程序；

（7）此选举优先采用电子手段来接收选票；

（8）协会只有在确实无法组织内部选举的情况下才能拒绝申请。

第六章　党内司法

第四十六条

1. 政党应建立党内司法程序，包括解决争议的替代性机制。

2. 本法第四十三条第1款第（5）项规定的决议机构应在司法程序落实之前成立，其成员人数应为单数；该机构将作为主持内部司法的责任机构，并应本着独立、公正、合法的原则，在政党章程规定的期限内处理有关事务。

3. 政党章程应规定解决有关内部事务争议的替代性手段，为此应说明相关程序采取自愿服从原则，且程序的期限和手续合情合理。

第四十七条

1. 第四十六条第2款提到的决议机构应通过多数票表决来批准其各项决议。

2. 所有与政党内部事务有关的争议都应通过章程中规定的责任机构按时解决，从而保障党员的权利。只有当党内维权途径用尽时，党员才有权诉诸法院。

3. 在决议机构做出相关裁定时，应当考虑公民的相关政治权利，即与政党所享有的为实现其目标而自行组织和自主决定的原则相关的权利。

第四十八条

1. 政党的内部司法制度应当具有以下特点：

（1）针对内部冲突的裁定，仅设一级审判机构，以便迅速做出裁定；

（2）针对内部司法手段的介入、实现和裁定，设立一定的期限；

（3）遵守司法程序的所有基本手续；

（4）当成员的政治和选举权利受到侵犯时，从形式和物质上有效帮助其重新享有该权利。

第四部分　广播和电视的使用

第四十九条

1. 根据宪法第四十一条规定，由协会负责按照《选举制度与选举程序总法》中的规定管理政府用于选举目的的节目时段。

第五部分　政党资助

第一章　公共资助

第五十条

1. 政党有权接受按照宪法第四十一条第 2 款及地方法律的规定公平分配给该党的用于开展党内活动的公共资助。

2. 公共资助应优先于其他类型的资助，且应当用于维持党的日常活动和竞选活动开支，以及支持其作为涉及公共利益的单位而开展的专门活动。

第五十一条

1. 除了本法授予的其他特权外，政党有权按照下列规定接受用于开展党内活动、建立组织架构并支付薪资报酬的公共资助：

（1）用于维持日常活动：

a. 总委员会（如果是全国性政党）或地方公共机构（如果是地方性政党），应按照下列规则确定每年拨给各政党的资金总额：用截至每年七月末联邦或地方选举名册上的公民总数，乘以联邦区（如果是全国性政党）或联邦单位所在地区（如果是地方性政党）现行的每日最低工资的百分之六十五；

b. 上一目所指出的计算结果为对各政党每年日常活动开支的公共资助

金额，且该资金应当按照宪法第四十一条第 2 款第（1）项规定的形式来分配；

c. 确定分配给各政党的资金，应按照每年批准的预算日程表按月发放；

d. 各政党每年至少应拨出所获公共资助额的百分之二，用于开展本条第（3）项中指出的专门活动；

e. 各政党每年应拨出所获公共资助额的百分之三，用于女性党员的培训、晋升及其政治领导意识的培养。

（2）用于竞选开支：

a. 在联邦或地方行政权力机构及议会两院或某一联邦单位议院进行换届的选举年，向每一全国性或地方性政党拨发一定资助用于竞选开支，金额相当于其当年获得的用于维持日常活动开支的公共资助额的百分之五十；

b. 在只有联邦众议院或各联邦单位议会进行换届的选举年，向每一全国性或地方性政党拨发一定资助用于竞选开支，金额相当于其当年获得的用于维持日常活动开支的公共资助额的百分之三十；

c. 用于竞选开支的资助全部由各政党管理；政党应按照本法规定确定资金分配比例；必须在竞选活动开始前十日内报告给审计委员会，并在下一次会议上告知协会总委员会，且该分配比例不可更改。

（3）用于政党作为涉及公共利益的单位而开展的专门活动：

a. 全国性政党开展的政治教育和培训、社会经济调查和政策调研，以及出版等工作都应通过公共资助获得支持，每年资助总额相当于本条第（1）项所指的用于当年日常活动开支的公共资助额的百分之三；该资助总额按照第（1）项 b 目的规定进行分配；

b. 总委员会通过审计署监督各政党将本项所指资助金额专门用于上一目中所指出的活动；

c. 确定发放给各政党的经费，应根据每年批准的预算日程表按月发放。

2. 在最近一次选举后获得登记的政党，或已依法登记但在国会两院或地方议会中没有代表席位的政党，有权根据以下规定获得公共资助：

（1）每个政党可获得本条所指的拨给各政党用于维持日常活动的资金总额的百分之二，同时，在相应的选举年，根据本条第 1 款第（2）项的规定，可获得用于竞选开支的资助；

（2）各政党可获得其作为涉及公共利益的单位开展专门活动的公共资

助，但仅能获得按平均方式分配的那部分资金。

3. 上一款第（1）项中指出的资金，依据当年批准的预算日程表，按照政党登记生效的天数占全年天数的比例发放。

第五十二条

1. 全国性政党要获得地方公共资源，必须在相应联邦单位上一次的地方选举程序中获得百分之三的有效投票。

2. 符合上一款规定的政党获得地方资助的规则，将在相应的地方法规中说明。

第二章　私人资助

第五十三条

1. 除了第一章规定的资助外，各政党还可以获得非公共财政资助，包括下列形式：

（1）党员资助；

（2）支持者资助；

（3）自筹资金；

（4）财政收益、基金和信托资金。

第五十四条

1. 在任何情况下，以下单位或人员都不得以现金或实物的形式，自行或通过第三方向政党、政党申请者、民选预候选人或候选人提供捐赠或资助：

（1）国家及各联邦单位的行政、立法和司法权力机构及各市政府，宪法和本法规定的公共资助除外；

（2）联邦、州、市、中央或半官方政府的下属部门、单位或组织，以及联邦区的政府机构；

（3）联邦、各州和联邦区的自治组织；

（4）外国的政党、自然人或法人；

（5）任何性质的国际组织；

（6）法人；

（7）在境外生活或工作的人。

2. 各政党不得向开发银行申请贷款用于资助其活动。

第五十五条

1. 各政党不得接受不明身份人员的捐赠。

2. 支持者给予政党的现金捐赠将被扣税，最多可扣百分之二十五。

第五十六条

1. 非公共财政资助有以下形式：

（1）党员以现金或实物的形式提供的个人和义务捐赠或缴纳的普通和特殊党费；

（2）预候选人和候选人专门为其预选和竞选活动提供的现金或实物形式的自愿的个人捐赠；

（3）支持者在联邦和地方选举程序期间以现金或实物的形式自愿的个人捐赠，包括由居住在本国的墨西哥自然人以自由自愿的形式向政党提供的捐赠或资助。

2. 私人资助每年的限额如下：

（1）党员捐赠限额为，当年拨给政党用于维持其日常活动和预选开支的公共资助总额的百分之二；

（2）候选人和支持者在选举期间的捐赠限额为上届总统选举时用于候选人竞选活动的开支上限的百分之十；

（3）每一政党，通过本法第四十三条第 1 款第（3）项规定的机构，自行决定其党员缴纳普通和特殊党费的最低最高金额及周期，以及预候选人和候选人专门为其预选和竞选活动所提供的自愿个人捐赠的金额及周期；

（4）每位支持者每年的捐赠限额为上届总统选举开支上限的百分之零点五。

3. 政党应开具有编号的收据，其中应注明捐赠人的全名、地址、选民编码或联邦纳税号（根据情况）。如果捐赠采用的是支票或银行转账的形式，则付款账户的开户人应是捐赠人。按照条例规定，捐赠或党费始终都应存在以政党名义开具的银行账户内。

4. 按照《联邦财政法》第二十九条第 1 款第（7）项 c 目的规定，实物捐赠应通过政党与捐赠人之间签署的合同来证明，其中应明确所捐财产或服务的单位价值、捐赠总额以及捐赠单位数量（如适用）；同样应附上发票，明确支付方式。

5. 政党应每月提交一份捐赠者名单及其所捐资金的付款账户（如果

有），且这些账户的开户人必须是捐赠人。

6. 以动产或不动产形式进行的捐赠只能用于完成因资助而受惠的政党的目标。

第五十七条

1. 各政党可在墨西哥境内的银行机构开设账户、基金或信托，以便使用其流动资产进行投资并获得财政收益，但应遵守下列规则：

（1）应最晚在签订开设相应账户、基金或信托合同后的五日内，告知协会总委员会，并附上该私人银行机构出具的真实合同副本；

（2）所开设的账户、基金和信托的运作，应通过墨西哥政府发行的一年以内的全国货币债券产品进行；

（3）在任何情况下，对于协会总委员会来说，这些账户、基金或信托均不受银行或信托保密制度的保护，总委员会可在任何时间要求获得有关其操作和交易的详细信息；

（4）通过该形式获得的财政收益应被用于实现政党的目标。

第三章　财务操作审查

第五十八条

1. 如果协会总委员会认为政党获捐资金来源不合法，可通过其审计署向公共财政和信贷秘书处负责财务信息的管理单位申请获得该党的财务操作报告。

2. 按照适用法令，如果政党的财务操作被认为是重大的或不常用的，应审计机构的申请，公共财政和信贷秘书处负责财务信息的管理单位应向其报告联邦、联邦单位及市政府的任何机构或下属部门在所有选举程序中所实施的有效规定。

第六部分　政党的财务制度

第一章　政党的会计体系

第五十九条

1. 每个政党都应对其会计和会计体系操作负责，同时应遵守本法规定以及协会总委员会和审计委员会为此做出的相关决议。

第六十条

1. 政党所使用的会计体系应具备以下特点：

（1）由一整套基于通用技术原则建立的登记册、程序、标准和报告构成，用于获取、评估、登记、区分、报告和解释使政党的资产状况发生变化的财务交易、变动和事件；

（2）在有关审计义务的规定中，应当对政党、候选人及所有责任人的支出项目进行分类；对于有关违规操作的规定，应做出书面说明；

（3）根据民法和商法规定，承认政党与第三方实施的交易具备法律性质；

（4）清楚、完整、明确地记录政党的预算和会计操作，以及其他资金流动；

（5）符合协会总委员会所规定的各项原则、通用和特殊会计标准及会计手段；

（6）便于了解政党的收入、支出、资产、债务和固定资产交易情况；

（7）通过会计操作自动将各项费用纳入预算财年；

（8）登记册中应能够累计记录预算和会计信息；

（9）如实、有序地记录每一次涉及财务管理权利和义务的操作；

（10）实时生成财务报表，报告预算执行情况及其他有助于决策、信息透明、工作安排、评估和提交账目的信息；

（11）便于登记和管理动产及不动产清单。

2. 会计体系应在一个配有安全装置的数据处理系统上运行。政党应在线进行会计登记，而协会可以不受限制地进入这些系统来行使其监督和审计职能。

3. 根据情况，协会可对政党和候选人提出预防性建议，从而提高本法要求提交的各项报告的效力、效率等。

第二章　政党在财务制度方面的义务

第六十一条

1. 关于财务制度，政党应当：

（1）通过书籍、系统、会计登记册、账户报表、特殊账目、工作用纸、光盘或任何可储存数据的途径来开展会计工作，以便其记录和审计各项资产、债务、收入和支出的情况，并衡量收入和支出及债务管理的效力、经济性和效率；

（2）使用金融术语生成可靠、恰当、易于理解、定期、可比较且信息一致的财务报表；

（3）参照最优会计实践来帮助完成财务规划、资源管控、分析和审计任务；

（4）具备会计手册及协会总委员会规定的其他会计工具；

（5）保留会计信息至少五年；

（6）向协会总委员会提交下列信息：

a. 自通知生效之时起的七十二小时内，提交截至通知发出时的财务报表信息；

b. 在非选举时期，每三个月提交一次所签合同的报告；

c. 在预选和竞选活动期间签订的合同中的财务信息、与开支和合同执行条件有关的信息，应在合同签订后最多三日内，在提供相关财产或服务前，根据协会颁布的方针政策，通过电子途径告知协会。

第六十二条

1. 协会总委员会应根据其颁布的有关程序，核实上一条第 1 款第（6）项 c 目所指的合同内容。

2. 政党应向协会总委员会提交签订相应合同的通知，并附上已签名的相应合同副本，其中应包括：

（1）政党、联盟或候选人代表的签名；

（2）合同目的；

（3）将要提供的财产或服务的单价及总价；

（4）用于执行合同的各项条款；

（5）违约情况下的处罚规定。

第六十三条

1. 政党、联盟和候选人所产生的开支应满足下列要求：

（1）具有符合财务要求的票据；

（2）如果开支金额超过联邦区现行的九十天最低工资，则应通过电子转账、记名支票的方式来记入受益人账户；

（3）应在会计账目上按规定登记；

（4）应履行有关第三方扣税交税规定的义务；

（5）用于采购的开支应合法，符合诚信、高效、经济、合理、节俭、透明原则，及账目管控和提交标准。

第六十四条

1. 政党可选择由审计署来支付与政党日常活动、预选和竞选活动有关的开支，或仅仅与在预选和竞选活动期间通过公共途径开展的宣传活动有关的开支。

2. 通过公共途径开展的宣传活动是指，所有通过公演、信箱、灯光广告牌、广告栏、公共建筑防雨罩、可移动或不可移动的城市广告设施、墙壁、全景图、汽车站、桥梁、广告牌、车辆或任何其他类似媒介进行的宣传活动。

3. 如果政党选择由协会通过审计署来支付政党在竞选阶段产生的所有费用，则仅审计署可在整个竞选期间使用支票存根簿。

4. 如果政党选择由协会通过审计署来支付以公共途径开展的宣传活动费用，则应使用一个专门账户，且其存根簿仅能由审计署使用。

5. 总委员会应颁布由审计署支付各项开支的方针，并借此保证资金使用透明、付款及时、符合税收规定、收支平衡。

第六十五条

1. 协会应颁布有关方针来确保最大限度地公开有关政党、联盟和候选人的会计登记与流动信息，签订合同的通知及合同的有效性要求。

第七部分　其他特权

第一章　税制

第六十六条

1. 全国性政党无须缴纳下列税费：

（1）与事先得到合法授权的抽奖、交易会、会演及其他为实现政党目标的募集资金的活动相关的税费；

（2）转让政党为行使特定职能而购买的不动产所获得的收益、以现金或实物的形式获得捐赠收入的所得税；

（3）与销售政党印制的宣传其原则、纲领、章程的印刷品以及在宣传中使用影音设备有关的税费；

（4）适用法规规定的其他税费。

第六十七条

1. 上一条所指内容不适用于下列情况：

（1）包括各州或联邦区规定的附加税在内的房产税，与房产所有权分割、合并、转移和修缮有关的分割税和附加税，以及以不动产价值变化为基准的税费；

（2）各州、市或联邦区规定的因使用公共服务而产生的税费。

第六十八条

1. 本法第六十六条所指的税制并不免除政党应履行的其他纳税义务。

2. 政党应根据适用法律，代扣向其领导、员工、为其服务的个体或专业人员支付的工资、薪酬、服务费及任何其他报酬的所得税，并告知税务当局。政党资源审计委员会应告知相应的税务当局，免除政党已代扣的税费。

第二章　邮政资费、电报资费豁免权

第六十九条

1. 全国性政党在全国范围内享有开展活动必需的邮政资费、电报资费豁免权。

第七十条

1. 邮政资费豁免规则如下：

（1）总委员会将在协会的年度支出预算中确定用于支付全国性政党的邮政资费豁免的金额。在非选举年，该金额为用于资助政党日常活动的公共资助额的百分之二；在选举年，则为百分之四。

（2）邮资豁免金应平均分配给各个全国性政党。

（3）协会应告知墨西哥邮政局每一全国性政党每年依据此特权所享有的相应预算，并且每三个月在规定范围内支付各政党的邮政资费。在任何情况下，协会都不得直接向各政党拨发用于此目的的资金。如果在相应财年结束后该资金仍有剩余，则这部分资金应作为预算资金交还国库。

（4）只有每个政党的领导委员会可以使用邮资豁免金。各政党在总委员会的代表应及时向协会报告该资金在这些委员会中的年度分配情况。

（5）各政党应向特权和政党执行管理处以及选区和地区执行委员会派驻两名由各自委员会授权的代表，对其日常信件、宣传材料及定期刊物的邮寄进行计费。执行管理处应将授权代表的姓名告知墨西哥邮政局，并进行必要的管理，协助其派驻工作。

（6）全国委员会可以在全国范围内邮寄信件、宣传材料及定期刊物；各州、选区和市委员会可向全国委员会及其各自区域内邮寄上述材料。

（7）墨西哥邮政局应向协会通告各政党存放信件的邮局，并确保邮局具备管理信件所需的条件。由每一委员会授权登记的执行管理处代表应对寄件进行计费并在相应文件上签字。

（8）在政党的每封信件上都应清楚标明寄件人信息。

（9）协会应与墨西哥邮政局签订必要的协议和协定，以使本条规定的内容生效；而墨西哥邮政局应在约定的期限内，按规定告知各政党使用其特权的情况以及已得知的任何违规使用情况。

（10）政党应及时向执行管理处汇报其授权代表的替换情况，以便执行管理处将此情况反馈给墨西哥邮政局。

第七十一条

1. 电报资费豁免权仅限在全国范围内使用，且应符合下列规定：

（1）只有每个政党的全国委员会可以享受电报资费豁免权；

（2）各全国委员会可在全国范围内使用该豁免权用于其通信活动；

（3）该豁免权由每一全国委员会授权的两名代表负责使用，对授权代表的姓名和签字应在特权和政党执行管理处进行登记，以便管理处将此信息告知相应的公共机构；

（4）只有在紧急情况下才可使用电报通信，且电报文本的书写应符合相关规定；

（5）电报资费豁免权不适用于政党宣传、个人事务或与在同一城市或同一汇款区内的收信人进行的通信。

2. 协会将在其年度预算中划拨所需资金，用于向有关公共机构支付其执行上述规定产生的开支。

第八部分　政党审计

第一章　政党日常活动审计

第七十二条

1. 各政党应报告用于日常活动的财政收入和开支。

2. 下列项目被视作日常开支：

（1）政党计划用于鼓励市民参与民主生活、宣传政治文化及帮助女性获得领导地位的开支；

（2）［选举期间政党组织架构的竞选开支；］

依据国家最高法院对违宪诉讼的判决，方括号中的内容被宣布无效。判决于 2014 年 9 月 10 日发出通知，于 2015 年 8 月 13 日公布在《联邦官方公报》上。

（3）候选人内部选举程序中的开支，此费用不得超过选举当年规定的用于日常开支的百分之二；

（4）员工工资、动产及不动产租赁费、文具费、电费、燃气费、差旅费及其他类似开支；

（5）仅用于传播政党标志的机构宣传开支以及各种民主运动开支，其中不得使用任何类型的表明某一政治立场的语句或图例；

（6）［与选举活动有关的开支，包括支持相关人员以政党的名义或为了政党的利益而在城镇、区、市、州或全国范围内参加竞选所需的全部费用。］

依据国家最高法院对违宪诉讼的判决，方括号中的内容被宣布无效。判决于 2014 年 9 月 10 日发出通知，于 2015 年 8 月 13 日公布在《联邦官方公报》上。

3. ［选举活动开支包括用于支付下列人员的差旅费和伙食费的费用：

（1）政党内部机构成员在章程规定的日常和特殊活动中产生的此类费用；

（2）本法第四十三条第 2 款中规定的各联邦单位委员会或同类机构的成员在全国性政党内部机构中开展工作时产生的此类费用；

（3）全国性政党内部机构成员在本法第四十三条第 2 款中规定的各联邦单位委员会或同类机构中开展工作时产生的此类费用；

（4）政党代表在协会或地方公共机构中开展工作时产生的此类费用；

（5）政党代表在投票点工作时产生的此类费用；

（6）应审计委员会的提议，总委员会在提交每一财年日常开支报告前颁布的决议中涉及的此类费用；

（7）相关机构在宣传各政党或联盟的施政成果时产生的此类费用。］

依据国家最高法院对违宪诉讼的判决，第 3 款被宣布无效。判决于 2014 年 9 月 10 日发出通知，于 2015 年 8 月 13 日公布在《联邦官方公报》上。

第七十三条

1. 各政党可以将用于培训、提升和发展女性政治领导意识的资金用在下列项目中：

（1）调查并向公民报告女性政治领导意识的演变、发展和进步及任何有关话题；

（2）编制、出版并分发与性别平等有关的书籍、杂志、宣传册或任何形式的相关主题的宣传物；

（3）组织各种用来宣传与女性在政治生活中的参与情况有关的话题的工作会议、研讨会、活动和计划；

（4）宣传并公布与推动性别平等有关的各项行动的执行情况；

（5）组织和宣传此类活动所需的全部费用。

第七十四条

1. 政党可以在其报告中汇报其作为涉及公共利益的单位所开展的专门活动，这类活动包括下列内容：

（1）政治教育和培训，即各类鼓励公民参与政治、树立公民价值观并推动公民间相互尊重人权的活动或行动；

（2）社会经济调查和政策调研；

（3）通过任何宣传手段，编制、出版并宣传与政党、党员和支持者利益有关的信息；

（4）组织和宣传此类活动所需的全部费用。

第二章　选举程序中对政党的审计

第七十五条

1. 应审计委员会的提议，总委员会应在预选开始之前，根据政党发布的通知性质，确定用于预选的开支类别。

第七十六条

1. 针对本章内容的效力，竞选开支包括：

（1）宣传开支：包括利用墙面、粗布、活动银幕、标语牌、音响设备进行宣传的开支，在租赁场地开展政治活动的开支，有针对性的宣传开支及其他类似开支；

（2）竞选工作开支：包括临时人员的工资和薪酬，动产及不动产临时租赁费，材料和人员交通费，差旅费及其他类似开支；

（3）在日报、杂志及其他印刷媒体上进行宣传的开支：包括在任何媒体上的宣传开支，如付费刊登文章、广告通知及类似旨在获得选票的开支；在所有情况下，政党和签约候选人以及印刷媒体都必须清楚地说明其使用的是付费宣传或刊登文章；

（4）通过广播和电视发布信息的开支：包括用来支付专业服务的开支，使用技术设备、录音及摄影场地或工作室的开支，以及其他用于此目的的开支；

（5）用来向公民公示已登记候选人及其各自倡议的开支；

（6）用来赞助已登记候选人向公民展示其计划、行动以及竞选纲领的发展情况并开展讨论的开支；

（7）在预选结束到竞选开始期间，任何宣传某一候选人或政党的形象、名称或施政纲领的开支；

（8）总委员会根据审计委员会的提议，在竞选开始前确定的其他开支。

2. 政党用于开展日常工作、履行章程义务及维持领导机构和各组织运行的开支，不被视作竞选开支。

3. 所有用于竞选的财产或服务均应以联邦或地方选举中拉取选票为直接使用目的。［除了属于日常工作开支的与选举活动有关的开支。］

依据国家最高法院对违宪诉讼的判决，方括号中的内容被宣布无效。判决于 2014 年 9 月 10 日发出通知，于 2015 年 8 月 13 日公布在《联邦官方公报》上。

第三章　政党的收入和支出报告

第七十七条

1. 本法第四十三条第 1 款第（3）项规定的政党内部机构，将负责管理政党的资产、日常资金、预选和竞选资金，提交本章所指的各项报告。各政党可自行决定该内部机构的成立方式及特点。

2. 政党应通过审计委员会将有关其日常资金和竞选资金的来源及用途的报告，以及关于其资源管理和会计财务状况审计的报告提交给协会总委员会审核，而审计委员会应首先负责对各项报告给出汇总意见和处理方案，随后提交给总委员会。

第七十八条

1. 政党提交其季度报告和日常开支报告时，应遵照下列规定：

（1）相应财政年度的季度报告：

a. 最晚应在相应季度结束后三十日内提交；

b. 报告中应说明政党在相应时期内获得的收入及产生的日常开支情况；

c. 在联邦选举年，将暂停履行本项规定的义务；

d. 如果审计委员会在通过审计署对报告进行审查的过程中，发现有异常、错误或遗漏，应通知政党弥补过失或者做出澄清。这些报告将构成有关当局进行年度审核的前提。

（2）日常开支年度报告：

a. 最晚应在所报告的财政年度十二月的最后一天之后的六十日内提交；

b. 在日常开支报告中，应说明政党在所报告财年获得的总收入及产生的全部日常开支；

c. 与年度报告一起，还应提交一份资产状况汇总表，其中应说明政党的资产、债务和固定资产，以及政党拥有所有权的不动产的详细报告；

d. 本项所指的各项报告都应得到每一政党所指定的外部审计人员的授权和签字。

2. 全国性政治团体应在本条第 1 款第（1）项 a 目所指的相同期限内，根据相关条例规定，提交一份收入和支出年度报告。

第七十九条

1. 政党提交预选和竞选报告时，应遵守下列规则：

（1）预选报告

a. 政党应为每位已登记参加各类预选活动的民选预候选人提交预选报告，注明收入的来源和金额，以及产生的支出。

b. 候选人和预候选人是执行竞选和预选报告内容的直接责任人。为此，将对其违规行为分别进行分析。

c. 报告最晚应于预选结束后十日内提交。

d. 政党组织通过内部程序来选举预候选人所产生的支出应在相应的年度报告中说明。

e. 预选程序结束后或政党提名了候选人后，所有在预选过程中布置的并通过公开媒介保留下来的宣传物，尤其是含有在内部竞争中获胜的预候选人的肖像、姓名、称号或别名的宣传物支出，都被视作政党的竞选支出，且应在相应报告中说明。

（2）竞选报告

a. 政党应为相应选举中的每一次竞选活动提交竞选报告，明确政党和候选人在相应地区范围内产生的开支。

b. 候选人是执行上一项所指的支出报告内容的直接责任人。

c. 政党应在竞选阶段开始后每隔三十日向审计署提交一次收入和支出报告，提交期限为每一时期结束后的三日内。

第八十条

1. 提交与审核政党报告的程序应符合下列规定：

（1）相应财政年度的季度报告

a. 季度报告一经提交，如审计署在审核中发现异常、错误或遗漏，应通知政党弥补过失或做出澄清。

b. 在所有情况下，季度报告仅具有向有关当局提供信息的性质。

（2）年度报告

a. 年度报告一经提交，审计署应在六十日的期限内对其进行审核，且随时有权向本法第四十三条第 1 款第（3）项规定的各党机构索取必要的文件资料，用于证实报告内容的真实性。

b. 在报告审核期间，如果审计署发现其中存在技术性错误或遗漏，应向有关政党发出通知，责成其在通知发出后十日内做出相关的澄清或更正。

c. 审计署应告知政党其所做的澄清或更正是否弥补了已发现的错误或遗漏，如仍未解决问题，应责成其在五日期限内弥补这些错误或遗漏，且不可延期。审计署应在下一目所指的起草汇总意见的期限之前，将审核结果告知政党。

d. 本项 a 目所指期限结束后，或用来更正错误或遗漏的期限结束后，审计署有二十日的期限用于起草汇总意见和相应的解决方案，以便提交给审计委员会考虑。

e. 审计委员会有十日期限用于批准审计署给出的方案。

f. 上一目所指期限一经结束，审计委员会应在七十二小时内将方案提交给总委员会，而总委员会有十日期限用于讨论和批准该方案。

（3）预选报告

a. 预选支出报告一经提交，审计署有十五日期限用于审核这些报告。

b. 如果报告存在技术性错误或遗漏，审计署应通知政党，并责成其在通知发出后七日内做出相关澄清或更正。

c. 上一目所指期限一经结束，审计署有十日期限用于起草汇总意见和相应的解决方案，以便提交给审计委员会考虑。

d. 审计委员会有六日期限用于批准审计署给出的方案。

e. 六日期限一经结束，审计委员会应在七十二小时内将方案提交给总委员会，而总委员会有六日期限用于讨论和批准该方案。

（4）竞选报告

a. 在竞选活动开展过程中，审计署应同时对政党竞选资金的用途进行审核与审计。

b. 竞选报告一经提交，审计署将有十日期限用于审核已提交的支持文件和会计文件。

c. 如果审计署发现所提交的支持文件和会计文件中存在技术性错误或遗漏，应通知政党并责成其在五日期限内（自通知发出之日算起）做出相关澄清或更正。

d. 最后一份报告的审核一经结束，审计署将有十日期限用于起草汇总意见和处理方案，以便提交给审计委员会考虑。

e. 汇总意见和处理方案一经提交，审计委员会将有六日期限用于对这些方案投票表决并提交给总委员会。

f. 汇总意见和相应的处理方案一经批准，审计委员会应通过其主席将方案提交给总委员会考虑，以便总委员会在六日内（不可延期）对方案进行投票表决。

第八十一条

1. 审计署起草的所有意见和解决方案至少应包括：

（1）对政党所提交报告的审核结果和结论；

（2）对报告中发现的错误或违规之处的说明（如果有）；

（3）对政党在收到通知后做出的澄清或更正的说明。

第八十二条

1. 政党可以按照有关法律规定的方式和条件，针对总委员会给出的汇总意见和处理方案向联邦选举法院提出申诉。在这种情况下，协会总委员会应当：

（1）在政党提起申诉时，向法院提交审计署的汇总意见及政党相应的报告；

（2）在申诉期过后或法院已对提起的申诉做出相应裁定后，在《联邦官方公报》上公布总委员会批准的意见和解决方案概要，以及法院对申诉做出的裁定（如果有）；

（3）在协会网站上公布完整的意见，以及总委员会批准的解决方案和法院做出的裁定（如果有）。

第八十三条

1. 竞选通用开支将在受惠的竞选活动中按比例分配，包括下列情况：

（1）竞选通用开支指在竞选和宣传活动中产生的开支，政党或联盟在这些活动中邀请选民对提名的全部民选公职候选人进行投票，但未明确某一候选人或竞选类型；

（2）未明确某一候选人或竞选类型，但宣传政党或联盟的某一公共政策或倡议的通用开支；

（3）公开或宣传政党、联盟、政党和联盟的候选人或竞选纲领的标志或口号的开支。

2. 如果推选两名或两名以上的民选公职候选人，则竞选支出以下列形式分配：

（1）如果是一位国家总统候选人和一位参议员候选人，则竞选支出的百分之四十分配给国家总统候选人，百分之六十分配给参议员候选人；

（2）如果是一位国家总统候选人和一位联邦众议员候选人，则竞选支出的百分之六十分配给国家总统候选人，百分之四十分配给联邦众议员候选人；

（3）如果是国家总统、参议员、联邦众议员候选人各一名，则竞选支出的百分之二十分配给国家总统候选人，百分之五十分配给参议员候选人，百分之三十分配给联邦众议员候选人；

（4）如果竞选支出是用于国家总统、参议员、联邦众议员候选人以及地方竞选候选人，则支出的百分之十五分配给国家总统候选人，百分之三十五分配给参议员候选人，百分之二十五分配给联邦众议员候选人，百分之二十五分配给相应的地方竞选候选人；

（5）如果竞选支出是用于国家总统候选人和地方竞选候选人，则百分之四十分配给国家总统候选人，百分之六十分配给地方竞选候选人；

（6）如果是用于国家总统候选人、参议员和地方竞选，则支出的百分之二十分配给国家总统候选人，百分之六十分配给参议员，百分之二十分配给相应的地方竞选候选人；

（7）如果是用于国家总统候选人、联邦众议员候选人和地方竞选候选人，则支出的百分之四十分配给国家总统候选人，百分之三十五分配给联邦众议员候选人，百分之二十五分配给地方竞选候选人；

（8）如果是一位参议员候选人和一位联邦众议员候选人参与竞选，则支出的百分之七十分配给参议员候选人，百分之三十分配给联邦众议员候选人；

（9）如果是一位参议员候选人、一位联邦众议员候选人和一位地方竞选候选人参与竞选，则支出的百分之五十分配给参议员候选人，百分之三十分配给联邦众议员候选人，百分之二十分配给地方竞选候选人；

（10）如果是一位参议员候选人和一位地方候选人参与竞选，则支出的百分之七十五分配给参议员候选人，百分之二十五分配给相应的地方竞选候选人；

（11）如果是一位联邦众议员候选人和一位地方竞选候选人参与竞选，则各分配百分之五十的支出；

（12）在联邦竞选中，如果两名以上的参议员或众议员候选人恰巧位于同一区域，则按照各自参与的相应竞选确定支出分配比例。该规则也适用于地方竞选。

3. 当发生下列某一情况时，则视为某项支出使候选人获益：

（1）提到了政党或联盟提名候选人的姓名；

（2）宣传了候选人的形象；

（3）明确推动了有利于该竞选的投票。

4.《审计条例》将对上述规定展开说明并制定用于会计登记和证实本条所指的各项支出的规则。

第八十四条

1. 总统委员、选举委员和执行秘书可随时向审计委员会索取有关全国性和地方性政党日常支出的报告。

2. 至于预选和竞选报告，审计委员会应在非公开会议上每隔二十五日向选举委员提交一份审核进度报告。

第九部分　统一战线、联盟与合并

第八十五条

1. 政党可以通过特定和共同的行动和战略建立统一战线，以实现与选举无关的共同政治和社会目标。

2. 出于选举目的，政党可以在符合本法规定的前提下组建联盟，以便在联邦选举中提名相同候选人。

3. 两个或两个以上的政党可以合并为一体，从而成立一个新的政党或并入其中一个政党。

4. 新登记的政党，在其登记后进行的第一个联邦或地方选举结束前，不得与其他政党组建统一战线、联盟或合并。

5. 各联邦单位有权在各自的地方法律中规定政党的其他参选或联合形式，以便提名候选人。

6. 只要是按照党章规定实施且得到有关权力机构批准的联盟协议、联合或参选行为，则认为其有效，除非被证明不合规。

第一章　统一战线

第八十六条

1. 要建立统一战线，应当签订一份协议，其中应写明：

（1）统一战线的持续时间；

（2）建立统一战线的缘由；

（3）统一战线追求的目的；

（4）在本法规定的范围内，各政党商定的共同行使其特权的方式。

2. 为建立统一战线所签订的协议应当提交给协会，而协会应在十个工作日内裁定该协议是否符合法律要求，如符合要求，则应安排发表在《联邦官方公报》上，以使其生效。

3. 构成统一战线的各全国性政党，将保留其法人资格、登记资格和政党属性。

第二章　联盟

第八十七条

1. 各全国性政党可以组建联盟，以便参加墨西哥合众国总统选举，以及根据相对多数制举行的联邦参议员和众议员选举。

2. 各全国性和地方性政党可以组建联盟，以便参加州长选举、相对多数制下各地方立法议会议员选举、市长选举、联邦区长官选举、相对多数制下联邦区立法大会议员选举，以及联邦区各地方辖区的行政管理机构官员的选举。

3. 政党不可在已有其所在联盟候选人的选区提名自己的候选人。

4. 任何政党均不可将已作为联盟候选人登记的人员登记为自己的候选人。

5. 任何联盟均不可将已作为政党候选人登记的人员提名为联盟候选人。

6. 任何政党均不可登记其他政党的候选人，但此规定不适用于按照本章规定存在联盟关系的政党，或本法第八十五条第 5 款规定的情况。

7. 通过组建联盟来参加选举的政党，应当按照本章规定签订并登记相应的协议。

8. 联盟协议可以由两个或更多政党共同签订。

9. 在同一联邦或地方选举程序中，政党不得组建一个以上的联盟。

10. 政党不得通过联盟协议来分配或转让投票。

11. 在公布参议员和众议员选举结果并宣布选举有效的流程结束后，选举中提名候选人的联盟自动结束，而当选的参议员或众议员联盟候选人将归属联盟协议中指出的政党或议会党团。

12. 无论是何种选举，无论已联盟政党达成了何种协议及条款，每一政党均应以各自的标志出现在相应选举的选票上；在本法规定的范围内，投给联盟候选人的选票将以相加的方式统计，并分别统计每一政党获得的选票数。

13. 如果选票中标记了不止一个已联盟政党，则该选票对于提名候选人仍视为有效，但只计为一票〔且在比例代表制分配或其他特权中不予考虑〕。

依据国家最高法院对违宪诉讼的判决，方括号中的内容被宣布无效。判决于 2014 年 9 月 10 日发出通知，于 2015 年 8 月 13 日公布在《联邦官方公报》上。

14. 在所有情况下，联盟中的每一政党均应各自拟定一份参加按比例代表制举行的众议员和参议员选举的候选人名单。

15. 联盟应保持一致。任何政党都不能参加一个以上的联盟，且组成联盟参加各类选举的政党也应保持一致。

第八十八条

1. 各政党可以组建完全联盟、部分联盟和灵活联盟。

2. 完全联盟是指，已联盟政党在同一联邦或地方选举程序中，通过同一竞选纲领提名所有民选公职候选人。

3. 如果两个或更多政党组成完全联盟来参加参议员或众议员的选举，则应当以联盟形式参加墨西哥合众国总统的选举。如果在地方选举中，两个或更多政党组成完全联盟来参加地方议员或立法大会议员的选举，则应当以联盟形式参加州长或联邦区长官的选举。

4. 完全联盟在进行登记后，如果没有按照上一款的规定在本法指定期限内为选举候选人登记，则该联盟及国家总统、州长或联邦区长官候选人的登记都将自动失效。

5. 部分联盟是指，已联盟政党在同一联邦或地方选举程序中，通过同一竞选纲领提名至少百分之五十的民选公职候选人。

6. 灵活联盟是指，已联盟政党在同一联邦或地方选举程序中，通过同一竞选纲领提名至少百分之二十五的民选公职候选人

第八十九条

1. 在所有情况下，若要登记为联盟，有意组建联盟的政党应当：

（1）证明该联盟已得到组成联盟的各政党的章程中规定的全国领导机构的批准，且该机构已明确批准联盟或其中某一政党的竞选纲领及施政纲领（如果有）。

（2）证明联盟中每一政党各自的党组织机构已批准参加总统选举的候选人的提名与登记。

（3）证明联盟中每一政党各自的党组织机构已批准参加按相对多数制举行的众议员和参议员选举的候选人的提名与登记。

（4）联盟中的每一政党均应各自拟定一份参加按比例代表制举行的众议员和参议员选举的候选人名单。

第九十条

1. 在组建了联盟的情况下，无论参加何种选举，每一政党均应保留其派驻协会各委员会和投票点领导委员会的代表。

第九十一条

1. 在任何情况下，联盟协议都应包括下列内容：

（1）构成该联盟的政党；

（2）该联盟所参加的联邦或地方选举程序；

（3）为了选出联盟所要提名的候选人，每一政党应遵循的程序；

（4）应附有竞选纲领和参加墨西哥合众国总统选举的候选人的施政纲领（如果有），以及证明相应党组织机构已批准上述纲领的文件；

（5）指出由联盟登记的每一候选人原来所属的政党以及此人如当选将归属的议会党团或政党；

（6）如果要使用相关法律规定的手段提出申诉，谁将作为联盟代表。

2. 在联盟协议中，应指明组成联盟的政党将根据相应的联盟类型遵守参加不同选举的竞选支出上限规定，这与一个政党的竞选支出上限相同。同样，应指出每一组成联盟的政党为开展相应竞选活动所捐赠的费用数额，以及在相应报告中汇报其所捐赠费用的方式。

3. 完全联盟、部分联盟和灵活联盟有权获得使用《选举制度与选举程序总法》规定的广播和电视时段的特权。

4. 在所有情况下，广播和电视上有关联盟候选人的信息均应对此情况进行说明并指明对该信息负责的政党。

5. 在任何时间和情况下，宪法第四十一条第3款第（1）项b目的规定都适用于参加选举的联盟，无论其在何区域参加何种选举。

第九十二条

1. 根据所参加的选举类型，联盟协议的登记申请应提交给协会总委员会主席或地方公共机构主席，并附上相关文件，提交时间不得晚于相关选举预选阶段开始前的三十日。在协会总委员会缺席期间，可根据所参加的选举类型将协议提交给协会或地方公共机构的执行秘书。

2. 协会总委员会或地方公共机构主席将对所提交的文件进行汇总并向总委员会报告。

3. 协会总委员会或地方公共机构最晚应在协议提交后十日内做出裁定。

4. 联盟协议一经登记，协会或地方公共机构（根据所参加的选举类型）应安排由《联邦官方公报》或地方官方宣传机构（根据情况）公布该协议。

第三章 合并

第九十三条

1. 政党合并只能由两个或两个以上的全国性政党来实现，或者由两个或两个以上的地方性政党来实现。

2. 决定合并的全国性政党应签订一份协议，其中必须规定新政党的性质；指明参与合并的哪一政党将保留其法人资格及其登记的有效期；以及被合并的政党是哪个或哪些。合并协议应当得到每一参加合并的政党的全国代表大会或同类机构的审核批准。

3. 在涉及的所有法律事务中，新政党的登记有效期应为已合并政党中最早登记的政党的有效期。

4. 新政党应享有相关的权利和特权，这些权利和特权的分配将根据已合并政党在最近一次联邦众议员选举，或按比例代表制举行的地方议员或立法大会议员选举中获得选票的百分比总和来计算。

5. 合并协议应提交给协会总委员会主席或地方公共机构主席，以便在完成本法第九十三条第 2 款所指的审核后，提交给总委员会讨论。

6. 协会总委员会或地方公共机构应在政党登记申请提交后三十日内对其有效期做出裁定，申请通过后，应安排将协议公布在《联邦官方公报》上。

7. 若是出于选举目的而进行的政党合并，则最晚应在相关选举举行前一年，将合并协议上报给协会总委员会主席或地方公共机构主席。

第十部分　政党失去登记资格

第一章　失去登记资格

第九十四条

1. 政党失去登记资格的原因有：

（1）未参加某一常规选举程序；

（2）在最近一次常规选举中，未获得至少百分之三的有效投票，包括全国性政党参加的联邦众议员、参议员或墨西哥合众国总统选举，以及地方性政党参加的州长、地方立法议会议员及市议员、联邦区长官、联邦区立法大会议员和联邦区各辖区行政管理机构官员选举；

（3）如果作为政党联盟参加选举，但未在联邦常规选举中获得至少百分之三的有效投票，包括全国性政党参加的众议员、参议员或墨西哥合众国总统选举，以及地方性政党参加的州长、地方立法议会议员及市议员、联邦区长官、联邦区立法大会议员和联邦区各辖区行政管理机构官员选举；

（4）不再满足获得登记资格所需的条件；

（5）协会总委员会或地方公共机构（根据情况）认为政党蓄意违反选举法规规定的政党义务且情节严重；

（6）其成员已按照党章规定一致同意宣布解散该党；

（7）已跟另一政党合并。

第九十五条

1. 对于上一条第 1 款第（1）项到第（3）项所指的失去登记资格的情况，协会执行总委员会应当发出相应声明，而该声明应以协会各委员会的计算结果和相应的有效声明以及选举法院的裁定为依据，且应公布在《联邦官方公报》上。

2. 对于第二十二条第 9 款第（4）项到第（7）项以及上一条第 1 款第（5）项到第（7）项所指的情况，协会总委员会做出的关于某一政治团体或政党失去登记资格的裁定将公布在《联邦官方公报》上。关于第二十二条第 9 款第（5）项和第（6）项以及上一条第 1 款第（5）项假定的失去登记资格的情况，在事先未听取有关政治团体或政党的辩护前，不得对其是否失去登记资格做出裁定。

3. 某一地方性政党或团体失去登记资格的声明应由地方公共机构总委员会发出，说明原因和依据，并公布在相应联邦单位的官方公报或期刊上。

4. 政党失去登记资格不会影响其候选人按照相对多数制在选举中已获得的胜利。

5. 如果某一全国性政党因在最近一次联邦常规选举中未达到最低选票比例而失去登记资格时，可选择登记为联邦单位的地方性政党，但需在上一次联邦单位选举中获得至少百分之三的有效投票并至少已在一半以上的市和区提名自己的候选人，同时证实其满足本法第十条第 2 款第（3）项中规定的党员最低人数要求。

第九十六条

1. 失去登记资格的政党将被取消登记资格，且该党将失去本法或相应地方法律（根据情况）规定的所有权利和特权。

2. 取消或失去登记资格将使政党失去法人资格，但该党的原领导人和候选人应继续履行本法规定的审计义务，直到相应程序和其资产清算结束为止。

第二章　政党资产清算

第九十七条

1. 根据宪法第四十一条第 2 款最后一项的规定，协会将规定必需的条件，将失去合法登记资格的全国性政党的剩余资金和财产归为国有；为此，协会应遵守下列条款以及协会总委员会做出的总规定：

（1）如果协会各选区委员会的计票结果表明，某一全国性政党未获得本法第九十四条第 1 款第（2）项规定的最低选票比例，审计委员会应立即指派一名检查员，负责直接管理和监督该党的资金和财产的用途与去向。该规则同样适用于协会总委员会因本法规定的任何其他原因宣布政党失去合法登记资格的情况。

（2）指派检查员的信息应立即通过相关政党派驻在协会总委员会的代表通知有关政党，如果该代表缺席，则应通知到该党的办公地点，如仍无法通知，则由法院通知。

（3）自接受任命时起，检查员将拥有最大权限来管理和支配本款第（1）项所指的未达到最低选票比例的政党的全部财产和资金，因此该党的所有开支都应得到检查员的明确批准。政党资产中的动产和不动产不得被转让、征税或捐赠。

（4）一旦执行总委员会发布了本法第九十五条所指的失去合法登记资格的声明，或总委员会根据本法规定的任何原因做出取消某一全国性政党合法登记资格的裁定并利用其权限在《联邦官方公报》上声明且公布了该裁定，被指派的检查员应当：

a. 发布相关政党的清算通知，该通知同样应公布在《联邦官方公报》上（如果是全国性政党）或联邦单位的官方公报或期刊上（如果是地方性政党），用于法律用途。

b. 确定正在接受清算的政党在工作和纳税方面的义务，以及其对供货人或债权人的义务。

c. 确定履行上述义务所需使用的资金总额或财产价值。

d. 做出必要的指示，责成正在接受清算的政党履行法律规定的保护政党员工利益的义务。完成上述义务后，应当履行相应的纳税义务；如果还有可支配的资金，应根据相关法律规定，将这些资金用于履行文件规定的正在接受清算的政党对于其供货人和债权人的其他义务。

e. 就开展的工作撰写一份报告，其中包括在计算出完成上述目标所需的资金后，相关政党的剩余财产和资金结算账目；该报告应提交给选举机构审批。该报告及相关政党的资产清算账目一经批准，检查员就应做出必要指示，责令政党按照上文指出的优先顺序，安排所需资金来履行特定义务。

f. 如在完成上述义务后仍有剩余的财产或资金，则应当全部上交国库（如果是全国性政党）或相应联邦单位的财库（如果是地方性政党）。

g. 在任何时候，都应保证有关政党能够行使宪法及相关法律规定的政党在此类情况下所拥有的权利。政党可就全国或地方当局做出的裁定提出司法申诉。

过渡条款

第一条 本法令自公布在《联邦官方公报》上后的第二天起开始生效。

第二条 自本法生效后仍在进程中的事项，应根据该事项开始时的有效规定予以处理。上述内容不影响执行本法令过渡条款中规定的期限。

第三条 国家议会、地方议会和联邦区立法大会应最晚于 2014 年 6 月 30 日前调整其法律—选举框架。

第四条 协会应最晚于 2014 年 6 月 30 日前颁布必要的法规来使本法生效。

第五条 政党应最晚在 2014 年 9 月 30 日前，调整其基本文件和其他内部规定，使之符合本法和其他适用法规的规定。

第六条 在本法生效时仍未设立本法或其他法令规定的某一内部机构的政党，最晚应于 2014 年 9 月 30 日前调整其组织架构并任命机构负责人，以便执行相应规定。

第七条 政党的各项权利应依法得到尊重。

第八条 政党在本法令生效前提出的由协会来组织其内部选举的申请，不受本法第四十五条第 2 款第（2）项所定期限的约束。在 2014 年期间提交的申请应提前一个月提请协会考虑。

第九条 与本法令相矛盾的所有规定都将废除。

墨西哥联邦区，2014 年 5 月 15 日。签发人：参议长劳尔·塞万提斯·安德拉德，众议长何塞·冈萨雷斯·莫尔芬，参议院秘书莉莉亚·瓜达卢佩·梅罗迪奥·雷扎，众议院秘书安赫尔·塞迪略·埃尔南德斯。

按照《墨西哥合众国宪法》第八十九条第 1 款的规定，本人于二〇一四年五月二十二日在联邦行政权所在地，墨西哥城联邦区颁布本法令。签发人：总统恩里克·培尼亚·涅托，内阁部长米格尔·安赫尔·奥索里奥·钟。

国家最高法院判决主文

2014 年 9 月 9 日做出的判决，公布在由公民运动党、劳动党和民主革命党针对国家议会和国家总统提出的第 22/2014、第 26/2014、第 28/2014 及第 30/2014 号违宪诉讼文书上。

（此判决于 2014 年 9 月 10 日通知国家议会并产生法律效力）

判决主文

第一条 由公民运动党提出的第 22/2014 号违宪诉讼合理但证据不足。

第二条 由公民运动党提出的第 30/2014 号违宪诉讼合理但缺乏证据。

第三条 分别由劳动党和民主革命党提出的第 26/2014 号和第 28/2014 号违宪诉讼理由不充分且证据不足。

第四条 根据第四条判决理由，停止审理分别由劳动党和民主革命党提出的第 26/2014 号和第 28/2014 号违宪诉讼中关于《联邦司法权组织法》第二百零九条第 31 款的内容。

第五条 承认颁布《选举制度与选举程序总法》的立法程序的有效性；修订并增加于二○一四年五月二十三日公布在《联邦官方公报》上的《选举事务异议处理系统总法》、《联邦司法权组织法》和《联邦公共服务人员行政管理责任法》中的各项规定；因此，根据第五条判决理由，指出上述三项法令的修订和增加。

第六条 根据第二十一条判决理由，宣布《选举制度与选举程序总法》的第二十八条第 2 款第（1）、第（2）、第（3）项无效，第（3）项中仅"如果政党已按照选举规定获得保留其登记资格所需的最低选票比例且已通过比例代表制分到了一个众议员席位，则应使用此规定"一段无效。

第七条 根据下列判决理由，宣布《政党法》中的下列条款无效：①根据第二十一条判决理由，第九条第 1 款第（3）项 a 目和 b 目无效；②根据第二十四条判决理由，第七十二条第 2 款第（2）项和第（6）项以及该条的第 3 款无效；③根据第二十六条判决理由，第八十七条第 13 款中的"……且在比例代表制分配或其他特权中不予考虑"一段无效。

第八条 根据下列判决理由，宣布《政党法》中下列条款的法律表述无效：①根据第二十一条判决理由，第九条第 1 款第（3）项 c 目中的"如果政党已按照选举规定获得保留其登记资格所需的最低选票比例且已通过比例代表制分到了一个众议员席位，则应使用此规定"一段无效；②根据第二十四条判决理由，第七十六条第 3 款中"……除了属于日常工作开支的与选举活动有关的开支"一段无效。

第九条　根据第十八条判决理由，宣布《选举制度与选举程序总法》第二百零九条第 5 款中的法律表述无效，该段落为"……包括政党、联盟或候选人的政治宣传或选举宣传"。

第十条　除了上述第六条到第九条所指内容外，承认其他被提出异议的规定有效，但应当对下列款项做如下解释：①根据第十三条判决理由，关于《选举制度与选举程序总法》第二百一十八条第 6 款第（2）项，要开展拟定的各项讨论，必须召集所有候选人参会；②根据第二十五条判决理由，关于《政党法》第八十五条第 5 款，"……在各自的地方法律中"应当包括联邦区管理章程，因为该章程的范围至少相当于其他联邦单位地方法律的管辖范围；③根据第四十六条判决理由，《选举事务异议处理系统总法》第十三条第 1 款第（4）项，不会妨碍独立候选人在没有代表人参与的情况下自费提起上诉。

第十一条　根据第十四条判决理由，驳回分别由劳动党和民主革命党提出的第 26/2014 号和第 28/2014 号违宪诉讼中关于《选举制度与选举程序总法》第四十四条第 1 款第（21）项和第三百二十条第 1 款第（4）、第（5）、第（10）、第（11）项的内容。

第十二条　本判决中的无效声明自国家议会收到该判决主文的通知后开始生效。

法院全体会议在第 22/2014、第 26/2014、第 28/2014 及第 30/2014 号违宪诉讼文书上公布的判决，以及分别由法官路易斯·玛丽亚·阿吉拉尔·莫拉莱斯、豪尔赫·马里奥·帕尔多·雷波莱多、何塞·拉蒙·科西奥·迪亚兹和阿尔弗雷多·古铁雷斯·奥尔蒂斯·梅纳投出的带保留意见的票和特殊票。

（此判决于 2015 年 8 月 13 日公布在《联邦官方公报》上）

第 22/2014、第 26/2014、第 28/2014 及第 30/2014 号违宪诉讼文书提出者分别为公民运动党、劳动党、民主革命党和公民运动党。

法官：玛格丽塔·贝阿特丽丝·露娜·拉莫斯

秘书：阿尔弗雷多·维莱达·阿亚拉

负责第二十六条判决理由的秘书：玛丽亚·维安妮·阿梅丝库阿·萨拉萨尔和亚历杭德罗·克鲁斯·拉米雷斯

墨西哥联邦区，国家最高法院全体会议决议，二〇一四年九月九日。

判决结果

第一条到第十条、……

判决理由

第一条到第四十七条、……

第四十八条、效力。 本判决中宣布失效的各项规定和法律表述的无效性自国家议会参议院和众议院收到判决主文通知起开始生效，这不影响该判决主文也会通过代表通知到联邦行政权的负责人。

根据上述理由，判决如下：

第一条 由公民运动党提出的第 22/2014 号违宪诉讼合理但证据不足。

第二条 由公民运动党提出的第 30/2014 号违宪诉讼合理但缺乏证据。

第三条 分别由劳动党和民主革命党提出的第 26/2014 号和第 28/2014 号违宪诉讼理由不充分且证据不足。

第四条 根据第四条判决理由，停止审理分别由劳动党和民主革命党提出的第 26/2014 号和第 28/2014 号违宪诉讼中关于《联邦司法权组织法》第二百零九条第 31 款的内容。

第五条 承认颁布《选举制度与选举程序总法》的立法程序的有效性；

修订并增加于二〇一四年五月二十三日公布在《联邦官方公报》上的《选举事务异议处理系统总法》、《联邦司法权组织法》和《联邦公共服务人员行政管理责任法》中的各项规定；因此，根据第五条判决理由，指出上述三项法令的修订和增加。

第六条 根据第二十一条判决理由，宣布《选举制度与选举程序总法》的第二十八条第 2 款第（1）、第（2）、第（3）项无效，第（3）项中仅"如果政党已按照选举规定获得保留其登记资格所需的最低选票比例且已通过比例代表制分到了一个众议员席位，则应使用此规定"一段无效。

第七条 根据下列判决理由，宣布《政党法》中的下列条款无效：①根据第二十一条判决理由，第九条第 1 款第（3）项 a 目和 b 目无效；②根据第二十四条判决理由，第七十二条第 2 款第（2）项和第（6）项以及该条的第 3 款无效；③根据第二十六条判决理由，第八十七条第 13 款中的"……且在比例代表制分配或其他特权中不予考虑"一段无效。

第八条 根据下列判决理由，宣布《政党法》中下列条款的法律表述无效：①根据第二十一条判决理由，第九条第 1 款第（3）项 c 目中的"如果政党已按照选举规定获得保留其登记资格所需的最低选票比例且已通过比例代表制分到了一个众议员席位，则应使用此规定"一段无效。②根据第二十四条判决理由，第七十六条第 3 款中"……除了属于日常工作开支的与选举活动有关的开支"一段无效。

第九条 根据第十八条判决理由，宣布《选举制度与选举程序总法》第二百零九条第 5 款中的法律表述无效，该段落为"……包括政党、联盟或候选人的政治宣传或选举宣传"。

第十条 除了上述第六条到第九条所指内容外，承认其他被提出异议的规定有效，但应当对下列款项做如下解释：①根据第十三条判决理由，关于《选举制度与选举程序总法》第二百一十八条第 6 款第（2）项，要开展拟定的各项讨论，必须召集所有候选人参会；②根据第二十五条判决理由，关于《政党法》第八十五条第 5 款，"……在各自的地方法律中"应当包括联邦区管理章程，因为该章程的范围至少相当于其他联邦单位地方法律的管辖范围；③根据第四十六条判决理由，《选举事务异议处理系统总法》第十三条第 1 款第（4）项，不会妨碍独立候选人在没有代表人参与的情况下自费提起上诉。

第十一条 根据第十四条判决理由，驳回分别由劳动党和民主革命党提出的第26/2014号和第28/2014号违宪诉讼中关于《选举制度与选举程序总法》第四十四条第1款第（21）项和第三百二十条第1款第（4）、第（5）、第（10）、第（11）项的内容。

第十二条 本判决中的无效声明自国家议会收到该判决主文的通知后开始生效。

请通过官方公文通知各部；该诉讼已全部结案，请适时存档。

国家最高法院全体会议做出上述判决的具体情况如下：

关于判决主文的第一、第二、第三条：

针对第一、第二、第三、条判决理由，十票一致通过，投票者分别为：法官古铁雷斯·奥尔蒂斯·梅纳，科西奥·迪亚兹，露娜·拉莫斯，弗朗哥·冈萨雷斯·萨拉斯，萨尔迪瓦·莱罗·德拉雷亚，帕尔多·雷波莱多，阿吉拉尔·莫拉雷斯，桑切斯·科尔德罗·德加西亚·维尔加斯，佩雷斯·达杨和院长席尔瓦·梅萨。

在提前告知法官团后，法官瓦尔斯·埃尔南德斯未参加二〇一四年九月一日的会议。

关于判决主文的第四条：

针对第四条判决理由，十票一致通过，投票者分别为：法官古铁雷斯·奥尔蒂斯·梅纳，科西奥·迪亚兹，露娜·拉莫斯，弗朗哥·冈萨雷斯·萨拉斯，萨尔迪瓦·莱罗·德拉雷亚，帕尔多·雷波莱多，阿吉拉尔·莫拉雷斯，桑切斯·科尔德罗·德加西亚·维尔加斯，佩雷斯·达杨和院长席尔瓦·梅萨。

在提前告知法官团后，法官瓦尔斯·埃尔南德斯未参加二〇一四年九月一日的会议。

关于判决主文的第五条：

针对第五条判决理由，九票多数票通过，投票者分别为：法官古铁雷斯·奥尔蒂斯·梅纳，露娜·拉莫斯，弗朗哥·冈萨雷斯·萨拉斯，萨尔迪瓦·莱罗·德拉雷亚，帕尔多·雷波莱多，阿吉拉尔·莫拉雷斯，桑切斯·科尔德罗·德加西亚·维尔加斯，佩雷斯·达杨和院长席尔瓦·梅萨。法官科西奥·迪亚兹投票反对并宣布为特殊票。法官古铁雷斯·奥尔蒂斯·梅纳和院长席尔瓦·梅萨宣布其投票中带有各自的保留意见。法官弗朗哥·冈萨雷斯·萨拉斯（一般性保留）、萨尔迪瓦·莱罗·德拉雷亚、帕尔多·雷波莱多和阿吉拉尔·莫拉雷斯保留其在各自的投票中持保留意见的权利。

在提前告知法官团后，法官瓦尔斯·埃尔南德斯未参加二〇一四年九月一日的会议。

关于判决主文的第六条：

针对第二十一条判决理由，其中宣布《选举制度与选举程序总法》第二十八条第2款第（1）、第（2）、第（3）项无效，其中第（3）项仅"如果政党已按照选举规定获得保留其登记资格所需的最低选票比例且已通过比例代表制分到了一个众议员席位，则应使用此规定"一段无效。九票多数票通过，投票者分别为：法官古铁雷斯·奥尔蒂斯·梅纳，科西奥·迪亚兹，露娜·拉莫斯，弗朗哥·冈萨雷斯·萨拉斯，帕尔多·雷波莱多，阿吉拉尔·莫拉雷斯，桑切斯·科尔德罗·德加西亚·维尔加斯，佩雷斯·达杨和院长席尔瓦·梅萨。法官萨尔迪瓦·莱罗·德拉雷亚投票反对并宣布为特殊票。法官弗朗哥·冈萨雷斯·萨拉斯（一般性保留）保留其在投票中持保留意见的权利。

在提前告知法官团后，法官瓦尔斯·埃尔南德斯未参加二〇一四年九月四日的会议。

关于判决主文的第七条：

针对第二十一条判决理由，其中宣布《政党法》第九条第1款第（3）项a目和b目无效，九票多数票通过，投票者分别为：法官古铁雷斯·奥尔蒂斯·梅纳，科西奥·迪亚兹，露娜·拉莫斯，弗朗哥·冈萨雷斯·萨拉斯，帕尔多·雷波莱多，阿吉拉尔·莫拉雷斯，桑切斯·科尔德罗·德加西亚·维尔加斯，佩雷斯·达杨和院长席尔瓦·梅萨。法官萨尔迪瓦·莱罗·德拉雷亚投票反对并宣布为特殊票。法官弗朗哥·冈萨雷斯·萨拉斯（一般性保留）保留其在投票中持保留意见的权利。

针对第二十四条判决理由，其中宣布《政党法》第七十二条第2款第（2）项和第（6）项以及该条第3款无效，九票多数票通过，投票者分别为：法官古铁雷斯·奥尔蒂斯·梅纳，科西奥·迪亚兹，露娜·拉莫斯，弗朗哥·冈萨雷斯·萨拉斯，萨尔迪瓦·莱罗·德拉雷亚，帕尔多·雷波莱多，阿吉拉尔·莫拉雷斯，桑切斯·科尔德罗·德加西亚·维尔加斯和院长席尔瓦·梅萨。法官佩雷斯·达杨投票反对。法官弗朗哥·冈萨雷斯·萨拉斯（一般性保留）和萨尔迪瓦·莱罗·德拉雷亚（一般性保留）保留其在各自投票中持保留意见的权利。

在提前告知法官团后，法官瓦尔斯·埃尔南德斯未参加二〇一四年九月四日的会议。

针对第二十六条判决理由，其中宣布《政党法》第八十七条第13款中的"……且在比例代表制分配或其他特权中不予考虑"一段无效（就其第一层含义而言，即关于国家议会在管理政党联盟方面的专有职权）。九票多数票通过，投票者分别为：法官古铁雷斯·奥尔蒂斯·梅纳，科西奥·迪亚兹，露娜·拉莫斯，萨尔迪瓦·莱罗·德拉雷亚，帕尔多·雷波莱多，阿吉拉尔·莫拉雷斯，桑切斯·科尔德罗·德加西亚·维尔加斯，佩雷斯·达杨和院长席尔瓦·梅萨。法官弗朗哥·冈萨雷斯·萨拉斯表示部分赞成修订后的提议，反对第六页最后一段和第七页第一段的规定。法官弗朗哥·冈萨雷斯·萨拉斯（一般性保留）、萨尔迪瓦·莱罗·德拉雷亚（一般性保留）和阿吉拉尔·莫拉雷斯保留其在各自投票中持保留意见的权利。

针对第二十六条判决理由，其中宣布《政党法》第八十七条第13款中的"……且在比例代表制分配或其他特权中不予考虑"一段无效（就其第二层含义而言，即关于比例代表制和相对多数制的使用）。九票多数票通过，投票者分别为：法官古铁雷斯·奥尔蒂斯·梅纳，科西奥·迪亚兹，露娜·拉莫斯，弗朗哥·冈萨雷斯·萨拉斯，萨尔迪瓦·莱罗·德拉雷亚，帕尔多·雷波莱多，桑切斯·科尔德罗·德加西亚·维尔加斯，佩雷斯·达杨和院长席尔瓦·梅萨。法官阿吉拉尔·莫拉雷斯投票反对。法官弗朗哥·冈萨雷斯·萨拉斯和萨尔迪瓦·莱罗·德拉雷亚保留其在各自投票中持保留意见的权利。

在提前告知法官团后，法官瓦尔斯·埃尔南德斯未参加二〇一四年九月八日的会议。

关于判决主文的第八条：

针对第二十一条判决理由，其中宣布《政党法》第九条第1款第（3）项c目中的"如果政党已按照选举规定获得保留其登记资格所需的最低选票比例且已通过比例代表制分到了一个众议员席位，则应使用此规定"一段无效。九票多数票通过，投票者分别为：法官古铁雷斯·奥尔蒂斯·梅纳，科西奥·迪亚兹，露娜·拉莫斯，弗朗哥·冈萨雷斯·萨拉斯，帕尔多·雷波莱多，阿吉拉尔·莫拉雷斯，桑切斯·科尔德罗·德加西亚·维尔加斯，佩雷斯·达杨和院长席尔瓦·梅萨。法官萨尔迪瓦·莱罗·德拉雷亚投票反对并宣布为特殊票。法官弗朗哥·冈萨雷斯·萨拉斯（一般性保留）保留其在投票中持保留意见的权利。

针对第二十四条判决理由，其中宣布《政党法》第七十六条第 3 款中的"……除了属于日常工作开支的与选举活动有关的开支"一段无效。九票多数票通过，投票者分别为：法官古铁雷斯·奥尔蒂斯·梅纳，科西奥·迪亚兹，露娜·拉莫斯，弗朗哥·冈萨雷斯·萨拉斯，萨尔迪瓦·莱罗·德拉雷亚，帕尔多·雷波莱多，阿吉拉尔·莫拉雷斯，桑切斯·科尔德罗·德加西亚·维尔加斯和院长席尔瓦·梅萨。法官佩雷斯·达杨投票反对。法官弗朗哥·冈萨雷斯·萨拉斯（一般性保留）和萨尔迪瓦·莱罗·德拉雷亚（一般性保留）保留其在各自投票中持保留意见的权利。

在提前告知法官团后，法官瓦尔斯·埃尔南德斯未参加二〇一四年九月四日的会议。

关于判决主文的第九条：

针对第十八条判决理由，其中宣布《选举制度与选举程序总法》第二百零九条第 5 款中的"……包括政党、联盟或候选人的政治宣传或选举宣传……"一段无效。十票一致通过。投票者分别为：法官古铁雷斯·奥尔蒂斯·梅纳，科西奥·迪亚兹，露娜·拉莫斯，弗朗哥·冈萨雷斯·萨拉斯，萨尔迪瓦·莱罗·德拉雷亚，帕尔多·雷波莱多，阿吉拉尔·莫拉雷斯，桑切斯·科尔德罗·德加西亚·维尔加斯，佩雷斯·达杨和院长席尔瓦·梅萨。法官弗朗哥·冈萨雷斯·萨拉斯（一般性保留）和萨尔迪瓦·莱罗·德拉雷亚（一般性保留）保留其在各自投票中持保留意见的权利。

在提前告知法官团后，法官瓦尔斯·埃尔南德斯未参加二〇一四年九月四日的会议。

关于判决主文的第十条：

针对第六条（其中承认《选举制度与选举程序总法》过渡条款第九条

和第二十一条有效）和第七条（其中承认《选举制度与选举程序总法》过渡条款第十条有效）判决理由，十票一致通过。投票者分别为：法官古铁雷斯·奥尔蒂斯·梅纳，科西奥·迪亚兹，露娜·拉莫斯，弗朗哥·冈萨雷斯·萨拉斯，萨尔迪瓦·莱罗·德拉雷亚，帕尔多·雷波莱多，阿吉拉尔·莫拉雷斯，桑切斯·科尔德罗·德加西亚·维尔加斯，佩雷斯·达杨和院长席尔瓦·梅萨。法官弗朗哥·冈萨雷斯·萨拉斯（一般性保留）保留其在投票中持保留意见的权利。

针对第八条判决理由，其中明确了本判决中涉及的各种议题，十票一致通过。投票者分别为：法官古铁雷斯·奥尔蒂斯·梅纳，科西奥·迪亚兹，露娜·拉莫斯，弗朗哥·冈萨雷斯·萨拉斯，萨尔迪瓦·莱罗·德拉雷亚，帕尔多·雷波莱多，阿吉拉尔·莫拉雷斯，桑切斯·科尔德罗·德加西亚·维尔加斯，佩雷斯·达杨和院长席尔瓦·梅萨。

针对第九条判决理由，其中承认《选举制度与选举程序总法》第三篇"关于地方司法选举当局"中包含的有关地方选举法官改选的条款以及过渡条款第二十一条有效，十票一致反对，其中法官古铁雷斯·奥尔蒂斯·梅纳、科西奥·迪亚兹、露娜·拉莫斯、弗朗哥·冈萨雷斯·萨拉斯、萨尔迪瓦·莱罗·德拉雷亚投票反对，帕尔多·雷波莱多投票反对（最后一款除外），阿吉拉尔·莫拉雷斯投票反对（最后一款除外），桑切斯·科尔德罗·德加西亚·维尔加斯投票反对，佩雷斯·达杨和院长席尔瓦·梅萨对某些内容投票反对。法官科西奥·迪亚兹宣布其投票中带有保留意见。法官弗朗哥·冈萨雷斯·萨拉斯（一般性保留）和萨尔迪瓦·莱罗·德拉雷亚（一般性保留）保留其在各自投票中持保留意见的权利。

针对第十条判决理由，其中承认《选举制度与选举程序总法》第二百四十二条第5款有效，九票多数票通过。投票者分别为：法官古铁雷斯·奥尔蒂斯·梅纳，露娜·拉莫斯，弗朗哥·冈萨雷斯·萨拉斯（有保留意见），萨尔迪瓦·莱罗·德拉雷亚（有例外），帕尔多·雷波莱多，阿吉拉尔·莫拉雷斯，桑切斯·科尔德罗·德加西亚·维尔加斯，佩雷斯·达杨和院长席尔瓦·梅萨。法官科西奥·迪亚兹投票反对并宣布为特殊票。法官弗朗哥·冈萨雷斯·萨拉斯（一般性保留）和萨尔迪瓦·莱罗·德拉雷亚（一般性保留）保留其在各自投票中持保留意见的权利。

在提前告知法官团后，法官瓦尔斯·埃尔南德斯未参加二〇一四年九月一日的会议。

针对第十一条判决理由，其中承认《选举制度与选举程序总法》第十五条第 1 款和第 2 款有效，九票一致通过。投票者分别为：法官古铁雷斯·奥尔蒂斯·梅纳，科西奥·迪亚兹（第四十八页中的表述除外），露娜·拉莫斯，弗朗哥·冈萨雷斯·萨拉斯，萨尔迪瓦·莱罗·德拉雷亚（有附加理由），帕尔多·雷波莱多（有例外），阿吉拉尔·莫拉雷斯（有例外），佩雷斯·达杨和代理院长桑切斯·科尔德罗·德加西亚·维尔加斯（有具体条件）。法官露娜·拉莫斯、弗朗哥·冈萨雷斯·萨拉斯（一般性保留）、萨尔迪瓦·莱罗·德拉雷亚（一般性保留）和代理院长桑切斯·科尔德罗·德加西亚·维尔加斯保留其在各自投票中持保留意见的权利。

针对第十二条判决理由，其中承认《选举制度与选举程序总法》第二百五十条第 1 款第（1）、第（2）、第（4）项有效，九票一致通过。投票者分别为：法官古铁雷斯·奥尔蒂斯·梅纳，科西奥·迪亚兹，露娜·拉莫斯，弗朗哥·冈萨雷斯·萨拉斯（有保留意见），萨尔迪瓦·莱罗·德拉雷亚，帕尔多·雷波莱多（有例外），阿吉拉尔·莫拉雷斯（有保留意见），佩雷斯·达杨和代理院长桑切斯·科尔德罗·德加西亚·维尔加斯。法官古铁雷斯·奥尔蒂斯·梅纳、科西奥·迪亚兹、弗朗哥·冈萨雷斯·萨拉斯（一般性保留）、萨尔迪瓦·莱罗·德拉雷亚（一般性保留）和阿吉拉尔·莫拉雷斯保留其在各自投票中持保留意见的权利。

针对第十三条判决理由，其中承认《选举制度与选举程序总法》第二百一十八条第 6 款第（2）项有效并确定了该项的释义，九票一致通过。投票者分别为：法官古铁雷斯·奥尔蒂斯·梅纳，科西奥·迪亚兹，露娜·拉莫斯，弗朗哥·冈萨雷斯·萨拉斯，萨尔迪瓦·莱罗·德拉雷亚，帕尔多·雷波莱多，阿吉拉尔·莫拉雷斯，佩雷斯·达杨和院长桑切斯·科尔德罗·德加西亚·维尔加斯。法官弗朗哥·冈萨雷斯·萨拉斯（一般性保留）和萨尔迪瓦·莱罗·德拉雷亚（一般性保留）保留其在各自投票中持保留意见的权利。

法官瓦尔斯·埃尔南德斯和院长席尔瓦·梅萨未参加二〇一四年九月二日的会议，前者提前告知了法官团，后者是因为在主持一个官方委员会。

针对第十五条判决理由（其中承认《选举制度与选举程序总法》第二百二十三条有效），第十六条判决理由［其中承认《选举制度与选举程序总法》第一百九十条第 2 款、第一百九十二条第 1 款第（6）、第（7）、第（10）、第（11）、第（13）、第（14）项，第一百九十九条第 1 款第（6）项和第（15）项，以及第四百二十七条第 1 款第（2）项和第（3）项有效］，第十七条判决理由［其中承认《选举制度与选举程序总法》第二百二十九条第 2 款和《政党法》第七十九条第 1 款第（1）项 a 目有效］，第十八条判决理由［其中承认《选举制度与选举程序总法》第三条第 1 款第（1）项和第（2）项有效］，第二十条判决理由［其中承认《选举制度与选举程序总法》第一百六十七条第 6 款和第 7 款、第一百八十条第 1 款、第一百八十一条第 1 款，及第一百八十二条第 1 款第（1）项和第（2）项有效］，第二十条附判决理由（其中承认《选举制度与选举程序总法》第一百七十八条第 1 款和第 2 款有效），第二十二条判决理由［其中承认《选举制度与选举程序总法》第四百七十六条第 2 款第（1）、第（2）、第（3）、第（4）项有效］，第二十三条判决理由（其中承认《政党法》第四十条有效），第二十五条判决理由（其中承认《政党法》第八十五条第 5 款有效并确定了该款的释义），第二十七条判决理由（其中承认《选举事务异议处理系统总法》第七十八条附第 5 款有效），第二十八条判决理由（其中承认《联邦司法权组织法》第一百八十五条、第一百九十二条和第一百九十五条有效），第二十九条判决理由（其中确定了有关独立候选人的议题），第三十一条判决理由（其中承认《选举制度与选举程序总法》第三百七十一条第 1、第 2、第 3 款有效），第三十二条判决理由（其中承认《选举制度与选举程序总法》第三百八十三条和第三百八十六条第 1 款有效），第三十三条判决理由（其中承认《选举制度与选举程序总法》第三百八十四条有效），第三十五条判决理由（其中承认《选举制度与选举程序总法》第三百七十二条第 1 款和第 2 款，第三百七十四条第 2 款和第三百七十五条第 1 款有效），第三十六条判决理由（其中承认《选举制度与选举程序总法》第十五条第 2 款和第四百三十七条有效），第三十七条判决理由（其中承认《选举制度与选举程序总法》第四百一十二条有效），第三十八条判决理由（其中承认《选举制度与选举程序总法》第四百零七条和第四百零八条有效），第三十九条判决理由（其中承认《选举制度与选举程序总法》第三百九十三条和第三百九十四条有效）和第四十条判决理由（其中承认《选举制度与选举程序总法》第四百条有效），十票一致通过，投票者分别为：法官古铁雷斯·奥尔蒂斯·梅纳，科西奥·迪亚兹，露娜·拉莫斯，弗朗哥·冈萨雷斯·萨拉斯，萨尔迪瓦·莱罗·德拉雷亚，帕尔多·雷波莱多，阿吉拉尔·莫拉雷斯，桑切斯·科尔德罗·德加西亚·维尔加斯，佩雷斯·达杨和院长席尔瓦·梅萨。法官弗朗哥·冈萨雷斯·萨拉斯（一般性保留）和萨尔迪瓦·莱罗·德拉雷亚（一般性保留）保留其在各自投票中持保留意见的权利。

针对第十九条判决理由，其中承认《选举制度与选举程序总法》第三百二十九条有效，八票多数票反对，投票者分别为：法官露娜·拉莫斯，弗朗哥·冈萨雷斯·萨拉斯，萨尔迪瓦·莱罗·德拉雷亚，帕尔多·雷波莱多，阿吉拉尔·莫拉雷斯，桑切斯·科尔德罗·德加西亚·维尔加斯，佩雷斯·达杨和院长席尔瓦·梅萨。法官古铁雷斯·奥尔蒂斯·梅纳和科西奥·迪亚兹投票反对并宣布为特殊票。法官弗朗哥·冈萨雷斯·萨拉斯（一般性保留）、萨尔迪瓦·莱罗·德拉雷亚（一般性保留）和阿吉拉尔·莫拉雷斯保留其在投票中持保留意见的权利。

针对第三十条判决理由，其中承认《选举制度与选举程序总法》第三百六十九条有效，十票一致通过。投票者分别为：法官古铁雷斯·奥尔蒂斯·梅纳，科西奥·迪亚兹，露娜·拉莫斯，弗朗哥·冈萨雷斯·萨拉斯，萨尔迪瓦·莱罗·德拉雷亚，帕尔多·雷波莱多，阿吉拉尔·莫拉雷斯，桑切斯·科尔德罗·德加西亚·维尔加斯，佩雷斯·达杨和院长席尔瓦·梅萨。法官古铁雷斯·奥尔蒂斯·梅纳和阿吉拉尔·莫拉雷斯宣布其投票中带有各自的保留意见。法官弗朗哥·冈萨雷斯·萨拉斯（一般性保留）和萨尔迪瓦·莱罗·德拉雷亚（一般性保留）保留其在各自投票中持保留意见的权利。

针对第三十二条判决理由，其中承认《选举制度与选举程序总法》第三百八十五条第2款第（2）项和第（7）项有效，八票多数票通过。投票者分别为：法官科西奥·迪亚兹，露娜·拉莫斯，萨尔迪瓦·莱罗·德拉雷亚，帕尔多·雷波莱多，阿吉拉尔·莫拉雷斯，桑切斯·科尔德罗·德加西亚·维尔加斯，佩雷斯·达杨和院长席尔瓦·梅萨。法官古铁雷斯·奥尔蒂斯·梅纳和弗朗哥·冈萨雷斯·萨拉斯投票反对。法官萨尔迪瓦·莱罗·德拉雷亚（一般性保留）保留其在投票中持保留意见的权利。

针对第三十四条判决理由，其中承认《选举制度与选举程序总法》第三百七十八条第 1 款和第 2 款有效，十票一致反对。投票者分别为：法官古铁雷斯·奥尔蒂斯·梅纳，科西奥·迪亚兹，露娜·拉莫斯，弗朗哥·冈萨雷斯·萨拉斯（有保留意见），萨尔迪瓦·莱罗·德拉雷亚（投票反对），帕尔多·雷波莱多，阿吉拉尔·莫拉雷斯，桑切斯·科尔德罗·德加西亚·维尔加斯，佩雷斯·达杨和院长席尔瓦·梅萨。法官弗朗哥·冈萨雷斯·萨拉斯（一般性保留）和萨尔迪瓦·莱罗·德拉雷亚（一般性保留）保留其在各自投票中持保留意见的权利。

在提前告知法官团后，法官瓦尔斯·埃尔南德斯未参加二〇一四年九月四日的会议。

针对第四十一条判决理由，其中承认《选举制度与选举程序总法》第三百九十一条和第三百九十二条有效，六票多数票通过，投票者分别为：法官科西奥·迪亚兹，露娜·拉莫斯，弗朗哥·冈萨雷斯·萨拉斯，萨尔迪瓦·莱罗·德拉雷亚，桑切斯·科尔德罗·德加西亚·维尔加斯和佩雷斯·达杨。法官古铁雷斯·奥尔蒂斯·梅纳、帕尔多·雷波莱多、阿吉拉尔·莫拉雷斯和院长席尔瓦·梅萨投票反对。法官弗朗哥·冈萨雷斯·萨拉斯（一般性保留）和萨尔迪瓦·莱罗·德拉雷亚（一般性保留）保留其在各自投票中持保留意见的权利。

针对第四十二条判决理由［其中承认《选举制度与选举程序总法》第四百〇一条第 1 款第（1）项有效］，第四十三条判决理由（其中承认《选举制度与选举程序总法》第四百零三条有效），第四十四条判决理由（其中承认《选举制度与选举程序总法》第四百二十三条有效），第四十五条判决理由（其中承认《选举制度与选举程序总法》第四百二十五条到第四百三十一条有效）和第四十六条判决理由［其中承认《选举事务异议处理系统总法》第十三条第 1 款第（4）项有效并确定了该项的释义］，十票一致通过，投票者分别为：法官古铁雷斯·奥尔蒂斯·梅纳，科西奥·迪亚兹，露娜·拉莫斯，弗朗哥·冈萨雷斯·萨拉斯，萨尔迪瓦·莱罗·德拉雷亚，帕尔多·雷波莱多，阿吉拉尔·莫拉雷斯，桑切斯·科尔德罗·德加西亚·维尔加斯，佩雷斯·达杨和院长席尔瓦·梅萨。法官弗朗哥·冈萨雷斯·萨拉斯（一般性保留）和萨尔迪瓦·莱罗·德拉雷亚（一般性保留）保留其在各自投票中持保留意见的权利。

针对第四十七条判决理由，其中承认《选举制度与选举程序总法》第七篇（第三百五十七条到第四百三十九条）所含内容（指的是与政党相比，独立候选人受到的不平等对待）有效，十票一致通过，投票者分别为：法官古铁雷斯·奥尔蒂斯·梅纳，科西奥·迪亚兹，露娜·拉莫斯，弗朗哥·冈萨雷斯·萨拉斯，萨尔迪瓦·莱罗·德拉雷亚，帕尔多·雷波莱多，阿吉拉尔·莫拉雷斯，桑切斯·科尔德罗·德加西亚·维尔加斯，佩雷斯·达杨和院长席尔瓦·梅萨。法官桑切斯·科尔德罗·德加西亚·维尔加斯宣布其投票中带有保留意见。法官弗朗哥·冈萨雷斯·萨拉斯（一般性保留）和萨尔迪瓦·莱罗·德拉雷亚（一般性保留）保留其在各自投票中持保留意见的权利。

在提前告知法官团后，法官瓦尔斯·埃尔南德斯未参加二〇一四年九月八日的会议。

关于判决主文的第十一条：

至于第十四条判决理由的提议，其中宣布《选举制度与选举程序总法》第四十四条第 1 款第（21）项和第三百二十条第 1 款第（4）、第（5）、第（10）、第（11）项无效，有七人投了赞成票，其中：法官古铁雷斯·奥尔蒂斯·梅纳，科西奥·迪亚兹，露娜·拉莫斯，弗朗哥·冈萨雷斯·萨拉斯，萨尔迪瓦·莱罗·德拉雷亚赞成部分内容无效，法官桑切斯·科尔德罗·德加西亚·维尔加斯和院长席尔瓦·梅萨赞成该提议。法官帕尔多·雷波莱多，阿吉拉尔·莫拉雷斯，瓦尔斯·埃尔南德斯和佩雷斯·达杨投票反对。因此，由于未得到赞成该提议的有效多数票，根据《墨西哥合众国宪法》第一百零五条第 2 款第（5）项及《墨西哥合众国宪法》第一百零五条第 1 款和第 2 款的《条例法》第七十二条的规定，全体会议决定驳回针对上述规定的诉讼。

关于判决主文的第十二条：

十一票一致通过，投票者分别为：法官古铁雷斯·奥尔蒂斯·梅纳，科西奥·迪亚兹，露娜·拉莫斯，弗朗哥·冈萨雷斯·萨拉斯，萨尔迪瓦·莱罗·德拉雷亚，帕尔多·雷波莱多，阿吉拉尔·莫拉雷斯，瓦尔斯·埃尔南德斯，桑切斯·科尔德罗·德加西亚·维尔加斯，佩雷斯·达杨和院长席尔瓦·梅萨。

本文件由法院院长和法官发言人签字，由决议秘书长核准并证明。

签发人：院长席尔瓦·梅萨；法官发言人露娜·拉莫斯；决议秘书长

拉斐尔·科洛·塞蒂娜。

　　国家最高法院决议秘书长拉斐尔·科洛·塞蒂娜做出如下证明：本副本共一百八十四页，忠实并准确反映了法院全体会议于二〇一四年九月九日在第 22/2014、26/2014、28/2014 和 30/2014 号违宪诉讼文书上公布的判决内容。特此证明，以便将文件公布在《联邦官方公报》上。

　　签发地：墨西哥联邦区

　　签发日期：二〇一五年六月二十五日

（苏雨荷 译）

墨西哥国家复兴运动党章程

国家复兴运动党是一个由为了国家的和平民主变革而奋斗的墨西哥人民组成的自由政党。党的目标是实现一场真正意义上的改革，也就是说，确保全国人民都能过上应有的生活，享有充分的权利；实现公平正义，生活无忧，没有特例和特权。其所提倡的体制改革意味着消除腐败，不让违法者逍遥法外，不滥用职权，结束一部分人以多数人的贫穷加剧为代价而换来无限财富的现象。一场真正意义上的改革意味着实施名副其实的民主，保证人民在不被施压或强迫的情况下自由做决定的权利，使公民代表在全体社会的监督和检查下为集体服务。一场真正意义上的改革就是要实现爱家人、爱他人、爱自然且爱祖国。

第一章　基本规定

第一条　党的名称是国家复兴运动党。党徽是一个象征平等的标志，使用的都是小写字母。字母采用的是未经修饰的现代印刷体，使用的颜色也不同于其他政治力量，从而确保该标志清晰可见、有代表性、与众不同、易于辨认。其字体为 Surface Bold，版本为 1000，布局为 Open Type，采用 Post Script 小写字母。该标志被嵌在比例依次为 6∶1、12∶2、24∶4 的横向矩形中，其颜色为 Pantone 1805。

第二条　国家复兴运动党是一个全国性政党，其目标如下：

1. 实现国家的和平民主变革，这是其最高目标；

2. 建立一个由自由的男男女女构成的组织，其所有成员都决心与各种形式的压迫、不公正、不平等、种族主义、不容忍、特权、排他和破坏国家财富及资产的行为作斗争；

3. 组建完全民主的领导机构，真正实现自由、真实且不受政权、流派或帮派团体或利益影响的选举；

4. 试图根除在公职人员和政治代表中十分突出的腐败现象和各种特权；

5. 为获得真正的自由而不断斗争，即让人民不再饥饿和贫困，满足人民的愿望；

6. 尽可能发挥墨西哥人民的力量、增强其身份认同感、运用其记忆力和创造力，从而充分实现以人为本、尊重个体、团结集体的发展，使祖国变得更加强大。

第三条 国家复兴运动党的成立依据如下：

1. 充分利用宪法所赋予的话语权、联盟权、游行示威权和拒绝政权暴行的权利，寻求以和平方式实现国家变革；

2. 希望这场改革的先行者能够不为金钱所惑，不为个人利益而滥用职权；

3. 希望这场改革的先行者能够始终追求比个人利益更高尚的奋斗目标，无论有多么正当的理由去追求个人利益；

4. 认定只有当政权为他人服务时才有意义，才是一种善行；

5. 努力成为真正的人民代表；

6. 不允许当前社会政治中的任何弊病存在：依靠权势，损人利己，裙带关系，产业承袭，保护主义，多次连任，使用各种资源来强迫或操控他人意志，腐败和投降主义；

7. 入党是独立、个人、自由、和平且自愿的，不存在任何性质的行业合作主义；也不允许出现损害政党主权的帮派、流派或团体，也就是说，不能破坏党的唯一集中领导；

8. 清除被证实参与腐败、侵犯人权和社会权利、实施犯罪活动的人；

9. 不受制于当前政权代表及其政党或与之结盟，不为追求利益团体或权力集团的好处而与之达成政治协议或进行政治谈判；

10. 不允许党的成员或领导人之间发生公开侮辱或诽谤行为，这通常是因为受到了本党对手的诱导或得到了他们的支持，目的就是削弱本党力量或使党失去威望。如果怀疑或证明某党员或领导人有严重违纪行为，那么试图对其进行调查和处罚的人应当诉诸全国诚信与公正委员会，该委员会将根据本党的原则和法规对此做出裁定。

第二章　改革先行者的权利和义务

第四条　十五周岁以上、准备为实现一场真正意义上的改革而奋斗，并且认同党所确定的原则、价值观及和平斗争方式的墨西哥公民，都可以加入国家复兴运动党。入党是独立、个人、自由、和平且自愿的，决定入党的公民无论是在何处提交的入党申请，都应当在其居住地进行登记注册。不接纳其他政党成员。国家复兴运动党的成员将被称作"改革先行者"。

第四条附　有意加入国家复兴运动党的墨西哥公民，应当在申请时出示联邦选举机构颁发的带照片的投票许可证；十八岁以下的公民应当出示带照片的官方身份证明；每个人都应当在全国执行委员会批准的相应入党申请表上签字。

全国改革先行者名册用来登记改革先行者的入党信息，而全国执行委员会组织秘书处作为面向全国内部机构和选举机构的全国性责任单位，将对该名册进行管理、更新、维护和证明。

第五条　改革先行者拥有下列权利：

1. 在其居住地登记入党，加入一个先行者委员会，在党为实现国家变革而做的斗争中积极奉献；

2. 自由表达观点；受到尊重，听取同志和领导的意见，也让自己的意见被听到；坚决执行党的原则、规章和目标；

3. 坚定不移地为维护国家财产和墨西哥公民个人与集体的人权、经济、社会、文化和政治权利做贡献，从而保证国家主权完整；

4. 获取各类信息，随时应对某些仅为利益团体服务的媒体的控制与操纵；

5. 配合组织并实施各种旨在对人民（尤其是那些在各个层次都被排除在教育体制之外的人）进行政治培训，强化其政治意识的工作坊、研讨会、课程和论坛，参与到维护人民权利和国家财产的行动中来；

6. 使其他公民相信并意识到加入国家复兴运动党的重要意义；

7. 根据党的原则和法规，参加党的代表大会，需要时可委派和/或任命代表参加议会、委员会及执行机构的会议；

8. 通过党章规定的相应机构获取并接收其所需要的有关党的信息；

9. 每一级机构中三分之一的改革先行者，都可在遵守本章程规定的前提下，申请召开全国、州、区或市级特别议会；

10.《政党法》第四十条中规定的其他权利。

第六条 改革先行者有下列义务：

1. 与根深蒂固的腐败和特权制度作斗争，拒绝权力机构企图施加在人民自由和主权之上的强制行为；

2. 与选举过程中各种形式的强制、压迫或操纵行为作斗争，并积极维护自由真实的投票；坚决反对收买选票，为此，必须使公民相信接受该不正当行为是被迫的。坚持认为即便是在极度贫困的情况下也不应买卖选票，因为这会促使一个新的奴隶制的诞生，该制度会使穷人变成奴隶，而使有权势之人成为其自由意志的主人；

3. 在力所能及的范围内，通过各种途径宣传有关国家主要问题的报告和分析，以及党的纸质或电子文件，尤其是党的出版宣传刊物《复兴报》；

4. 通过媒体、社交网络和其他可利用的媒介，保护改革先行者和党领导人，以及以本党名义做出的各项要求、决议、协定和提议，使其不受本党对手的攻击；

5. 根据本章程第六十七条的规定，定期缴纳党费，以维持党的运行；

6. 支持党在境内和境外组建委员会；

7. 履行市级代表大会或境外墨西哥公民代表大会，区级、州级、全国代表大会所规定的政治责任和代表责任；

8. 作为党的成员，无论在工作、学习或家庭中，还是在各项公共活动和集体服务中，都要时刻尽到党员的职责；

9.《政党法》第四十一条中指出的其他义务。

第六条附 对于有意成为某一内部职位或民选职位候选人的公民，其在为社会事业奋斗过程中的行为表现、政治道德品行和党龄，以及与上一条第1项到第8项的规定有关的内容，都会作为约束和评估条件。

第三章　民主原则

为了实现国家变革，改革先行者要执行的根本任务应是强化墨西哥人民的意识，组织人民行动，维护人民利益及国家财产。要具备实现这些任务的条件，党必须充分表达墨西哥社会意愿并获得群众支持，从而真正实现国家的民主变革。

第七条　党的所有领导机构在成立之时都应努力确保代表人在性别、年龄、民族、职业、经济条件、社会地位、来源地（地区、州、市、社区）等方面的平等性，以及象征墨西哥人民特色的多样性。

第八条　党的执行领导机构不应包含市级、州级和联邦的立法、行政和司法机构中的领导、官员或成员。

第九条　党内允许自由表达各种观点意见。不接受内部团体、流派或帮派对党成员的意志实施任何形式的压迫或操纵，且改革先行者应时刻注意确保党的团结和坚定，以便实现国家变革。

第十条　担任某一执行领导职务（市级、州级或全国执行委员会）的人最多只能隔届两次参选同一级别的不同职务，在这种情况下，要想重新担任同一级别的某一执行领导职务，必须经过三年后才可参选。不允许同时参选两个执行领导职务。

第十一条　全国和州级委员最多只能隔届两次参选，在这种情况下，要想重新成为同一级别的全国和州级委员，必须经过三年后才可参选。

第十二条　希望竞选市级、州级或联邦选举职务的人，必须按照法律规定提前辞去其在党内担任的执行领导职务。

第十二条附　党将按照宪法第四十一条规定以及总法、联邦和地方法律适用条款来使用特权并接受公共资助。

除了上一段所规定的内容，党还可以接受非公共资助，包括下列类型：

1. 党员资助；

2. 支持者资助；

3. 自筹资金；

4. 通过财政收益、基金和信托获得的资金。

在任何时候，党都应当根据党纲原则和选举法中的规定，将公共和私人资助用于实现党的宗旨。

第十三条 如果某一立法机构职位是通过多名制选区制得到的，则此人不可再以同样的方式连续参选任何另一职位。

第十三条附 党将确保党内信息对公民公开透明，且会设立一个机构，按照宪法和适用法律的规定来保证信息的获取途径。相应法规将对该机构的成立及其遵守法律的方式做出规定。

党将确保改革先行者的个人信息得到保护，并保障他们获取、修改、废除和否认这些信息的权利。

第四章　组织架构

第十四条 为了实现上述目标，国家复兴运动党的组建将以下列架构为基础：

党的基层组织架构由每个街区、村庄、社区、乡镇或境外的先行者委员会构成。

这些基层委员会可以设立在改革先行者的居住地，也可以根据其亲缘关系、身份（性别、文化水平、社会地位、民族等）或所在行业（工厂、学校、村社、农业合作社、劳务机构、文化机构、体育机构、社会环境机构、青年机构等）来设立。

1. 各先行者委员会将构成市级代表大会或境外墨西哥公民代表大会。按照本章程第十五条和第十八条的规定，未在先行者委员会登记的改革先行者，只要出现在全国改革先行者名册上，就有权参加市级代表大会，且有发言权和表决权。这些代表大会将构成党在相应地区范围内的主要权力机构。在本章程中，墨西哥城的各镇政府将被视为等同于各市政府。

2. 每一市级代表大会或境外墨西哥公民代表大会应每三年成立一次市级议会并选举出一个市级委员会。各个市级委员会有义务对各先行者委员会进行登记，将入党的改革先行者纳入现有委员会，成立新的先行者委员会并接纳新的改革先行者。

3. 作为州级执行委员会组织秘书处的辅助机构，每一市级代表大会或境外墨西哥公民代表大会应选出两名代表来支持区级协调处的工作。

4. 如果一个州有五十个以上的市，或者一个市有十万人以上的居民，那么全国执行委员会组织秘书处可以决定设立不同的接待区，从而方便地区活动并加强与该地区各委员会的联系。全国执行委员会和全国选举委员会将确定哪些市有条件参与市级执行委员会的选举活动。

5. 各区级协调处是构成各州级议会和委员会以及州级执行委员会的基础。

6. 党的境外墨西哥公民委员会在全国议会中的代表将在相应的会议通知中确定。

7. 全国议会将召集国内所有州级委员和党的境外墨西哥公民委员会代表参加会议。参会人员将进行全国委员会和全国执行委员会的选举活动。

8. 全国诚信与公正委员会将在党的全国委员会上进行选举。

第十四条附 国家复兴运动党的组织架构如下：

1. 组成机构：

（1）先行者委员会。

2. 管理机构：

（1）市级代表大会；

（2）州级委员会；

（3）全国委员会。

3. 领导机构：

（1）市级议会；

（2）区级议会；

（3）州级议会；

（4）全国议会。

4. 执行机构：

（1）市级委员会；

（2）区级协调处；

（3）州级执行委员会；

（4）全国执行委员会。

5. 选举机构：

（1）市级选举代表大会；

（2）区级选举代表大会；

（3）州级选举代表大会；

（4）全国选举代表大会；

（5）全国选举委员会。

6. 咨询机构：

（1）州级咨询委员会；

（2）全国咨询委员会；

（3）州级道德委员会。

7. 司法机构：

（1）全国诚信与公正委员会。

8. 培训机构：

（1）全国政治培训学院。

在本章程中，墨西哥城将被视为联邦单位，其镇政府将被视为市政府。

第十五条 改革先行者的入党登记可以采取上门服务或网络登记的方式，也可以在党的任何市级、区级、州级、全国或国际组织中进行登记。所有的改革先行者都应被登记在全国改革先行者名册上。

不同行政级别（市级、州级、全国或国际）的组织秘书处可提出加入一个先行者委员会或组建一个新的委员会。党的改革先行者也可加入在任何市级、州级、全国或国际组织秘书处自由成立并登记的委员会。全国执行委员会组织秘书处应建立一个全国先行者委员会登记簿。

党的每个委员会都应在本章程第二条到第六条规定的指导下，根据其所属地区的市级代表大会或境外墨西哥公民代表大会批准的行动计划来开展活动。如果要在一个地区开展活动，应与相应的市级、州级或全国秘书处协调其倡议和活动。

第十六条 党的先行者委员会成员最少五人，最多六十人；委员会应在市政府或其在境外所居住的市、区或省开展活动；且至少每三十日召开一次会议。来自同一市或区的各个街区、社区或乡镇，或来自境外各城市或省份的改革先行者，可以在其所在地区登记为委员会；同时应当努力招募改革先行者入党并建立新的委员会。

所有按地区、亲缘关系或行业活动成立的先行者委员会，都应当被市级委员会或其所属地区委员会登记在册。同时，报告有关信息、强化党员意识和组织党内活动是所有先行者委员会的基本任务，无一例外。

第十七条 党内成立的每个先行者委员会都应当在其成员的共同参与

下，民主选举出两名代表，负责召集委员会的各项会议，包括常规会议和特别会议。会议上可以讨论其职能范围内的所有议题，其中常规会议是指至少每三十日召开一次的会议，而特别会议是指可以在任何时候召开的会议。向市级代表大会或所在地区相应的境外墨西哥公民代表大会报告其活动；纳入已在市级委员会或全国执行委员会境外墨西哥公民与国际政治秘书处（如果是在境外的委员会）登记的新改革先行者，并协助成立新委员会；协调委员会的区域活动；与市级委员会或其所在地区的委员会协商其活动计划；与相应的市级、州级和全国秘书处协商其行业活动；参加市级代表大会或其境外所在地区的代表大会并在每次代表大会上报告其活动。各先行者委员会的代表任期为三年，且只能隔届再当选一次。

第十八条　每个地区的市级代表大会或境外墨西哥公民代表大会的常规会议每三个月由市级委员会召开一次，而针对紧急事件的特别会议可在市级委员会或该地区五分之一的改革先行者提出申请时召开。召集通知应当包含大会日期、地点、时间和要讨论的事项。至少应提前七天在各区级协调员及其助理的配合下，通过广播、个人及电子媒介发出召集通知。

当各地区先行者委员会的代表有一半以上参会时，则认为代表大会达到了召开会议的法定人数。市级委员会可利用两次代表大会之间的间隔期邀请辖区内所有改革先行者加入一个先行者委员会。已纳入全国改革先行者名册但尚未纳入某一先行者委员会的改革先行者，在相应的市级代表大会上有发言权和表决权。大会可通过多数票原则或共识决策法来做出决议。全国执行委员会组织秘书处将根据本章程中提到的登记规定，确定各先行者委员会名单的有效性，从而使代表大会的法定人数生效。如果某市没有先行者委员会，则该法定人数为该市一半以上的党员。

第十九条　党的市级代表大会或境外墨西哥公民代表大会应当：

1. 了解各先行者委员会或其地区范围内区级协调处（根据情况）的活动报告。

2. 讨论其地区范围内党的区域和行业行动计划并做出相关决议。

3. 接收市级委员会或境外墨西哥公民委员会关于新党员登记情况的报告，以及其加入某一先行者委员会的情况。

4. 经三分之二出席代表大会的人员批准后，做出撤销市级执行委员会成员职务或撤销整个市级执行委员会的决议，但至少应有一位全国诚信与公正委员会的代表出席大会，且需提前确定并说明促使其做出该决议的原因。该原因只有在严重情况下才成立，比如违反本章程第三条第6、第7、第8、第9款指出的依据。

5. 根据情况，决定替换第十四条第3款所指的其在区级协调处的辅助代表。

第二十条 党的全国执行委员会应当每三年发出一次会议召集通知，要求召开市级议会。各州级执行委员会应在通知中说明每个市召开会议的日期、地点和时间，并提前三十日开始传播该消息，可借助各区级、市级组织架构进行传播，发邀请函，在各执行委员会现场宣传，在党的网页上或通过社交网络进行宣传。另外，还可以通过广播、电子媒介及某一全国或州级日报进行宣传。每一联邦单位的市级议会都应在通知规定的时期内举行。

当各地区先行者委员会的代表有一半以上参会时，则认为市级议会达到了召开会议的法定人数。已在议会召开地登记并准备出席议会的全国改革先行者将构成参会成员，有发言权和表决权。议会可通过多数票原则或共识决策法来做出决议。全国执行委员会组织秘书处将根据本章程中提到的登记规定，确定各先行者委员会名单的有效性，从而使议会的法定人数生效。如果某市没有先行者委员会，则该法定人数为该市一半以上的党员。为了有效参加市级议会，入党人员在全国改革先行者名册上的注册登记至少应在议会召开前三十日结束。

议会应由一位州级执行委员会成员来主持，此人将负责做会议记录并签字，同时议会应当：

1. 接收市级委员会或境外墨西哥公民委员会提交的相应时期的活动报告；

2. 接收市级委员会或境外墨西哥公民委员会提交的有关该地区记入全国改革先行者名册的改革先行者人数报告，以及按照该地区的改革先行者人数和全国执行委员会发布的召集通知而算出的委员会可以选举的职务数量报告；

3. 告知参会人员哪些秘书处将构成市级委员会或境外墨西哥公民委员会的一部分；

4. 选举新的市级委员会或境外墨西哥公民委员会；

5. 根据按照本章程第二十四条规定发出的召集通知，选举市政府在区级议会的代表，境外墨西哥公民委员会和包含多个区的市除外。

第二十一条 每个地区的市级委员会或境外墨西哥公民委员会应当至少由五人组成，至多不超过十一人。其成员至少应包含：主席，负责领导党在该市的工作并召开各项会议，包括常规会议和特别会议，其中可以讨论委员会职能范围内的所有议题；秘书长，负责拟定市级代表大会召集通知，撰写代表大会会议纪要，并在主席缺席的情况下代替其领导党的活动；组织秘书，负责登记该市改革先行者，并向州级执行委员会作报告；财务秘书，负责获取各类资源并向市级代表大会和州级执行委员会提交资源使用账目；政治培训秘书，负责开展政治培训和选举准备活动。委员会的任期为三年。常规会议应至少每十五日召开一次，而特别会议可在需要时召开或在有三分之一的成员提出申请时召开。如果其成员辞职、被撤职、无法胜任或去世，则可在常规市级代表大会上通过投票替换该成员，根据本章程第七、第八、第九、第十和第十九条的规定，应有一半以上的参会人员表决通过。

第二十二条 市级议会或境外墨西哥公民议会的每一参会人员可以给市级委员会全部职位候选人中的最多两人投票。投票中不接受团体投票，且采用自由、秘密的方式通过投票箱进行选举。各市级委员会或境外墨西哥公民委员会的全体成员都应当是其所在地区的居民。选举方法如下：希望在市级委员会中担任某一职务的人，应当在全国选举委员会委派的代表面前登记，该代表会把候选人的姓名及参选职务告知代表大会。每位议员只会收到一张选票，其可在该选票上最多注明两位候选人的姓名及相应参选职务。针对每一职务，获得投票数最多的改革先行者将担任该职务。

第二十三条 每一市级委员会或境外墨西哥公民委员会应当负责：

1. 完善全国改革先行者名册，登记其地区范围内的先行者委员会并每三个月向州级执行委员会报告；

2. 按照本章程第十八和第十九条的要求，至少每三个月召开并主持一次市级代表大会或境外墨西哥公民代表大会，同时报告其活动；

3. 汇报委员会某一成员辞职或无法胜任其职务的情况，同时按照本章程第二十一条规定的程序，通过选举来替换该人员；

4. 协调党在该市或境外墨西哥公民委员会所在地区的各项活动，并在两次议会间隔期执行全国议会和州级议会的决议；

5. 帮助宣传市级议会召集通知；

6. 如果是境外墨西哥公民委员会，则由境外墨西哥公民与国际政治秘书处负责确定举行议会的地区范围，并在该议会上选举出党的全国议会在境外的代表。

第二十四条　自党的全国执行委员会发出会议召集通知之时起，应每三年举行一次区级议会（相应的联邦选举区），以便准备州级议会的召开。各州级执行委员会应负责组织和主持这些议会，同时撰写相应的会议纪要并签字。各州级执行委员会应在召集通知中注明各区开会的日期、地点和时间，并提前三十日开始传播该消息，可借助各区级、市级组织架构进行传播，发邀请函，在各执行委员会现场宣传，在党的网页上或通过社交网络进行宣传。另外，还可以通过广播、电子媒介及某一全国或州级日报进行宣传。每一联邦单位的区级议会都应在会议通知规定的时期内举行。

各区的所有党员都会被召集参加区级议会；凡参会人员均被视为有效授权代表。如果属于同一市政府的区，则当该区已登记的先行者委员会代表有一半以上参会时，认为其区级议会达到了召开会议的法定人数。如果是包含多个市政府的区，则该区现有市政府代表参会人数达一半以上时，认为其达到了开会的法定人数。如果该区没有先行者委员会或市政府代表，则该区党员人数的一半以上将构成其法定人数。

为了有效参加区级议会，入党人员在全国改革先行者名册上的注册登记至少应在议会召开前三十日结束。

第二十五条　党的区级议会应当：

1. 报告相应时期内在构成该区的各市政府开展的活动；

2. 根据会议召集通知党的州级议会及全国议会的目标，做出相应的决议；

3. 根据全国执行委员会发布的会议召集通知，确定参加州级议会和全国议会的授权代表人数并选出这些代表，他们将组成相应的区级协调处。每个联邦选举区授权代表的人数不得少于五人，也不得多于十二人。其任期为三年。

各区级协调处将按照区级议会授权代表的提议选举产生。区级协调员的人数将在全国执行委员会发布的会议通知中明确。其任期为三年。常规会议应每三个月召开一次，而特别会议可在需要的时候召开，其中可以讨论其职能范围内的所有议题，这些会议总是在得到州级执行委员会的召集通知后才召开。召开会议的法定人数为其成员的一半以上。各区级协调处的职能是支持和加强党的市级委员会和州级委员会在该地区的工作。

第二十六条 在区级议会上进行的对区级协调处的选举投票将采用普遍、秘密的方式通过投票箱进行。有效授权代表最多可为两名拟加入区级协调处的候选人投票。不组织团体投票。获得多数票的候选人即可当选为协调员，同时应承担州级议员和全国议员以及州级委员的职责。

第二十七条 按照全国执行委员会根据本章程第三十四条规定发布的会议召集通知，当一半以上的有效授权代表已登记参会时，党的州级议会即可成立。

第二十八条 每个州级议会应负责：

1. 整合各区级议会的决议文件，以便提交给全国议会；

2. 已废除；

3. 组织州级委员会的开幕会议。

第二十九条 党的州级委员会应每三个月召开一次常规会议，由委员会主席发出召集通知，而特别会议可在有三分之一的委员发出召集通知时召开。当一半以上的委员登记参会时，则认为会议有效。会议决议将按照参会人员的简单多数票批准通过。州级委员会应负责：

1. 协调党在该州的活动；

2. 编制、讨论并批准党在该州的行动计划；

3. 选举出州级道德委员会的五名成员；

4. 按照本章程第三十一和第三十二条的规定，选举出州级执行委员会的成员；

5. 经州级委员会三分之二成员的批准，做出撤销州级执行委员会成员职务或撤销整个州级执行委员会的决议，但需由全国诚信与公正委员会所有成员提前确定并说明促使其做出该决议的原因。该原因只有在严重情况下才成立，比如违反本章程第三条第6、第7、第8、第9款指出的规定；

6. 替换被罢免或无法胜任、已退党或退出区级协调处或已去世的区级协调员。该人员替换将根据相应区级议会的会议纪要中写明的针对区级协调员的投票数来确定。州级委员会主席团应将该决议告知将在该机构和区级协调处接任相应职务的人员，并将结果上报全国委员会主席团；

7. 代表该州参加党的全国议会；

8. 向全国议会提交州级议会做出的各项决议；

9. 执行全国议会的各项决议；

10. 了解州级道德委员会针对有关情况给出的各项意见和建议，包括党的领导机构之间的冲突，与领导机构的非法成立或拉帮结派有关的意见，因市级或州级选举程序中候选人的确定而引发的冲突；

11. 提交、讨论并批准党在参加每一州级和市级选举程序时采用的竞选纲领。

第三十条 州级道德委员会由五位成员组成，他们应是公认的品行正直且享有威望的人，由州级委员会通过共识决策法选出。其职能是根据党的原则声明和章程中包含的各项原则，就改革先行者之间的冲突给出意见和建议。这些委员会应与全国公民精神道德观念建设秘书处协调工作。其任期为三年。如果委员会中有一个或更多成员去世、辞职或被罢免，州级委员会应通过共识决策法选出替代他们的人。

第三十一条 在州级委员会召开第一次常规会议期间，全国选举委员会的代表将收到希望担任州级委员会主席和州级执行委员会成员各项职务的人员的申请和基本信息；他们将评估这些人员是否符合本章程第七、第八、第九、第十条的规定，并根据每一职务对性别、年龄和经验的要求进行评估，随后提交给州级委员会进行选举。首先选举州级委员会主席，当选人应获得提名人选中的最高票数。下一轮选举将确定州级执行委员会的成员，为此，每位委员仅会收到一张选票并可在上面至多为两名候选人投票并注明相应的参选职务。每一职务获得投票数最多的委员将担任相应职务。如果未能涵盖全部职务，则由全国选举委员会委任的代表向具备担任空缺职务所需特点和条件的委员们进行相应的咨询，并将其提议提交州级委员会进行选举。该选举采用秘密、普遍的方式通过投票箱来进行。不接受团体投票。

第三十二条 州级执行委员会将在两次州级委员会间隔期内领导党在该联邦单位的工作。其任期为三年。其将负责在召集通知中确定召开区级议会和市级议会的日期、时间和地点，该召集通知由全国执行委员会发出；还将负责执行由州级委员会、全国委员会和全国议会共同商定的行动计划。

其常规会议每周召开一次，特别会议可在有三分之一的州委员提出申请时召开。当有一半以上的成员出席时，方可召开会议。该委员会至少应由六个人组成，同时应确保性别比例平等，其成员的职务和职责如下：

1. 主席，负责在政治上领导党在该州的活动；

2. 秘书长，负责执行州级执行委员会的各项决议、发布会议召集通知并撰写会议纪要；在主席缺席的情况下代替其履行职责；

3. 财务秘书，负责获取、接收和管理改革先行者及其他公民的捐赠，以便确保党在该州的运行；向州级委员会、全国执行委员会财务秘书处和有关选举机构（必要时）准确报告其管理情况；

4. 组织秘书，负责与各市级委员会不断保持联系和沟通，协调入党工作并组织各市级议会；

5. 通讯和宣传秘书，负责发布州级执行委员会的各项公告、简报和文件，并向全国执行委员会相应的秘书处作报告；

6. 教育和政治培训秘书，负责与该州的教学组织联系并保护其管辖范围内所有人的受教育权；协调组织党员参加国家政治培训课程和该州的政治培训倡议。

如果全国执行委员会相应的会议召集通知中有相关规定，可根据该州的委员人数增加下列职位：

7. 青年人秘书，负责协调青年人在各市先行者委员会的活动；成为各青年组织与全国青年的联系纽带；

8. 妇女秘书，负责协调妇女在该州先行者委员会的活动，加强其与全国妇女的联系；

9. 原住民和农民事务秘书，负责推动该州原住民和农民党员组织的发展，并建立其与全国原住民和农民组织的联系；

10. 人权和社会权利秘书，负责推动有利于人民福祉的各项活动的开展，并采取行动维护该州党员的人权和社会权利；

11. 艺术和文化秘书，负责协调党的艺术和文化工作者的活动，与知识分子、文化工作者、学者和艺术家建立根本联系，从而激发他们参与党内活动的热情，同时在该州组织文化活动并宣传党的文化项目；

12. 性别多样性秘书，负责保护该州女同性恋者、男同性恋者、双性恋者和跨性别者的权利，并宣传党在性别多样性方面所做的斗争；

13. 生产和劳动秘书，负责与该州的工会组织、非正式经济组织、移民、短工及农村和城市工人组织建立联系，为其争取权利并帮助其参加政治活动；此外，还应扶持该州生产企业和内部市场的发展，与垄断行为作斗争，并维护中小企业家和商人的利益。

第三十三条 州级执行委员会的成员人数不得超过州级委员总人数的百分之三十，这一点应在党的全国执行委员会发布的会议召集通知中有规定。州级执行委员会可以设立一个咨询委员会作为其辅助机构，该机构的成员应当是在文化、艺术、科学和公共生活中公认的有诚信且有声望的人。该咨询委员会成员的职能是通过报告和分析来支持执行委员会履行职责，并协助其在该州宣传党的目标和行动计划。

第三十四条 党的最高权力机构是全国议会。其常规会议每三年召开一次，且应在联邦选举程序结束后进行，而特别会议可在全国委员会、全国执行委员会的多数成员或三分之一的州级委员提出书面申请后召开。全国议会的特别会议只能讨论与此次会议目的直接相关的议题，由全国委员会和全国执行委员会的主席来主持会议，且至少应提前一周发出召集通知。

全国执行委员会应负责提前三个月发出常规全国议会召集通知。在这三个月期间，应召开各区级议会和州级议会，并应在区级议会上通过选举确定其授权代表的人数。召集通知中还应包括境外墨西哥公民委员会选出的将参加全国议会的代表人数，以及全国议会的日期、时间和地点。应当将在各区级议会、州级议会及全国议会上用作讨论依据的文件至少提前两个月公布，且应分发到参加各市级议会和区级议会的所有改革先行者手中，文件可以是电子版或纸质版。

当有一半以上的议会授权代表参会时，全国议会即可召开，并应通过多数票原则选出其领导委员会。全国议会专门负责确定党的基本文件，并有权发布全国委员会、全国执行委员会及其主席编制的相应条例或决议。全国议会将做出各项根本性决定，以便实现本党提出的为国家变革而奋斗的目标。

第三十五条 参加全国议会的有效授权代表包括各州级委员会成员，境外墨西哥公民委员会代表，以及负责发布召集通知并组织议会的全国执行委员会。全国议会的有效授权代表人数不得少于一千五百人，也不得多于三千六百人。全国选举委员会将负责组织议会期间的所有选举和投票活动。

第三十六条 在以多数票通过全国议会条例并举手表决选出领导委员会后，全国议会的授权代表将选举出二百名全国委员会成员，他们将构成三百名全国委员中的一部分。有一百名委员将不在议会上进行选举，他们包括：九十六名各州及墨西哥城的主席、秘书长和组织秘书，以及四名由境外墨西哥公民委员会按照会议召集通知指出的形式而选出的代表。每位授权代表可按照本章程第七、第八、第九、第十和第十一条的规定，最多为十名候选委员投票。不接受团体投票，且投票采用普遍、秘密的方式通过投票箱进行。在针对全国委员的投票选举中获得最多票数的人将成为全国委员会主席。

第三十七条 针对全国委员会的投票结束后，全国执行委员会将收到希望在全国执行委员会任职的全国委员的申请和基本信息；委员会将评估其是否符合本章程第七、第八、第九、第十和第十一条的规定，并根据每一职务对性别、年龄和经验的要求进行评估，随后会将意见提交全国议会进行投票。如果未能涵盖全部职务，则由全国选举委员会向具备担任空缺职务所需特点和条件的委员们进行相应的咨询。全国议会的议员将对全国执行委员会的各项职务逐一投票表决。

第三十八条 全国执行委员会将在两次全国议会间隔期内领导本党在全国的活动。其任期为三年，辞职、无法胜任、去世或被撤职的情况除外，这些情况将根据本章程第四十条的规定来处理。全国执行委员会将根据第十四条第（4）款的规定负责颁布召集市级议会的方针政策，以及区级议会、州级议会和全国议会的召集通知。还应领导全国议会各项决议的执行以及全国委员会商定的行动计划的执行。

全国执行委员会将行使全国议会和全国委员会赋予的各项职能和权力，这两个机构的专有职权除外。其常规会议应每周召开一次；特别会议可在有三分之一的全国委员提出申请时召开；紧急情况下，当主席或秘书长提出要求时即可召开。会议在有一半以上的成员出席时方可召开，并根据出席人员的多数票原则来通过各项决议。

全国执行委员会将根据主席团的提议来决定授权代表的任命，由其负责处理党的各级（全国、州级、联邦区和地级区、地方和市级）机构提出的议题或职能问题。

全国执行委员会应任命其在各级选举机构中的代表，该权力可以授予其在全国选举协会总委员会的代表。

全国执行委员会应根据党的基本文件，制定各项方针政策，用于规范党的内阁与议会党团的行为。

全国执行委员会应由二十一位成员构成，同时需确保其性别比例平衡，这些成员的职务和职能如下：

1. 主席，是国家的法定代表，负责从政治层面领导党的活动，该职责在其缺席的情况下可以授权给秘书长；负责协调制定区级议会、州级议会和全国议会的召集通知。

2. 秘书长，负责召开全国执行委员会的各项会议并执行各项决议；在主席缺席的情况下作为党的合法政治代表。

3. 组织秘书，负责与各州级执行委员会不断保持联系和沟通；管理全国改革先行者名册，制定举行市级议会的方针政策并提交给全国执行委员会审批和公布，协调党在各级机构的选举活动。

4. 财务秘书，负责获取并管理公民和改革先行者捐赠的财政资源；管理党的资产，提交收入和支出报告以及选举法所指的预选和竞选活动报告。该秘书处是《政党法》第四十三条第 1 款第（3）项规定的责任机构。

5. 通讯和宣传秘书，负责管理党刊《复兴报》和党的网页，宣传全国执行委员会发布的各种出版物、新闻简报和公告。

6. 教育和政治培训秘书，负责开展各类与保护公民受教育权相关的活动，是党与各教学组织的联系纽带，协助党的全国政治培训学院开展活动。

7. 青年人秘书，负责加强青年党员同国内与其有着共同价值观、经历、抱负和志向的各个组织的联系；负责开展各类旨在维护青年人权利的论坛、会议和其他公共活动，鼓励他们组织并参与政治活动。

8. 妇女秘书，负责帮助女性党员了解其权利并为获得这些权利而斗争；加强女性党员与国内类似组织的联系，推动和组织旨在维护妇女权利的论坛、会议和其他公共活动，并鼓励妇女参与政治活动。

9. 性别多样性秘书，负责维护国内女同性恋者、男同性恋者、双性恋者和跨性别者的权利，同时在性别多样性运动组织中宣传党为该群体所做的斗争。

10. 原住民和农民秘书，负责推动并组织原住民在党内的活动；加强党与国内原住民和农民组织的联系；鼓励他们参加旨在维护原住民权利的论坛、会议和其他公共活动，并推动他们组织并参与政治活动。

11. 劳动秘书，负责与工会组织、非正式经济组织、移民、短工及农村和城市工人组织建立联系；为其争取权利并帮助其参与政治活动。

12. 生产秘书，负责扶持国家生产企业和内部市场的发展，与垄断行为作斗争，并维护中小企业家和商人的利益。

13. 人权保护秘书，负责与国内的人权组织联系，使所有的人权、经济、社会、文化和政治权利得到承认并保护这些权利。

14. 国家计划与研究秘书，负责协调对国家现实的研究和分析活动，不断更新国家计划，并开展活动来推动针对国家变革的全国性讨论。

15. 公民精神道德观念建设秘书，负责帮助公民认识社会上应当提倡的人际关系并宣传这一新思想的根据，同时支持其公共活动。

16. 艺术和文化秘书，负责使人民了解国家的历史、艺术和文化遗产并保护这些遗产；加强学者、艺术家、知识分子和文化工作者与党的联系；在全国协调开展各类文化活动并宣传党的文化项目。

17. 国家自然资源、主权、环境和财产保护秘书，负责组织各项活动来研究和保护国家的自然资源和战略资源，尤其是石油和电能；协调党的各项活动，避免这些资源落入本国或外国私人单位手中，同时促进资源的可持续发展。

18. 社会保障秘书，负责协调党维护社会权利的各项行动，包括住房、卫生、食物和社会安全问题；帮助公民认识和评价强制性的社会保障计划；设法支持党员应对灾难、资源短缺或有重大危险的情况。

19. 反腐败秘书，负责跟踪了解党和社会揭发的公务员腐败问题及其为个人利益而实施的非法活动；维护正义，不包庇有权势之人的利益。

20. 合作化运动、合作经济、公民与社会运动秘书，负责开展各项活动来维护各个团体的权利并推动其在经济、社会、政治和文化生活中的参与。

21. 境外墨西哥公民与国际政治秘书，负责与居住在境外的墨西哥公民建立联系并组织党在其他国家分支机构的活动；与拉美和世界进步组织、国际组织及各个国家建立联系，增进他们对我国的了解，也使我们认识他们的问题。

第三十九条 全国执行委员会可以设立一个全国咨询委员会来辅助其

工作，该咨询委员会至少应由五十人组成，至多二百五十人，这些人都应是在文化、艺术、科学和公共生活中公认的有诚信且有声望的人，其职责是分析全国委员会的行动计划并提出执行建议，帮助宣传党的原则和目标，在联邦、州级和地方级的内部选举程序中担任选举委托人。

第四十条 全国委员会将选举出五位全国诚信与公正委员会的成员。每位委员可以为两名候选人投票。全国委员会和全国咨询委员会的成员可以被选为全国诚信与公正委员会的成员。其任期为三年。

同时，经全国委员会三分之二成员的批准，可做出撤销全国执行委员会成员职务或撤销整个全国执行委员会的决议，但需由全国诚信与公正委员会所有成员提前确定并说明促使其做出该决议的原因。该原因只有在严重情况下才成立，比如违反本章程第三条第 6、第 7、第 8、第 9 款指出的依据。

第四十一条 全国委员会是党在全国议会中的权威机构。其常规会议应每三个月召开一次，而特别会议可在需要时召开，召开会议的法定人数为其成员的一半以上。会议由主席发出召集通知，如果是特别会议，则由三分之一的全国委员提出申请后召开。

全国委员会的职能如下：

1. 评估党的总体发展并对下一阶段的行动计划提出建议、意见和提议；

2. 根据本章程第四十条的规定，选举全国执行委员会成员、决定撤销其职务或批准替换某些成员或整个全国执行委员会；

3. 经全国委员会多数成员批准，替换全国诚信与公正委员会中因辞职、去世、无法胜任或被撤职等原因而缺席的成员；

4. 根据第二十九条第（6）款规定的程序，替换辞职、无法胜任、去世或被撤职的全国委员；

5. 了解全国诚信与公正委员会做出的关于各类冲突的决议，包括党的各领导机构之间的冲突，与领导机构的非法成立或拉帮结派有关的意见，因市级、州级或全国选举程序中候选人的确定而引发的冲突；

6. 制定、讨论并批准党的各项规章条例；

7. 提交、讨论并批准党在参加每一联邦选举程序时采用的竞选纲领；

8. 提出、讨论并批准本党与其他政党通过结成全国政治党团、统一战线或联盟来参加全国、州级和市级选举程序的决议；

9. 赋予全国执行委员会各项职权来维持党的正常运行，全国委员会专有职权除外；

10. 法律、党的章程和条例规定的其他职能。

第四十一条附 本章程第十四条指出的所有领导机构和执行机构都应遵守下列规则，规范每一机构运行的特殊规则除外：

1. 会议召集通知至少应在会议召开前七天发出，或者根据本章程规定的时间发出。

2. 召集通知中至少应明确下列事项：

（1）按照本章程规定的职权发出召集通知的机构；

（2）会议性质为常规会议还是特别会议；

（3）会议的地点、日期和开始时间；

（4）会议日程；

（5）会议召集机构成员的签名。

3. 召集通知可以通过党的电子网页公布，也可以在召集机构和党的执行委员会现场公布，或者在党的机关刊物《复兴报》和/或社交网络上公布。

4. 与每一会议日程中要讨论的事项相关的文件应以附件形式同召集通知一起发给相应机构的成员，可以采用书面形式和/或通过电子邮箱发送给被召集人。

5. 会议可以是常规会议或特别会议。

（1）常规会议：应根据本章程的规定定期举行的会议。

（2）特别会议：当有关职能机构认为有必要时或该机构三分之一的成员提出申请时召开的会议，用于处理因情况紧急而不能等到下次常规会议再讨论的事项。

6. 会议召开过程中应遵循下列标准：

（1）参会人员应为相应机构的成员。对于非机构成员，当该机构成员按简单多数原则一致同意其参会或本章程有相关规定时，也可参会。

（2）在证实达到法定人数后，机构领导委员会主席或相应执行委员会秘书长将宣布会议成立。

（3）会议一经成立，会上所做决议如获得一半以上出席人员的投票即视为有效。

（4）按照上一款规定，当机构决定召开常规会议时，可在会上宣布此次会议为常规会议。

（5）每次会议上都应撰写会议纪要，并应在审批后于下一次会议上交给机构成员。

7. 如果因被罢免、无法胜任、被撤职、辞职或去世等情况而要替换领导机构的某一成员时，应遵循下列原则：

（1）某一机构的任何成员在被罢免、无法胜任或被撤销职务前，相应机构都应在发出撤职文件前听取该成员的意见。在所有情况下都应尊重其进行合理上诉的权利。

（2）在替换全国委员和州级委员时，都应采取优先原则，按照相应议会上的投票名单顺序进行替换；如果票数相同，则根据性别平等原则或抽签决定。优先原则的执行应由具备全国选举委员会保证书的相应委员会来实施。

（3）在替换各执行委员会成员时，应由原来选举这些成员的议会或委员会重新召开会议进行选举，获得一半以上的出席人员投票的人将担任相应职务。

（4）全国选举委员会将负责保护与领导人和候选人内部选举有关的文件。

第五章　参与选举

第四十二条　改革先行者参与内部和宪法选举的目的是实现国家的和平民主变革，让墨西哥社会更加自由、公正和平等。参与内部和宪法预选及竞选程序的人应当在尊重各项基本权利并保证各项民主原则的前提下开展其政治选举活动。改革先行者参与内部和宪法选举的初衷不是为了担任公共职务或谋取个人利益或特权，而是为了实现墨西哥人民所要求的最高目标。

在选举程序中应遵循下列规定：

1. 参加每一联邦或地方选举所采用的竞选纲领都应得到全国委员会或州级委员会的批准（根据情况），且应当符合党的原则声明和行动纲领中的要求；

2. 候选人有义务在竞选期间支持并宣传相应的竞选平台。

第四十三条 在选举程序中：

1. 应努力确保性别、年龄、民族、职业、经济条件、社会地位、居住地和来源地（地方、州、社区）的平等性；同时体现墨西哥人民在文化、语言和社会等方面的多样性；

2. 政府的立法、行政和司法机构的公职人员不得参加选举，除非其按照法律规定提前辞去现有职务；

3. 不接受内部团体、流派或帮派，或党外团体对本党成员的意志实施任何形式的压迫或操纵；

4. 不允许领导人推选其四代以内直系亲属和两代以内旁系亲属；

5. 如果预候选人或候选人对本党成员和/或公民的意志实施了收买、压迫或强制行为，其登记资格将被取消；

6. 应遵守本章程第三章的所有规定。

第四十四条 在所有情况下，联邦和地方范围内党的民选候选人选举都应按照下列依据和原则来进行：

1. 对于党内候选人的最终决定，将按照本条规定，综合利用选举、抽签和民意调查等方法来确定。

2. 对于所有按照单名选区制选举的候选人，可将百分之五十的名额分配给党外人员。

3. 按照比例代表制选举的候选人名单中可纳入百分之三十三的党外人员，他们将获得每三个席位中的第三个席位。

4. 党外候选人将由全国选举委员会提交给党的全国委员会进行最终审批。

5. 按照比例代表制选举的党内候选人，将采用抽签的方法来选举。为此，应提前在全国的所有选区或联邦单位（如果是地方选举活动）同时召开区级选举代表大会，应至少提前三十日召集所有党员开会，既要通知到个人，也要在某一全国日报上公布每次会议的日期、时间和地点。

6. 党内成员将在相应的区级代表大会上选出十名候选人（五男五女），投票采用普遍、直接、秘密的方式。每位党员可为一男一女投票。获得选票最多的五男五女，将同该地区内（如果是联邦选举）和同一单位内（如果是地方选举）的其他每个区选出的十名候选人一起参加抽签环节。

7. 在全国执行委员会、全国委员会主席团和全国诚信与公正委员会出席的情况下，全国选举委员会将在各区级代表大会提名的全部党员面前进行抽签环节。

8. 抽签环节将按地区（如果是联邦选举）或联邦单位（如果是地方选举）逐一进行。每个被抽中的预候选人的标签将依次按优先顺序放置在相应的名单上。第一个被抽中的人将担任第一个职务，以此类推，直到安排完名单上的所有职务。为了贯彻法律规定的候选人分配时的性别平等原则，抽签时将男女分开进行；抽签结束后，会将结果交叉混合，使得每两个地方中都有一个是女性，另一个是男性。

9. 针对本条的效力，抽签应理解为从一个袋子、球体或箱子中随机抽出一些名字或数字来做决定的行为。

10. 党的候选人选举程序的召集通知应由全国执行委员会根据全国选举委员会的提议来发出。

11. 同时，党的区级选举代表大会，也可通过普遍、直接、秘密投票的方式，选出四名成员来参加民意调查，该调查的目的是确定按单名选区制选举的候选人，名次最高的人将获选。每位参会人员可为一人投票。

12. 选举活动开始前一年，将通过抽签的方法来确定哪些区将分配给党外候选人，哪些区将分配给党内成员。在这两种情况下，都将通过民意调查来确定候选人。这些民意调查将在法律规定的时间内进行。

13. 在分配给党内成员候选人的区，将对区级选举代表大会提名的人选做一个民意调查，名次最高的人将成为候选人。在分配给党外人士的区，全国选举委员会将从为参选而登记的人中选出四名人员参加民意调查，其中名次最高的人将成为候选人。

14. 尽管有上一款的规定，经全国选举委员会判断以及候选人的申请，在分给党外候选人的区，党内成员也可以参选，在分给党内成员的区，党外人士也可参选，只要委员会认为这些人的名次会更高或他们加入该区能够适当加强党的区域战略。在这些情况下，候选人将是名次最高的那个人，无论此人是分给党内候选人的区中的党外人士，还是分给党外候选人的区中的党内成员。

15. 党的市长、州长和国家总统候选人的选举与按照单名选区制选举众议员候选人时所用的依据相同，通过相应的市级、州级和全国选举代表大会来选出提名人选，随后通过对这些提名人选的民意调查确定候选人。如果是按比例代表制构成的市政府，将采取按比例代表制选举众议员候选人时用的抽签方法。

16. 在各个选举程序中，负责确定党的预候选人的各级机构有：

（1）市级选举代表大会；

（2）区级选举代表大会；

（3）州级选举代表大会；

（4）全国选举代表大会；

（5）全国选举委员会。

17. 市级选举代表大会和区级选举代表大会对其辖区内所有党员都是开放的。州级代表大会和全国代表大会将由相应的市级代表大会和区级代表大会选出的授权代表构成。全国代表大会最少由五百名授权代表构成，最多两千五百名，其行使职能的方式将在相应条例中予以明确，同时遵循本章程针对区级代表大会设立的规则。所有这些选举代表大会的具体依据和法定人数将在相应的会议召集通知中明确。

18. 如果联邦选举和地方选举活动同时开展，则各联邦区的代表大会应与地方各区的代表大会在不同日期举行，而地方各区的代表大会也应与市级选举代表大会在不同日期举行。在本章程中，墨西哥城的各镇政府将被视为等同于各市政府。

19. 本条所指的选举中的民意调查将由一个委员会负责，该委员会由全国委员会选出的在诚信度和行为举止上都无可挑剔的三名技术专家构成，他们不一定是全国委员会的成员。其调查结果、分析和意见都是不可申诉的。

20. 如果只有一个提名候选人，则此人被视为唯一最终人选。

21. 为了保证法律所指出的候选人性别比例平等的要求，全国选举委员会将对结果做相应调整，同样也会遵循抽签和民意调查中的优先顺序和名次排序。对候选人按性别做出的最终分配结果将提交给全国委员会做最终审批。

22. 全国选举委员会将委托各州级选举委员会协助其完成在每一单位开展的候选人选举程序中的各项工作。

23. 本章程未说明或包含的有关党的候选人选举的各项事宜，将由全国选举委员会和全国执行委员会根据其各自的职权做出决议。

第四十五条 全国执行委员会应从党的咨询委员会成员中确定构成全国选举委员会的成员。这些成员的任期为三年。根据相应选举程序的特点，全国选举委员会的成员人数可以变化，最少三人，最多十五人。

第四十六条 全国选举委员会具有下列职权：

1. 向党的全国执行委员会提出会议召集通知，以便实施内部选举程序；

2. 接受有兴趣作为预候选人参加本章程所指的各类选举的人的申请；

3. 分析申请人提交的材料，验证其是否符合法律要求和内部要求；

4. 评估党外候选人申请者的基本信息；

5. 组织预候选人的选举活动；

6. 评判内部选举结果；

7. 按照本章程第四十四条的规定，参加候选人选举中的抽签环节；

8. 按照本章程的规定，确定可以参加民意调查的人选；

9. 根据抽签环节和民意调查结果的优先顺序和名次，对选举结果进行必要的调整，确保候选人性别比例平等；

10. 将每一性别的候选人名单提交全国委员会供其最终审批；

11. 委任各州级选举委员会协助其在各联邦单位开展党的候选人选举程序中的各项工作；

12. 组织各项选举，以便组建党章第十四条附指出的管理机构、领导机构和执行机构；

13. 全国选举委员会将保存与党的机构和民选候选人内部选举程序有关的所有文件。

第六章　全国诚信与公正委员会

第四十七条 党有责任在其组织中接纳并保留具有下列特点的人：享有良好的公共声誉；能尽到自己的责任；不诽谤和诋毁他人；时刻对他的同志保持尊重的态度；通过和平合法的方式开展其政治活动。

党采用一套快速、顺畅且仅有一级审判机构的司法制度，将确保完全公正。各项程序符合宪法和法律规定的本质要求，能够有效保障改革先行者的权利，并使其承担应有的责任。

第四十八条　为了有效做出司法判决，相应的条例会考虑采用各种争议解决方法来处理党内事务，比如对话、仲裁和调解，这些是快速、顺畅完成司法程序的优先手段。

第四十九条　全国诚信与公正委员会将是独立、公正和客观的，其具有下列职权和责任：

1. 维护所有党内成员的基本权利；

2. 监督党内生活中民主原则的遵守情况；

3. 建立各种机制，通过调解和仲裁的方式，解决各方争议；

4. 要求各机构和改革先行者提交必要的报告来帮助委员会履行职责；

5. 当某一改革先行者被现场抓住并证明违反了法律规定时，行使其司法权；

6. 了解针对党的国家领导人提出的投诉、检举或官方起诉；

7. 了解关于党内生活规范执行情况的争议，本章程授权其他机构处理的情况除外；

8. 记录所有受过处分的党员；

9. 提出必要的规章制度和管理措施来行使其职权；

10. 向全国委员会提出党的法规的解释标准；

11. 每半年由委员会主席公开报告其管理结果；

12. 召开会议并由全体委员按照简单多数制来做决策；

13. 确定开会的日期和时间；

14. 针对其负责的事项做出决议并按照本章程的规定处理向其提出的相关咨询；

15. 公布全体会议上要解决的事项清单以及通过相应手段对此做出的决议；

16. 由三位成员任命应当担任委员会主席的人，其任期为一年，且仅有一次重新获选的可能性；

17. 由三位成员任命应当担任委员会秘书的人，其任期为一年，且仅有一次重新获选的可能性；

委员会在行使各项职权时将得到技术和法律支持。

第四十九条附　为了解决党内成员间和/或各机构间的争议，全国诚信与公正委员会将采用各种处理内部事务争议的方法。这些方法将在未违反党的原则和/或未发生严重违纪的情况下使用；并采取自愿服从、快速且顺畅的处理方式。具体程序将根据法律规定在《诚信与公正条例》中予以明确。

在启动一项处罚程序前，全国诚信与公正委员会有义务努力促成冲突双方间的调解。

第五十条 全国诚信与公正委员会举行的听证会及有关辩护应当是公开的。

第五十一条 要成为全国诚信与公正委员会的成员，需满足下列要求：

1. 没有受过党的有关权力机构的处罚；

2. 人品正直诚实；

3. 不属于某一执行机构和领导机构。

第五十二条 委员会成员在职期间不得担任党内任何其他职务，也不可成为党的领导机构中任何职务的候选人以及民选候选人，除非提前按照法律规定辞去现有职务。

全国诚信与公正委员会和全国选举委员会的成员，有义务在各自所属的委员会全体会议上，根据各自的条例规定，就与其有直接或间接利益关系的事件做辩护。

第五十三条 下列行为将被全国诚信与公正委员会视为应受处分的违纪行为：

1. 在担任党的职务或公职期间有腐败行为和不诚实表现；

2. 违反党的基本文件中的规定及条例；

3. 未履行党的基本文件、条例和党的机构所做决议中规定的各项义务；

4. 在执行党的任务或履行其职责时出现疏忽或失职；

5. 损坏党的财产；

6. 违反党的机构发布的各项原则、纲领、方针或不服从组织安排；

7. 加入其他政党或接受作为其他政党的提名候选人；

8. 在内部选举程序中做出违反党规的行为；

9. 其他违反法律和党章规定的行为。

第五十四条 投诉和检举程序将保障听证和辩护的权利，启动该程序需要申诉人提交书面文件，其中应写明其姓名、住址、目的、案情和有关证据。委员会将决定是否受理此案，如果受理，应当通知党的相应机构或被告人，以便其在最多五日内做出答复。在庭审前，应试图对各方进行调解。若调解不成，各方再开始举证和辩护。委员会应在收到答复后的十五日内，对证据和辩护词进行验证和审理。如果某一方申请法律顾问，相应的人权秘书处应当予以支持。委员会可采取措施来优化服务（包括延长有关期限），同时应在审理完证据和辩护词后最多三十个工作日内做出决议。委员会的决议应当是有理有据的。

如果是官方起诉程序，委员会应向被告人发出通知，指明其违纪行为、相关事实和证据。被告人有五个工作日的期限来做出答复。委员会应在收到答复后十五个工作日内，对证据和辩护词进行验证和审理，并在审理完证据和辩护词后十五个工作日的期限内做出决议。

各程序将按照相应条例中规定的委员会内部运行规则来进行。投票采用多数票表决，持有异议的委员可以投反对票。

在解决职权冲突的程序中，有意提出职权冲突问题的机构应向委员会提交一份动议，说明其相应的提议。委员会则应传唤与该机构有职权冲突的另一方机构，以便其在五个工作日的期限内做出说明，维护自身权利。委员会将在十五个工作日的期限内做出决议。

任何改革先行者和党的机构都可以向全国诚信与公正委员会进行咨询，要求其解释基本文件中的各项规定。委员会有十天的期限来处理该咨询。

委员会有权采取预防性措施。同时，如果相关人员违反本章程的规定，可以按程序中止此人的各项权利。《诚信与公正条例》中将对上述职权予以明确，以便执行本条规定①。

第五十五条　针对本法令及其条例未明确规定的事项，具有选举性质的法律规定也可用作补充规定，比如《政党法》、《选举事务异议处理系统总法》和《选举制度与选举程序总法》。

第五十六条　只有党的成员和机构可以向全国诚信与公正委员会提起诉讼或参与诉讼程序，且他们应当是与司法机构所声明或设立的某项权利或实施的某项处罚有关的利益双方。利益双方可以自行起诉或通过其合法认证的代表起诉。

---

①　根据联邦选举法院最高法庭于二〇一九年二月二十日做出的判决，为了保护公民的政治选举权利，本段对文号为 SUP－JDC－6/2019 的文件中的具体术语做了修改。

第五十七条 已废除。

第五十八条 在任何期限中都不计入委员会不能工作的日期。这些期限只计算工作日，即除了周六、周日和联邦劳动法规定的非工作日之外的所有日期。在内部选举期间，所有的日期和时间都是有效的。各期限按时刻计算，如果指的是日，则认为是二十四小时。

当有紧急情况时，全国诚信与公正委员会可以在非工作日开展诉讼工作或审理案件。

第五十九条 按程序发出的各类通知自发出之日起开始生效，而相应期限从第二天起开始计算。在选举期间，可以在任何日期和时间通知有关行动或决议。

《诚信与公正条例》将规定发出通知的期限和机制，并明确哪些通知必须逐一发到当事人手中。

为了发出相应通知，全国诚信与公正委员会可以请求党的任何机构或组织予以协助，并任用其认为合适的人员。

第六十条 在全国诚信与公正委员会执行程序的过程中需要发出的通知可以采用下列方式：

1. 通过电子媒介、便条或报告逐一通知；

2. 在委员会现场通知；

3. 通过普通邮件或挂号邮件通知；

4. 通过任何其他确定能收到的有效通讯方式通知；

5. 通过传真通知；

6. 通过快递公司通知到个人，此方式同样对于所有法律效力生效。

第六十一条 审理意见、决议或判决将逐一通知到各方，以便进行传讯、完成听证和辩护、指明庭审日期、提出有关要求、告知驳回上诉或停止审理的决定、说明判决理由、给出最终判决或委员会的其他决定。

通知应在发出判决书或做出决议后的四十八小时内发出。在内部选举期间，通知应立即发出，不得超过二十四小时的期限。

第六十二条 已废除。

第六十三条 为了执行各项决议并维持应有的秩序、尊重和其他考虑，全国诚信与公正委员会可根据情节轻重采取下列强制措施：

1. 讲明违抗命令的后果；

2. 发出警告。

第六十四条 对于违反党规的行为，可以实施下列处分：

1. 私下警告；

2. 公开警告；

3. 中止党员权利；

4. 撤销在全国改革先行者名册上的登记；

5. 撤销在党的代表机构和领导机构的职务；

6. 取消加入党的领导机构和代表机构的资格或登记为民选候选人的资格；

7. 一旦被驱逐出党，不允许被提名为党外候选人；

8. 拒绝登记为预候选人或候选人或取消登记；

9. 强制赔偿已造成的财产损失；

10. 对党的官员和代表处以罚款，金额不应超过墨西哥城现行最低平均月工资。如果是再犯，罚款应加倍。

第六十五条 全国诚信与公正委员会在实施处分时应考虑违纪行为的严重性。为此，可采用联邦选举法院的法规以及全国委员会批准的条例。

第六十六条 已废除。

第七章　党的财政

第六十七条 党主要依靠党内成员的捐赠来维持运行，除了失业或极度贫困、未成年人和居住在境外的公民之外，所有党员都应当根据相应法规，每日缴纳价值一比索的党费。如果是立法者或党的民选代表，则应当按规定捐赠相当于其总收入（工资、奖金、福利）的百分之五到百分之十的金额，但考虑到适用法规的限制条件和全国执行委员会的决议，对于理由充分的特殊情况，可以免除支付该款项。

全国执行委员会财务秘书处是负责管理党产和财政资源的机构，也负责提交年度收入和支出报告以及选举法所指的预选和竞选活动报告。

第六十八条 按现行选举法的规定拨付给党的特殊经费应当专用于支持党的纲领和行动计划的实施，优先用于组织成员活动、提高成员政治意识并对其开展政治培训。

第六十九条 若要登记为民选中的党外候选人，获得该身份的人应当在其任职期间向党捐赠相当于其总收入（工资、奖金、福利）的百分之五十的资源。

第七十条 党的任何领导人收到的用于开展其在本党工作的经济捐赠，既不视为工资，也不包括在个人福利中。这笔捐赠在任何情况下都不得超过最低月工资。所有此类支出都应当获得全国委员会的批准，且财务秘书处应当汇报该账目。

全国执行委员会财务秘书处应当提交年度收入和支出报告及现行选举法指出的预选和竞选活动报告。

第八章 基本文件的修订

第七十一条 基本文件的修订需要得到全国议会常规会议或特别会议的批准。党的各个机构、改革先行者和选举机构均可提出对基本文件进行修订。

第九章 党的全国政治培训学院

第七十二条 党有责任从政治素养、思想意识和精神道德层面对改革先行者以及所有希望担任党内职务或民选职务的人进行培训，包括《政党法》第四十三条第 1 款第（7）项所指的关于维护投票权的培训。

学院的培训应考虑到性别平等问题，不能存在性别歧视，且应当按照《政党法》第五十一条第 1 款第（1）项 e 目的规定来开展培训。

第七十三条 全国政治培训学院是一个在运行和管理上享有自主权的机构，其总体目标是，践行、分享、传播并传承爱国主义价值观，坚定不移地在我国实施民主变革并维护社会公正，对最有需要的人负责并给予支持，以及把维护群众利益和巩固党组织放在任何个人利益之上，无论有多么正当的理由去追求个人利益。学院由一个内部委员会和一名主席来领导，他们负责协调学院的各项活动并按照规定的方针来履行职责。

第七十四条 为了履行其职责，学院将拥有百分之五十的党的地方和联邦特权，这些特权的使用由专门为此成立的委员会来管理。

过渡条款

第一条 对本章程内容的添加、删除和修改将按照适用法律的规定生效。所有与本次修订不同的规定都将失效。对章程的修订一经批准，将发布在党的网页上和全国办公地点现场。经全国选举协会总委员会授权，全国执行委员会和党的代表可对全国选举协会就本章程的修订所给出的意见进行完善。

第二条 考虑到党目前的特殊情况和过渡状态；党的各级机构改选，且党已在几次政府选举中胜出，在国家参议院和联盟议会众议院和至少十七个州级议会中获得多数票；并赢得墨西哥合众国总统席位；另外九月将开始在阿瓜斯卡连特斯州、下加利福尼亚州、杜兰戈州、金塔纳罗奥州和塔毛利帕斯州举行选举活动，而这需要具备一份带照片的经合理证明的可靠名册；以及面对新的政治环境，即党的基本文件中所述的一个基于廉政、反腐败的政权，需要对加入党内机构和党政府的人进行必要的培训指导，鉴于上述原因，加强党的建设是合理的，因此必须将本章程第十四条附中包含的管理、领导和执行机构的职能推迟到2019年11月20日。

第三条 按照第九章的规定，将成立党的全国政治培训学院，且自2019财政年度起，该学院将拥有百分之五十的党的地方和联邦特权。学院应向党的全国委员会提交一份工作计划和方针。学院主席及其委员会成员以及负责管理其资源的委员会的任命，都应由主席团向全国执行委员会提议并报告给全国委员会。

第四条 全国执行委员会将负责向全国委员会提出用于执行第六条附的标准。

第五条 根据过渡条款第二条的规定，带照片的证件将由全国执行委员会组织秘书处负责证明。

第六条 考虑到过渡条款第二条和本章程第十四条附的规定，管理、领导和执行机构的选举将在2019年8月20日到11月20日之间进行，其任期为三年。有选举职能的全国议会将在2019年11月20日完成选举。这些机构的组建必须遵循性别平等原则，且第十和第十一条中的有关时间规定将于2019年按性别平等原则重新组建各机构后开始计算。从这时起一直到

2019年11月20日，如果全国执行委员会或州级执行委员会的某一成员缺席，全国执行委员会可在其主席团的提议下，按照本章程第三十八条的规定任命授权代表。该决定应通知全国委员会或州级委员会（根据情况）。

第七条 全国执行委员会应与全国诚信与公正委员会协调配合，提出并制定一个预防、处理、处分及补救方案，来处理党内妇女遭到暴力伤害的情况。

第八条 全国执行委员会将按照以下日程表来发布本次修订后的规章、方针和条例：

时间	活动
2018年9月20日至2019年8月20日	对改革先行者进行身份认证，目的是拥有一份可靠完整的名册，以便开展内部选举
2018年8月20日至2019年8月20日	审查先行者委员会的成立情况
2019年8月20日至2019年11月20日	党的各机构的改选程序

（苏雨荷 译）

巴西政党法

共和国总统府民事办公室法律事务部

第 9.096 号法律，1995 年 9 月 19 日

关于本法的修订，参见 1996 年第 9.259 号法律、1998 年第 9.693 号法律、2012 年第 7.791 号法令及违宪直接诉讼法第 5.398 号规定。

宪法第十四条第 *3 款第 5 项及第十七条，做出了关于政党的规定。

巴西联邦共和国副总统代行总统职权，晓谕全体公民：

全国议会已批准及颁布以下政党法。

第一部分　总则

第一条

政党是经私法赋予合法地位的法人实体，旨在捍卫民主制度、保障代议制的真实性及维护联邦宪法确立的基本权利。

附：政党与半官方实体不同。① （2017 年第 13.488 号法律新增）

第二条

政党的组建、合并、联合及终止是自由的，但其纲领必须尊重国家主权、民主制度、多党制及个人的基本权利。

第三条

政党有权自行决定其内部结构、组织原则和运作方式。

---

① 译者注：该词原文为"Parágrafo Único"，国内有学者翻译为"单立款""单独条款"等。在巴西政党法中，该词实际为对本条内容的进一步解释，故译者将其译为"附"。

＊1 政党、政党联盟及政党的候选人有权在法律范围内，自行决定其选举日程及时间。（2019 年第 13.831 号法律单独条款重新编号）

＊2 政党有权自行决定其常设机构或临时机构的成员的任期。（2019 年第 13.831 号法律新增）

＊3 政党临时机构的存续期限最长为八年。（2019 年第 13.831 号法律新增）

＊4 政党机构在存续期满后，不得自动终止，应在国家法人登记册中注销其注册。（2019 年第 13.831 号法律新增）

第四条

同一政党的党员拥有相同的权利和义务。

第五条

政党的行动是全国性的。政党应依据其章程和纲领来开展行动，不得从属于国外的政府或机构。

第六条

政党不得开展军事或准军事训练、设立军事或准军事组织或要求党员穿戴统一制服。

第七条

政党在获得民法赋予的法人资格之后，应在最高选举法院完成其党章的登记。

＊1 全国性政党仅在满足以下要求的情况下，方可登记其党章：在两年内的最后一次众议院普选中，获得百分之零点五（不计白票和废票）以上的非党员选民的支持，选票分布在全国至少三分之一的州，且在获得选票的州达到至少百分之零点一的选票。（2015 年第 13.165 号法律修订）

＊2 只有在最高选举法院完成党章登记的政党，方可依据本法的规定，参加选举、获得政党基金的拨款并免费使用广播和电视。

＊3 只有在最高选举法院完成党章登记的政党，方可获得党名、党名缩写及标识的专属使用权，其他政党不得使用可能导致误解或混淆的党名变体。

第二部分 政党的组织和运作

第一章 政党的组建和登记

第八条

政党应向其总部所在地的法人民事登记处提出注册申请，并附上其创建人的签名。政党的创建人不得少于一百零一人，且其选民登记地址应分布在全国至少三分之一的州。此外，政党还应提交：（2019 年第 13.877 号法律修订）

（1）政党组建大会的会议记录复印件；

（2）在官方公报上公布的完整党章及党纲复印件；

（3）政党创建人的完整名单，包括姓名、出生地、选民登记号（含登记的州、市、选区①及注册部门）、职业及住址。

＊1 政党提出注册申请时，应提交其临时领导人的姓名及职务、党总部的地址。（2019 年第 13.877 号法律修订）

＊2 在满足本条规定的情况下，民事登记处将对政党进行登记，并向政党提供包含政党完整信息在内的登记证明。

＊3 政党在依据本条的规定取得法人资格之后，应达到第七条＊1 所规定的最低选民支持率，并按照其组织章程的规定，开展必要的活动以最终组建党的机构及任命党的领导人。

第九条

在完成第八条＊3 规定的组建和任命之后，政党的全国性领导人应向最高选举法院提交以下材料，完成其党章的登记：

（1）在民事登记处进行登记的党章及党纲的复印件；

（2）第八条＊2 中所述的登记证明；

（3）由选举登记处出具的、证明政党已获得第七条＊1 所规定的最低选民支持率的证明。

＊1 最低选民支持率通过选民的签名来证明。选民名单按选区开列清

---

① 译者注：选区根据人口规模进行划分，由选举登记处负责。

单，且应注明每个选民的登记号。登记人员应当对选民的签名和选民登记号的真实性进行核实。

＊2 登记人员应及时接收政党提交的所有选民名单，并于十五天内向政党出具证明并退还选民名单。

＊3 政党在按相应程序向最高选举法院提交党章登记申请后，相关材料将于四十八小时内交由法院的报告员。报告员应在听取总检察长的意见后的十天内，告知政党其申请程序是否存在问题。

＊4 如果政党的申请程序不存在问题，或政党已对问题进行修正，最高选举法院应于三十天内对政党的章程进行登记。

第十条

如果政党需要对其在民事登记处完成登记的党章或党纲进行修订，应交由最高选举法院处理。

＊1 政党应向选举法院提交其领导机构的组织方式及相应成员的姓名，以及党章或党纲中需要修订的内容。（1996 年第 9.259 号法律新增）（2019 年第 13.877 号法律重新编号）

（1）向最高选举法院提交政党的全国性机构的成员姓名；（1996 年第 9.259 号法律新增）（2019 年第 13.877 号法律重新编号）

（2）向大区选举法院提交政党的州级、市级和选区级机构的成员姓名。（1996 年第 9.259 号法律新增）（2019 年第 13.877 号法律重新编号）

＊2 党的全国性、州级、地区级和市级机构的会议记录及其他文件，应在其相应领导机构所在地的民事登记处完成登记。（2019 年第 13.877 号法律新增）

第十一条

在最高选举法院完成登记的政党，可分别：

（1）在初审选举法院任命代表；

（2）在大区选举法院任命代表；

（3）在最高选举法院任命代表。

附： 党的全国领导机构任命的代表，可在任何选举法院或选举法官面前代表政党；州领导机构任命的代表，仅可在相应的大区选举法院及州、联邦区的选举法官面前代表政党；市领导机构任命的代表，仅可在相应辖区内的选举法官面前代表政党。

第二章 议会的运作

第十二条

政党通过其议会党团在立法机构开展行动。党的议会党团应依据党章、相应议会规章制度及本法的规定进行组建。

第十三条

如果政党在每一次众议院普选中，均获得百分之五（不计白票和废票）以上的选票，选票分布在全国至少三分之一的州，且在获得选票的州达到至少百分之二的选票，则有权在其推选产生的议员所在的立法机构中，开展议会行动。（见违宪直接诉讼法第 1.351－3 号和第 1.354－8 号规定）

第三章 党章和党纲

第十四条

依据宪法及本法的规定，政党可在其纲领中自行确立政治目标，并在其党章中自行确立其内部结构、组织原则和运作方式。

第十五条

党章中应包含以下内容：

（1）党名及党名的缩写，党在境内的总部地址；（2019 年第 13.877 号法律修订）

（2）党员的入党和退党；

（3）党员的权利和义务；

（4）党的组织和管理方式，其中应包括总体架构，党的全国性、州级、市级机构的组织结构及相应职权，机构成员的任期与选举程序；

（5）党的忠诚和纪律，违纪审查和实施处分的程序，并应充分保障违纪方的辩护权；

（6）公职候选人的要求及选举方式；

（7）财政和审计，包括候选人在选举中的支出限额、党员的捐款限额、政党收入的来源及本法规定的其他内容；

（8）政党基金在党的全国性、州级、市级机构中的分配标准；

（9）修订党章和党纲的程序。

第十五条（A）

与党相关的民事责任和劳动责任应由未履行义务、侵犯权利、对第三方造成损害或带有任何违法行为的党的全国性、州级或市级机构承担。党的其他领导机构不负连带责任。（2009 年第 12.034 号法律修订）

附：在党的全国性机构需要承担责任的情况下，仅可由其总部所在地的司法机关提起诉讼，包括民事诉讼和劳动诉讼。（2013 年第 12.891 号法律新增）

第四章　入党

第十六条

只有充分享有政治权利的选民，方可入党。

第十七条

选民必须遵守党的合法规定，方可获得党员资格。

附：政党在批准选民的党员资格后，应按照规定的方式，向选民提供入党证明。

第十八条

（2015 年第 13.165 号法律废除）

第十九条

政党在批准选民的入党申请之后，应通过其全国、大区级、市级的领导机构，在选举法院的电子系统中录入党员的信息。该电子系统将自动向选举法官发送党员信息，以供存档、公示及审查政党提交的党员名单（含入党时间、选民登记号、进行注册的部门），并在政党推选公职候选人时，审查候选人的党龄。（2019 年第 13.877 号法律修订）

*1 如果党员变更党籍，选举法院应将党员的退党事宜告知相关政党，以便党员办理加入另一政党的手续。（2019 年第 13.877 号法律修订）

*2 如果选民受到偏见或恶意伤害，可直接向选举法院申请执行本条的规定。

*3 政党的全国性领导机构有权在选民登记处查阅其党员的完整信息。（2009 年第 12.034 号法律新增）

*4 选举法院可以电子的方式，向政党的全国性和州级机构，提供访问其辖区范围内的、在选民登记处登记的党员信息，包括党员的姓名、性别、

选民登记号、个人税务登记号、住址、电话号码等。（2019 年第 13.877 号法律新增）

第二十条

政党可在其党章中，对公职候选人的党龄做出规定，但不得低于本法规定的党龄期限。

附：党章中关于公职候选人党龄的规定，不得在举行公职选举之年进行修改。

第二十一条

党员退党应当以书面形式告知党的市级领导机构及其注册选区的选举法官。

附：党员在递交退党材料的两天后，将被终止党员资格。

第二十二条

在下列情况下，党员资格将被立即取消：

（1）死亡；

（2）丧失政治权利；

（3）开除党籍；

（4）党章规定的其他情况，但应在做出决定的四十八小时内告知相应的人员；

（5）加入其他政党，但须告知相应选区的选举法官。（2013 年第 12.891 号法律新增）

附：如果选民同时加入多个政党，则应以其最新加入的政党为准，且选举法院应下令取消该人员在其他政党的党员身份。（2013 年第 12.891 号法律修订）

第二十二条（A）

如果担任公职的党员，在无正当理由的情况下，退出推选其当选的政党，将失去其担任的职位。（2015 年第 13.165 号法律新增）

附：以下情形为退党的正当理由：（2015 年第 13.165 号法律新增）

（1）本质上改变或背离党纲；（2015 年第 13.165 号法律新增）

（2）带有严重的个人政治歧视；（2015 年第 13.165 号法律新增）

（3）在达到法律要求的、参与多数选举制或比例选举制所需的党龄前的三十天，变更党籍。（2015 年第 13.165 号法律新增）

第五章 党的忠诚和纪律

第二十三条

如果党员违反党员义务，将由党的相应机构依据党章，划分其责任并实施处分。

*1 党员不得因党章中未明确规定的行为，而受到纪律处分或处罚。

*2 违纪人员享有充分的辩护权。

第二十四条

立法机构中的党员应依据党章的规定开展议会行动，并遵守党的原则、纲领及党的领导机构制定的准则。

第二十五条

对于议员的议事态度或表决方式违背党的机构制定的准则的情形，除党的基本纪律措施以外，党章还可制定其他的处分措施，如暂时中止该议席成员的资格、中止其党内会议中的表决权、撤销其在立法机构中担任政党代表的资格、撤销其依据政党比例选举制所担任的职位及拥有的职权。

第二十六条

如果议员退出其参选时所在的政党，将自动失去其依据政党的比例选举制在立法机构中担任的职位或职务。

第六章 政党的合并、联盟及终止

第二十七条

如果政党依据其党章的规定进行解散、合并或加入其他政党，应注销其在民事登记处和最高选举法院的登记。

第二十八条

如果最高选举法院证实政党存在以下行为，可做出最终裁决以注销该党的民事登记和党章登记：

（1）曾经或正在从国外获取财政支持；

（2）从属于某个国外政府或机构；

（3）未依照本法的规定，向选举法院提交财务报表；

（4）拥有准军事组织。

*1 在做出本条所述的司法裁决之前，在审理程序中应充分保障政党的

辩护权。

*2 法院可出于选民、政党代表或选举检察官的检举，开启上述审理程序。

*3 如果政党的大区或市级机构受到检举，党的全国性机构从政党基金处获得的份额不得被中止，亦不得受到其他任何处分。（1998 年第 9.693 号法律新增）

*4 党的市级和州级机构的开支、各级多数选举制中的候选人的开支，应由党的相应层级的机构承担和支付，上述机构与其他层级的机构达成协议的情形除外。（2009 年第 12.034 号法律新增）

*5 在党的机构未能支付上述开支的情况下，不得从法律上要求党的上级机构承担，应由产生债务的机构进行担保。（2009 年第 12.034 号法律新增）

*6 就本条第（3）款之规定，仅涉及党的全国性机构未向最高选举法院提交财务报表的情形。如果党的大区或市级机构未提交财务报表，将不会注销该党的民事登记和党章登记。（2009 年第 12.034 号法律新增）

第二十九条

党的全国性审议机构可做出决议，以通过政党的合并，或加入其他政党。

*1 政党的合并，应遵守以下规定：

（1）成员政党的领导机构应拟定合并政党的党章和党纲；

（2）成员政党的全国性机构应共同对上述草案进行表决，由绝对多数通过，并选举合并政党的全国性领导机构，以完成合并政党的注册登记。

*2 如果政党加入其他政党，依据民法的规定，成员政党的全国性审议机构应对接收政党的党章和党纲进行表决，并以绝对多数票通过。

*3 在对接收政党的党章和党纲表决通过后，由两党的全国性审议机构召开共同会议，以选举产生新的全国领导机构。

*4 就政党合并的情形，新政党必须在其总部所在地的民事登记处完成党章和党纲的登记，方可合法成立。政党在登记时，应提交其相关机构做出合并决定的会议记录。（2019 年第 13.877 号法律修订）

*5 就政党加入另一政党的情形，成员政党的相关材料应交由相应的民事登记处，以便其注销该党的登记。

*6 就政党加入另一政党的情形，成员政党的相关材料应交由相应的民事登记处，以便其注销该党的登记。（2015 年第 13.107 号法律修订）

*7 就政党合并或加入另一政党的情形，应将其成员政党在最近一次众议院普选中所得的选票进行叠加，以获得政党基金的份额及广播和电视的免费使用权。（2015 年第 13.107 号法律修订）

*8 政党加入另一政党后，产生的新党章及文件，应在民事登记处和最高选举法院完成登记。（2015 年第 13.107 号法律新增）

*9 只有在最高选举法院完成登记满五年的政党，方可进行合并或加入其他政党。（2015 年第 13.107 号法律新增）

第三部分　财政和审计

第一章　财务报表

第三十条

政党的全国、大区级和市级机构应妥善保存会计账簿，以便了解政党的收入来源和支出去向。

第三十一条

政党不得以任何形式或任何理由，直接或间接地从以下渠道接收捐款、现金、财政援助或任何形式的宣传：

（1）外国政府或机构；

（2）任何性质的公共机构或法人实体，本法第三十八条规定的款项及大选财政资助基金的拨款除外；（2017 年第 13.488 号法律修订）

（3）（已废除）；（2017 年第 13.488 号法律修订）

（4）工会机构或组织；

（5）担任公职或担任自由任免职位的个人，或临时担任公职的个人党员除外。（2017 年第 13.488 号法律新增）

第三十二条

政党应于每年六月三十日之前，向选举法院提交上一年度财务决算报表。（2019 年第 13.877 号法律修订）

*1 政党的全国性机构的决算报表应交由最高选举法院，州级机构的决

算报表应交由大区选举法院，市级机构的决算报表应交由初审选举法院。

*2 选举法院应及时在官方报纸上公布上述决算报表，如果没有官方报纸，则应当在选民登记处公布。

*3（已废除）。（2015 年第 13.165 号法律修订）

*4 党的市级机构如果未动用财政拨款或未募集现金，则无需向选举法院提交财务报表，或向巴西联邦税务局提交免税声明、纳税及税收债务申报表、财务报表或电子版的证明，但政党应在本条规定的期限内，提交一份该年度未动用财政拨款的声明。（2019 年第 13.831 号法律修订）

*5 如果政党的财务报表未被通过，将不得实施妨碍其参加选举的处分。（2015 年第 13.165 号法律新增）

*6 如果本条 *4 中所述的市级机构的注册未被激活或被中止，政党的法定代表可向相应的巴西联邦税务局的下属单位提出申请，并提交该市级机构未动用财政拨款或未募集现金的证明。联邦税务局的特别秘书处将负责恢复该机构的登记。（2019 年第 13.831 号法律新增）

*7 就 *6 之申请，政党应当说明希望联邦税务局特别秘书处立即恢复该机构的登记，或于 2020 年 1 月 1 日之后恢复。在后者的情况下，不得因政党机构未提交财务报表，而收取任何费用、罚款或其他行政费用。（2019 年第 13.831 号法律新增）

*8 选举法院对财务报表做出的决议（含否决），不得导致政党领导人被纳入违约者登记中心①的记录中。（2019 年第 13.831 号法律新增）

第三十三条

决算报表中应包含以下内容：

（1）政党基金的拨付数额和使用明细；

（2）捐款或捐赠的来源及数额；

（3）选举开支，应提供广播、电视节目、广告、出版物及其他竞选活动的费用支出及明细证明；

（4）收支明细表。

---

① 译者注：违约者登记中心主要负责登记与公共金融机构相关的违约信息，如债务违约、拖欠电费等。

第三十四条

选举法院可对政党的财务报表及竞选开支进行监督，审查其是否真实反映了政党的财务状况及竞选开支的数额和去向，并要求政党遵守以下规定：（2015 年第 13.165 号法律修订）

（1）在大选中设立专门的委员会并任命具体的领导，以负责在竞选中调配财政资源；（2015 年第 13.165 号法律修订）

（2）（已废除）；（2015 年第 13.165 号法律修订）

（3）提交财务报告，以证明现金及财物的收支情况；（2015 年第 13.165 号法律修订）

（4）保存其会计记录至少五年；（2015 年第 13.165 号法律修订）

（5）在大选结束后，政党及其候选人应立即将最终财政结余上交党的财库。（2015 年第 13.165 号法律修订）

＊1 本条所述的监督，旨在通过对政党及其候选人提交的财务文件进行审查，以明确政党的财务状况及竞选开支的数额和去向，但不得对政党的政治活动进行干预。（2015 年第 13.165 号法律修订）

＊2 选举法院为执行本条规定，在开展必要的审查时，可视具体情况，向联邦或州审计法院申请专业人员。（2013 年第 12.891 号法律新增）

＊3（已否决）。（2019 年第 13.877 号法律新增）

＊4 为审查政党的财务报表，会计系统中应当生成及提供收支来源报告。（2019 年第 13.877 号法律新增）

＊5 选举法院的技术部门提供的报告，应严格遵守选举法和审计条例的规定，且不得对政党接受的处分发表意见。处分决议由地方法官做出。（2019 年第 13.877 号法律新增）

＊6 如果选举法院与公共管理部门或银行之间存在合作协议，则与政党相关的证明或文件将通过电子系统直接发送至选举法院，则选举法院不得再要求政党提交上述证明或文件。（2019 年第 13.877 号法律新增）

第三十五条

最高选举法院和大区选举法院在收到党员、政党代表、总检察长、地方检察长或监察人员的检举后，应决定是否对政党的会计账簿进行审查、对党或其党员在财务上存在违反法律或党章的行为进行调查、对政党的账户有违反银行的保密规定进行核实，以澄清或确立上述检举事项。

附：政党可于其财务状况公布的十五天内，在选举法院对其他政党提交的月度或年度财务报表进行审查，并可于五天内提出异议。政党可就其财务状况提出事实、提供证据或要求法院对党或其党员是否在财务上存在违反法律或党章的行为进行调查。

第三十六条

如果证实政党存在违反法律或党章的行为，该党将受到以下处分：

（1）如果政党未能说明或澄清资金的来源，则政党基金将中止其份额，直至选举法院收到该党的合理说明。

（2）如果政党从第三十一条所述的渠道获取资金，政党基金将中止其份额一年。

（3）如果政党获得的捐赠金额超过了第三十九条 * 4 中规定的限额，政党基金将中止其份额两年，并对该党处以超出限额部分等额的罚款。

第三十七条

如果政党提交的财务报表未被通过，则该党应将其获得的、被认为不合规的部分予以退还，并被处以最高百分之二十的罚款。（2015 年第 13.165 号法律修订）

*1 选举法院可以制定必要的程序，以促使政党领导机构或候选人完善账目信息，或纠正其违规行为。（1998 年第 9.693 号法律重新编号）

*2 第三十六条所述处分，应仅向党的相应层级的违规机构实施，不得中止该党领导机构的注册或登记，或要求政党的工作人员承担责任。（2015年第 13.165 号法律修订）

*3 就本条的罚款，应以合理的、分期（一至十二个月）支付的方式执行。罚款应从政党后续获得的政党基金份额中扣除，但最多不得超过当月所得份额的百分之五十。该罚款自相关法院通过政党的财务报表后执行，在政党缴纳上述罚款的五年内，不得对其累计处罚。（2019 年第 13.877 号法律修订）

*3-A 对州、联邦区或市级机构实施的处分，大区选举法院或选举法官将以信件形式向党的上级机构寄出，且在政党确认收到判决之后，方可生效。（2019 年第 13.877 号法律新增）

*4 如果政党机构提交的财务报表被部分或全部否决，政党可向大区选举法院或最高选举法院提出上诉。选举法院对上诉进行受理，将中止上述

处罚的实施。（2009 年第 12.034 号法律新增）

﹡5 政党可以向报表登记处提出申请，修改其提交的、被大区选举法院或最高选举法院否决的财务报表，以实现分期支付罚款。（2009 年第 12.034 号法律新增）

﹡6 审查政党机构的财务报表属于司法行为。（2009 年第 12.034 号法律新增）

﹡7 （已否决）。（2013 年第 12.891 号法律新增）

﹡8 （已否决）。（2013 年第 12.891 号法律新增）

﹡9 为实施本条的处分，将从政党获得的份额中进行扣除，但选举年度的下半年将被中止。（2015 年第 13.165 号法律新增）

﹡10 因机票产生的费用可酌情通过旅行社开具的发票或复印件进行核实，应提供日期、行程和乘机人，且无须为此目的提供其他文件。（2015 年第 13.165 号法律新增）

﹡11 在对其财务报表做出最终裁决前，政党的机构可随时向选举法院提交适当的文件，以对账目做出澄清或对违规行为进行纠正。（2015 年第 13.165 号法律新增）

﹡12 如果在政党的财务报表中存在形式或细节上的错误，但并不影响对其收入来源和支出去向的理解，将不会导致该报表被否决。（2015 年第 13.165 号法律新增）

﹡13 如果政党的财务报表被否决且政党存在违法行为，仅在该党存在非法获利、侵害党产等蓄意行为，并构成不可弥补的、严重违规行为的情况下，政党领导人须承担民事和刑事责任。（2015 年第 13.165 号法律新增）

﹡14 政党因财务报表而受到处分，将不得对党的调查研究、理论宣传和政治教育研究所或基金会造成影响，上述机构直接导致政党的财务报表被否决的情形除外。（2015 年第 13.165 号法律新增）

﹡15 对于产生民事责任、刑事责任及已确定的债务，仅由政党相应机构的领导承担，不对该机构获得政党基金的份额造成影响。（2019 年第 13.831 号法律新增）

第三十七条（A）

如果政党未提交财务报表，在政党未提交报表期间，其从政党基金处获得的份额将被中止，并将受到本法的处分。（2015 年第 13.165 号法律

新增）

第二章 政党基金

第三十八条

政党财政特别援助基金（政党基金）由以下部分组成：

（1）依据选举法和相关法律实施的罚款和现金处分；

（2）依据法律规定获得的长期性或临时性财政拨款；

（3）个人或企业通过银行账户，直接汇入政党基金账户的捐款；

（4）联邦政府的预算拨款，且每年的数额不得低于由提出预算案的前一年12月31日之前所登记的选民人数乘以三十五分雷亚尔（参照1995年8月货币值）。

＊1（已否决）。

＊2（已否决）。

第三十九条

在本法第三十一条的规定之外，政党还可接受个人及法人的捐赠，以构成其党产。

＊1 本条中的捐赠，可直接交由政党的全国、州级或市级领导机构，接收捐赠的机构应向选举法院及党内的直接上级机构提交接收证明、支出去向及决算报表。

＊2 政党收到的任何捐赠，均应列入其会计账簿中，并应注明金额。

＊3 财政拨款形式的捐赠仅可通过以下方式，存入政党账户：（2015年第13.165号法律修订）

（1）划线支票、现汇支票或电子转账；（2015年第13.165号法律新增）

（2）明确识别的实物存款；（2015年第13.165号法律新增）

（3）政党网站上支持的方式，如使用信用卡或借记卡、在线发送银行水单或账户借记协议，以及其他符合以下要求的方式：（2019年第13.877号法律新增）

a. 可识别捐赠者的身份；（2015年第13.165号法律新增）

b. 为每一笔捐赠提供选举收据。（2015年第13.165号法律新增）

＊4（1997年第9.504号法律废除）

＊5 在选举年度，政党可以依据1997年9月30日第9.504号法律第二

十三条 * 1、第二十四条和第八十一条 * 1 的规定、相关管理机构和法律条例制定的准则，在选举中使用和分配其获得的个人或法人捐赠。（2009 年第 12.034 号法律新增）

* 6 就本条 * 3 第（3）款中的支付方式，银行及支付公司（含电子支付公司）应向政党告知其银行开户信息、可为其提供的支付服务和赔偿服务（含在线赔偿），以便政党后续的操作和使用。（2019 年第 13.877 号法律新增）

* 7 如果金融机构未向政党提供特别的服务，且未对政党的政治代表做出特别限制，其服务费应按金融机构向普通法人收取的服务费来计算。（2019 年第 13.877 号法律新增条款）

* 8 金融机构应当向政党提供全套的银行服务，且每月的服务费不得高于市场上现行的单项服务费用总和。（2019 年第 13.877 号法律新增）

第四十条

政党向最高选举法院提交的司法材料附件中，应包含对政党基金份额的预算。

* 1 国库每月应将十二分之一的财政拨款，存入最高选举法院在巴西银行的专用账户中。

* 2 依据选举法的规定征收的罚款及其他处罚性收入，亦应存入上述专用账户中。

第四十一条

就第四十条 * 1 中的拨款，最高选举法院应于收到拨款后的五日内，按照以下标准分配给各政党的全国性机构：（见违宪直接诉讼法第 1.351 - 3 号和第 1.354 - 8 号规定）

（1）政党基金总额的百分之一，将平均分配给在最高选举法院完成党章登记的所有政党；（见违宪直接诉讼法第 1.351 - 3 号和第 1.354 - 8 号规定）

（2）政党基金总额的百分之九十九，将分配给满足第十三条规定的政党，并按各政党在上一届众议院普选中所获票数比例进行分配。（见违宪直接诉讼法第 1.351 - 3 号和第 1.354 - 8 号规定）

第四十一条（A）

在政党基金总额中：（2013 年第 12.875 号法律修订）（见违宪直接诉讼

法第 5105 号规定）

（1）百分之五将平均分配给满足获得政党基金份额要求的所有政党；（2015 年第 13.165 号法律修订）

（2）百分之九十五将依据各政党在上一届众议院普选中所获票数比例进行分配。（2013 年第 12.875 号法律新增条款）（见违宪直接诉讼法第 5105 号规定）

附：就本条第（2）款之规定，任何情况下均不得将党籍变更纳入考虑范围。（2015 年第 13.107 号法律修订）

第四十二条

如果政党的全国性领导机构被注销或失效，应将其获得的份额退还给政党基金。

*1 政党的全国性领导机构必须开设专门的银行账户，以用于政党基金的流动及本法第四十四条第（5）款的使用。就政党的其他机构或其他类型的收入，仅在涉及财政拨款的情形下，适用本款规定。（2019 年第 13.831 号法律新增）

*2 由政党的全国、大区级及市级机构出具的未动用财政拨款的证明，将具有公信力，可在执行本法第三十二条规定时用作书面材料，但不妨碍依据第三十五条审查其是否存在违法行为。（2019 年第 13.831 号法律新增）

第四十三条

政党应在联邦政府或州政府监管的银行中，存入及使用其获得的政党基金份额。如果没有监管的银行，则应存入政党的领导机构指定的银行中。

第四十四条

政党从政党基金获得的份额应用于：

（1）政党总部的维护、政党提供的服务及雇员收入的发放。任何情况下，政党对其总收入的使用，不得超过以下限度：（2015 年第 13.165 号法律修订）

a）百分之五十用于全国性机构；（2015 年第 13.165 号法律新增）

b）百分之六十用于州级和市级机构。（2015 年第 13.165 号法律新增）

（2）党的理论和政策的宣传。

（3）招募党员，组织选举活动。

（4）设立并维持调查研究、理论宣传和政治教育研究所或基金会，该部分支出应至少占政党所得总收入的百分之二十。

（5）创建并维持促进妇女参政的项目，该类项目应由妇女事务秘书处或由妇女事务秘书处下属的、具有法人资格的全国性机构来创建及执行；该部分支出所占比例将由政党的全国领导机构确定，应至少占政党所得总收入的百分之五。（2019 年第 13.877 号法律修订）

（6）向政党加入的国际组织支付月费、年费或其他费用，以支持政党开展研究及政治学习；（2015 年第 13.165 号法律新增）

（7）向餐厅和酒吧支付餐食费用；（2015 年第 13.165 号法律新增）

（8）雇佣财务顾问和律师，以在违宪诉讼中、涉及政党利益的其他诉讼和行政程序中、涉及政党候选人的争议中，提供法律服务。（2019 年第 13.877 号法律新增）

（9）（已否决）。（2019 年第 13.877 号法律新增）

（10）租赁或购买动产及不动产，为党总部和党组织建造、翻新、整改办公场所。（2019 年第 13.877 号法律新增）

（11）向境内的互联网应用供应商订阅网络信息而增加的费用，包括通过银行水单、可识别存款或银行转账的方式，向供应商提前支付普通互联网搜索服务所产生的费用。上述供应商应提供专门的银行账户以接收政党支付的费用，且不得在选举前一百八十天内进行更换。（2019 年第 13.877 号法律新增）

＊1 政党的各级机构在提交财务报表时，应当对政党基金份额的使用情况进行详细说明，以便选举法院审查政党是否满足本条第（1）款和第（4）款的规定。

＊2 选举法院可随时对政党基金份额的使用情况进行审查。

＊3 本条所述的份额不受 1993 年 6 月 21 日第 8.666 号法律的制约，各政党在签订合同及支付费用上，拥有自主权。（2013 年第 12.891 号法律修订）

＊4 不得将任何形式的债务或税款纳入本条第（1）款规定的比例。（2009 年第 12.034 号法律新增）

＊5 政党若未遵守本条第（5）款的规定，应将剩余资金存入专门的银行账户中，且不得将该资金用于其他目的。剩余资金应在下一个财政年度中使用，并在第（5）款规定的金额的基础上，处予百分之十二点五的罚

款，以用作相同目的。（2015 年第 13.165 号法律修订）

*5 - A 政党可视具体情况，将不同财政年度的、第（5）款规定的资金进行累积，并存在专门的银行账户中，以便在后续的政党候选人的选举活动中使用。（2015 年第 13.165 号法律新增）（见违宪直接诉讼法第 5.617 号规定）

*6 如果用于研究所或基金会的资金出现结余，可将其用于本条规定的其他活动。（2013 年第 12.891 号法律新增）

*7 经妇女事务秘书处审议（若无上述秘书处，则可经调查研究、理论宣传和政治教育基金会审议），可将不同财政年度的、第（5）款规定的资金进行积累，并存在专门的银行账户中，以便在后续的政党候选人的选举活动中使用。在此情形下，不适用 *5 的规定。（2015 年第 13.165 号法律新增）（见违宪直接诉讼法第 5.617 号规定）

第四十四条（A）

党员依据党内组织条例，在党的机构、基金会或研究所中开展管理活动，或为党提供咨询或支持，将不得产生雇佣关系，也不会受到劳动法（由 1943 年 5 月 1 日第 5.452 号法令通过）的制约。（2019 年第 13.877 号法律新增）

附：政党应对党开展活动而产生的且经核实的费用进行支付，并应保留所有支出的会计记录，且上述支出不得计入第四十四条第（1）款所述的比例中。（2019 年第 13.877 号法律新增）

第四部分　免费使用广播和电视

第四十五条

（2017 年第 13.487 号法律废除）

第四十五条（A）

（已否决）。（2019 年第 13.877 号法律新增）

第四十六条

（2017 年第 13.487 号法律废除）

第四十六条（A）

（已否决）。（2019 年第 13.877 号法律新增）

第四十七条

（2017 年第 13. 487 号法律废除）

第四十七条（A）

（已否决）。（2019 年第 13. 877 号法律新增）

第四十八条

（2017 年第 13. 487 号法律废除）

第四十八条（A）

（已否决）。（2019 年第 13. 877 号法律新增）

第四十九条

（2017 年第 13. 487 号法律废除）

第四十九条（A）

（已否决）。（2019 年第 13. 877 号法律新增）

第五部分　一般规定

第五十条

（已否决）。

第五十一条

在最高选举法院完成党章登记的政党，有权免费使用公立学校或立法机构的场地，以举行党的会议或代表大会。由此造成的毁坏或损失，应由政党承担。

第五十二条

（已否决）。

附：（2017 年第 13. 487 号法律废除）

第五十三条

政党出于调查研究、理论宣传和政治教育的目的而设立的基金会或研究所，将受到民法的制约。基金会或研究所有权与公共或私立机构签订协议，以便机构为其提供服务，维持其运作。此外，基金会或研究所还可与非国家机构开展交流。

＊1 研究所可依据民法规定的形式进行组建。（2017 年第 13. 487 号法律新增）

＊2 依据本法第四十四条第（4）款及本条的规定，基金会或研究所的资产将在以下情况下转移给承继机构：（2017 年第 13.487 号法律新增）

（1）在政党终止、合并或加入另一政党及出现法律规定的其他情形时，基金会或研究所将被终止；（2017 年第 13.487 号法律新增）

（2）基金会转变为研究所，或研究所转变为基金会。（2017 年第 13.487 号法律新增）

＊3 就本条＊2 之规定，在基金会或研究所的资产转移时，已终止或已转型的基金会或研究所的权利和义务将随之转移。（2017 年第 13.487 号法律新增）

＊4 基金会或研究所的转型或终止，应由政党的全国性领导机构决定。（2017 年第 13.487 号法律新增）

第五十四条

在执行本法规定时，联邦区等同于州，联邦区的下属行政区等同于市。

第六部分　最终过渡条款

第五十五条

依据本法颁布之前的其他法律完成登记的政党，不受第七条＊1 的约束，但应于本法发布之日起的六个月内，依据本法的规定调整其党章。

＊1 政党依据本条规定进行的党章修订，可按照其党章规定的形式，组织党的全国最高权力机构召开会议，并于会议召开的三十天前，在党的机构和党员中对党章修订案进行广泛传播。

＊2 本条的规定，自本法发布之日起生效，适用于以下政党：

（1）依据本法颁布之前的其他法律完成组建程序，且已提出最终登记申请的政党；

（2）已提交登记申请，且已获得相关司法部门肯定答复的政党；

（3）已在民事登记处进行相应登记，且已向最高选举法院提交党章登记申请的政党。

第五十五条　（A）

政党如果在 2019 年之前，未按照本法第四十四条第（5）款的规定使用所得款项，但将款项用于资助女性候选人（至 2018 年止），不得驳回其

提交的财务报表或对其实施任何处分。（2019 年第 13.831 号法律新增）

第五十五条（B）

如果政党依据第四十四条 *5 - A 规定，在专门的银行账户中积累的资金出现剩余，可于 2020 年之前，将该笔资金用于促进和支持妇女参政的项目，以作为补偿。（2019 年第 13.831 号法律新增）

第五十五条（C）

如果政党在 2018 财政年度之前，未按照本法第四十四条第（5）款的规定使用所得款项，将不得妨碍其财务报表的通过。（2019 年第 13.831 号法律新增）

第五十五条（D）

如果选民担任公职或担任自由任免职位，且属于党员，出于其已向政党缴纳捐款或贡献，将免除其向国库缴纳的款项。（2019 年第 13.831 号法律新增）

第五十五条（E）

本法第三十条的规定将于本条生效的一百八十天内开始执行。（2019 年第 13.877 号法律新增）

第五十六条

（2015 年第 13.165 号法律废除）

第五十七条

（2015 年第 13.165 号法律废除）

第五十八条

政党在依据第十九条的规定，提交初始党员名单后，可向选举法官提出申请，以向其退还在相应的选民登记处的、已获得入党资格的党员的入党申请表。

附：上述初始党员名单，即政党在提名公职候选人时提交的党员名单。

第五十九条

对 1916 年 1 月 1 日第 3.071 号法律（民法）第十六条，做出以下修订：

"第十六条

……

3. 政党……

*3 政党将受到本法第十七条至第二十二条的规定、其他对其适用的特

定法律的制约。"

第六十条

对 1973 年 12 月 31 日第 6.015 号法律中的下列条款，做出以下修订：

"第一百一十四条

……

3. 政党的建党文书和党章。

第一百二十条

在社团、基金会和政党的登记信息中，应包括公职人员的书面声明、登记编号、登记日期及机构类别，并应当对下列内容做出具体说明：

……

附：就政党的登记，除本条的规定外，还应遵守特定法律中的相关规定。"

第六十一条

最高选举法院应做出指示，以严格遵守本法。

第六十二条

本法自发布之日起生效。

第六十三条

废除 1971 年 7 月 21 日第 5.682 号法律及其修正案、1976 年 7 月 5 日第 6.341 号法律、1980 年 9 月 5 日第 6.817 号法律、1981 年 11 月 23 日第 6.957 号法律、1982 年 6 月 7 日第 6.996 号法律第十六条、1985 年 4 月 9 日第 7.307 号法律以及 1986 年 7 月 9 日第 7.514 号法律。

巴西利亚，1995 年 9 月 19 日；第 174 个独立年和第 107 个共和国年

签署人：马可·安东尼奥·德·欧韦维拉·麦凯尔

内尔松·阿泽维多·若宾

本文不得代替 1995 年 9 月 2 日国家官方公报中发布的文本

（刘晋彤　罗佳译）

巴西社会自由党章程

巴西利亚联邦区，2019 年 1 月 28 日

党主席：安东尼奥·爱德华多·贡萨尔维斯·德·鲁达
党的律师：埃尼奥·西奎拉·桑托斯（联邦区 49.068 号律师）
　　　　马里达·德·宝拉·西尔维拉（联邦区 33.954 号律师）

第一部分　党名、法律地位、党址、
期限和基本原则

第一章　党名及法律地位

第一条

社会自由党（PSL）是经私法赋予合法地位的自治政治组织。本党依 1988 年 10 月 5 日联邦宪法第十七条的规定，于 1998 年 6 月 2 日在最高选举法院完成登记，编号为 17。本党的一切政治行动及选举活动将使用该编号。

本组织章程、党的道德、忠诚及纪律准则、党内决议、党的规章条例、党的指示、党的行动计划，以及由党的审议、行动和领导机构制定的其他条例，将对本党具有约束力。

第二章　党址及期限

第二条

社会自由党的总部位于巴西联邦共和国的首都，不设固定存续期限。

第三章　党的基本原则

第三条

社会自由党是社会自由主义的政党，坚定捍卫人权和公民自由权，坚决支持国家的经济政策，并保障人民有权享有基本的、优质的公共服务，如健康、教育、安全、自由、住房和卫生等资源。

党的组织结构和基本原则将以尊重国家主权、民主制度、多党制和个人的基本权利为基础，并始终遵守宪法和法律的规定。

第二部分　入党、提出异议、取消党员资格

第一章　入党

第四条

只有充分享有政治权利的公民，方可加入本党。

第五条

加入本党必须填写全国统一的入党申请表。入党信息应对外公开，并应保障各方的质疑权和辩护权。

附：入党申请表一式四份，由申请人签名并注明日期。

第六条

入党方式：

1. 向全国领导委员会、州/联邦区领导委员会申请入党，或直接向其选民登记地相应的市/选区的领导委员会申请入党：

（1）申请人向全国领导委员会申请入党，应提交四份入党申请表。一份由全国领导委员会保留存档，一份交由大区领导委员会保留存档，另外两份交由市/选区领导委员会，并由其核实申请人的选民登记册是否有效。

（2）申请人向大区领导委员会申请入党，应提交三份入党申请表。一份由大区领导委员会保留存档，另外两份交由市/选区领导委员会，并由其核实申请人的选民登记册是否有效。

（3）申请人向市/选区领导委员会申请入党，应提交两份入党申请表，并由其核实申请人的选民登记册是否有效。

2. 通过全国领导委员会、大区领导委员会的网站申请入党：

（1）申请人通过全国领导委员会的网站申请入党，全国领导委员会将通过电子邮件将入党申请表发送给大区领导委员会。大区领导委员会将电子申请表打印两份，编上相同编号，并附于标准申请表上，一份由大区领导委员会保留存档，一份交由申请人选民登记地相应的市/选区领导委员会，并由其核实申请人的选民登记册是否有效。

（2）申请人通过大区领导委员会的网站申请入党，大区领导委员会将电子申请表打印两份，编上相同编号，并附于标准申请表上，一份由大区领导委员会保留存档，一份交由申请人选民登记地相应的市/选区领导委员会，并由其核实申请人的选民登记册是否有效。

*1 申请人提出入党申请的相应全国、大区或市/选区领导委员会，将负责在 Filiaweb 系统中更新入党信息；如果申请人通过网站提出入党申请，将由全国领导委员会负责更新入党信息，全国领导委员会亦可委托申请人选民登记地相应的州领导委员会或市/选区临时委员会处理。

*2 党员对以党的名义乱用或滥用职权、违反法律和本组织章程规定的行为，无须承担责任，仅执行委员会成员需承担连带责任。

第七条

如果市/选区领导委员会拒绝接收已登记选民的入党申请表，申请人可于四十八小时内将申请表交由其上级机构，并由上级机构转交相应的主管机构。

附：市/选区领导委员会在收到入党申请表的当天，应在其总部对申请人的信息（含姓名、地址、选民登记号、登记选区及注册部门）进行公布，以便其他党员提出异议。

第八条

任何党员均可出于合理理由，于申请人的信息公布后的五日内，对其入党申请提出异议，同时应确保申请人有五天的时间做出答复。

*1 如果党员未对入党申请提出异议，申请人的入党时间自获得党员资格之日起算。

*2 申请人在依本组织章程的规定获得党员资格后，将向其退还一份入党申请表。

第九条

全国、大区或市/选区领导委员会的主席应于每年 4 月和 10 月的第二个星期，通过 Filiaweb 系统向选举法院提交最新的党员名单，其中包括所有党员的姓名、选民登记号、注册部门及入党时间。党的主管机构对党员信息的漏报、多报及违反 1995 年第 9.096 号法律第十九条规定的行为承担全部责任。

＊1 市/选区领导委员会的主席应于通过 Filiaweb 系统向最高选举法院提交最新党员名单后的五个工作日内，向州领导委员会提交该党员名单的副本。

＊2 Filiaweb 系统的运行由最高选举法院的信息技术秘书处负责。获得授权的政党代表可在线通过申请人的入党申请及党员以书面形式提交的退党申请。

＊3 州领导委员会应向相应的大区选举法院申请获得 Filiaweb 系统的管理员账户，并在获得系统授权后，对其下属的各市/选区领导委员会的操作人员进行注册，以便操作人员使用该系统。

第二章　提出异议

第十条
就第八条之规定，党员对申请人的入党申请提出的异议，应由相应的执行委员会于五日内做出决定。

＊1 如果执行委员会未在五日内做出决定，申请人将获得党员资格。

＊2 如果入党申请被拒绝，申请人出于正当、合理的理由，可于五日内向执行委员会的上级机构提出上诉。

＊3 就上级机构做出的决定，应由大区领导委员会的执行委员会告知申请人选民登记地相应的市/选区的领导委员会。

＊4 申请人不得对上级机构做出的决定提出申诉。

第十一条
申请人提出的上诉具有中止效力。

第三章　取消党员资格

第十二条
在下列情况下，党员资格将被自动取消：

（1）死亡；

（2）丧失政治权利；

（3）由全国执行委员会做出的合理决定；

（4）依纪律处分程序，开除党籍；

（5）自愿退党；

（6）加入其他政党；

（7）在履行完法定程序后，证实其存在不忠于党的行为。

＊1 如果党员触犯了本条的任何规定，将无权担任其当选的党内职位。

＊2 如果被取消党员资格的党员正在担任党内职位，将立即终止其任职资格，并依据本组织章程及相关条例的规定，填补该空缺职位。

第十三条

党员退党必须告知其所属的市/选区领导委员会。

第十四条

在市级比例选举制或多数选举制中当选的党代表，必须经相应的大区领导委员会的执行委员会的批准，方可退党。在州/联邦区级的比例选举制或多数选举制中当选的党代表，必须经全国领导委员会的执行委员会的批准，方可退党。

第十五条

依据第十二条第（3）、第（4）、第（7）款的规定做出的取消党员资格的决定，应于四十八小时内告知党员本人。

第三部分　党员的权利和义务

第一章　党员的权利

第十六条

党员的权利如下：

（1）参加公职竞选，法律规定的无当选资格的人员除外；

（2）参加党内职位的竞选，但应在代表大会或任命的十五天之前成为党员，且遵守本组织章程的规定、现行选举法及党通过的决议；

（3）在本党参与领导的公共管理部门中担任政治职务；

（4）讨论政治原则及基本纲领等问题，但不得违背民主制度、党的政治纲领和意识形态、党的道德、忠诚及纪律准则、本组织章程及党的全国委员会制定的路线方针；

（5）出席党的会议，就党的政治原则及基本纲领发表个人观点；

（6）代表本党对违反本组织章程、党的道德、忠诚及纪律准则的人员提出抗议。

第二章　党员的义务

第十七条

党员的义务如下：

（1）捍卫、尊重并执行由联邦宪法、党的道德、忠诚及纪律准则、本组织章程、党的决议及党内条例确立的民主制度；

（2）宣传党的政治理念及基本纲领；

（3）推荐党的候选人，并为其投票；

（4）参与大选活动，支持党的候选人；

（5）缴纳由本组织章程确立的、全国和各州领导委员会制定的捐款。

第四部分　党的机构

第一章　审议机构

第十八条

党的审议机构如下：

（1）全国代表大会；

（2）州代表大会；

（3）市代表大会。

第二章　领导机构

第十八条

党的领导机构如下：

（1）全国领导委员会；

（2）州/联邦区领导委员会；

（3）市/选区领导委员会。

第三章 行动机构

第二十条

党的行动机构为执行委员会。

第四章 议会党团

第二十一条

党的议会党团包括：

（1）联邦参议院及众议院的议员；

（2）州/联邦区立法议会的议员；

（3）市议会的议员。

第五章 协作机构

第二十二条

党的协作机构如下：

（1）党的道德、忠诚及纪律委员会；

（2）财政委员会；

（3）咨询委员会；

（4）政治培训、法律事务、国际关系事务和议会事务秘书处；

（5）工人、学生、妇女、青年、老年、环保和农村部门；

（6）党设立的政治研究及理论学习研究所或基金会。

*1 全国领导委员会出于正当理由，可设立其他的部门、委员会或理事会，以促进社会大众的政治参与。

*2 州领导委员会出于正当理由，可向全国领导委员会提出书面申请，以设立其他部门、委员会或理事会。未经全国领导委员会书面授权而设立的机构，不具有法律效力。

*3 党的执行委员会可设立技术委员会，以研究公共管理、政府计划等问题。

第五部分　党的代表大会

第一章　总则

第二十三条

全国代表大会是党的最高权力机构，州、市领导委员会是其基本组织单位。

第二十四条

全国、州、市各级的常态化代表大会旨在选举产生各级领导委员会。常态化代表大会的召开时间由全国执行委员会的主席决定。

＊1 经全国、州、市各级执行委员会的多数决定，各级领导委员会的主席可组织召开各级代表大会。

＊2 全国领导委员会的成员任期为两年，州领导委员会的成员任期为一年，经全国执行委员会的审议，可延长一个任期。

＊3 市级领导委员会的成员任期为一年，经州执行委员会的审议，可延长一个任期。

＊4 为召开选举产生州、市领导委员会成员的代表大会，应以书面形式向其上级机构提出授权申请。

＊5 任何违反本条相关规定而召开的代表大会，均为无效。

第二十五条

代表大会无论多少代表出席，均可进行选举。

附：代表大会采取直接投票的方式进行选举，代表可委托他人代为投票。

第二十六条

如果党员担任多个职务，不得累计投票。

第二十七条

党的代表大会的召开必须符合以下要求，否则无效：

（1）至少于大会召开的五日前，在党的总部、当地媒体，或地区选民登记处、市议会，发布大会公告；

（2）公布大会地点、日期和具体时间；

（3）公布大会议题，包括具体议程；

（4）在可能的情况下，通知到参加投票人员本人，如果未通知亦不会构成无效；

（5）公布领导委员会待选举的正式成员数和候补成员数。

＊1 代表大会于九点召开，并于十四点前完成领导委员会的选举投票。

＊2 废除。

＊3 全国、大区、市各级的代表大会及领导委员会的会议记录，应由相应机构的主席或秘书长负责。

＊4 会议记录簿上应附上出席会议的人员名单，并置于会议记录之前。

第二十八条

在未设立领导委员会或领导委员会被解散的州，将由全国执行委员会任命一个临时委员会。临时委员会由该州的七名至十一名选民组成，其中包括主席1人、副主席1人、秘书1人、第一秘书1人、财务总管1人、第一财务主管1人及其他成员（即委员）。

第二十九条

在未设立领导委员会或领导委员会被解散的市/选区，将由州临时委员会或州执行委员会任命一个市/选区临时委员会。临时委员会由该市/选区的七名至九名选民组成，其中包括主席1人、副主席1人、秘书1人、第一秘书1人、财务总管1人、第一财务主管1人及其他成员（即委员）。

附：

依据本组织章程第二十八条和第二十九条设立的临时委员会，有效期为一百八十天，自大区选举法院通过草案之日起算。经上级机构审议，可酌情予以延长、解散或修改。

第三十条

在选举产生领导委员会成员的代表大会中，候选人名单须获得半数以上代表的票数，方可视为当选。

＊1 如果所有候选人名单均未达到上述规定，则不得成立领导委员会。

＊2 如果在选举中仅提出了一份候选人名单，则有效票数超过百分之二十方可当选。

＊3 执行委员会的职位由新当选的领导委员会选举产生，候选人名单上未当选的人员，不得在执行委员会担任职位。

*4 代表大会在州府或市府的党组织总部举行，具体召开地点将由相应的执行委员会决定。市代表大会可在市辖区范围内的各区域召开，州代表大会可在州辖区范围内的各市召开。

第二章　全国代表大会

第三十一条

选举产生全国领导委员会成员的代表大会，将在共和国的首都召开。

附：

全国代表大会的召开地点由全国执行委员会决定，可以在全国范围内的任何州举行，但应以党的利益优先。

第三十二条

废除。

第三十三条

全国代表大会中具有表决权的人员包括：

（1）全国领导委员会的成员；

（2）全国范围内的党代表；

（3）国会中的党代表。

第三十四条

候选人名单应于代表大会召开的五日前由全国执行委员会审查并提出，其组成如下：

（1）全国领导委员会正式成员的候选人，人数应与空缺岗位数一致；

（2）全国领导委员会候补成员的候选人，人数为领导委员会人数的三分之一。

第三十五条

全国代表大会应遵守以下规定：

（1）对党的政治纲领和组织章程进行投票表决；

（2）对质疑全国领导委员会的决定而提出的上诉做出裁决；

（3）在多数选举制中，提名国家总统和副总统候选人；

（4）经三分之二的代表投票表决，终止政党、合并政党或组建政党联盟。

第三十六条

全国代表大会的会议：

（1）常态化代表大会，依据本组织章程规定的时间和目的召开；

（2）非常代表大会，在必要时出于正当理由，经其执行委员会成员的简单多数决定，或经州领导委员会三分之一成员决定，方可召开。

第三章　州代表大会

第三十七条

选举产生州领导委员会成员的代表大会，可在州府召开或依据第三十条第（4）款的规定召开。

*1 州代表大会必须满足第二十四条第（4）款的规定，方可召开。

*2 在向上级机构提出召开代表大会的申请时，州领导委员会必须提交国家法人登记册复印件、银行账户证明或开户证明、选举法院出具的定期选举证明及相应的财务报表。如果材料不足，将不得召开代表大会。

*3 任何违反本条相关规定而召开的代表大会，均为无效。

第三十八条

州领导委员会应包含该州下属市/选区领导委员会的百分之十及以上的成员。

第三十九条

州代表大会中具有表决权的人员包括：

（1）州领导委员会的成员；

（2）大区范围内的党代表；

（3）联邦参议院、众议院和州立法议会中的党代表。

第四十条

候选人名单应于代表大会召开的五日前，由州执行委员会提出或由二十名以上享有选举权和被选举权的代表提出，其组成如下：

（1）州领导委员会正式成员的候选人，人数应与空缺岗位数一致；

（2）州领导委员会候补成员的候选人，人数为领导委员会人数的三分之一；

（3）废除。

第四十一条

州领导委员会应在选举结束后，向全国领导委员会提交当选成员名单，以便全国领导委员会进行登记。

第四十二条

州代表大会的会议：

（1）常态化代表大会，依据本组织章程规定的时间和目的召开；

（2）非常代表大会，在必要时出于正当理由，经其执行委员会成员的多数决定，或经市/选区领导委员会三分之一的成员决定，或经立法议会议员的多数决定，方可召开。

第四十三条

视具体情况，可将全国代表大会的规则适用于州代表大会。

第四章　市代表大会

第四十四条

经相应的大区选举法院认定的地区、单位或行政区，在党的组织结构中被视为市。

第四十五条

市代表大会可在市府召开或依据第三十条＊4的规定召开。

第四十六条

仅在具有选举资格的党员达到以下比例的城市，方可组建领导委员会：

（1）选民人数一万以下的城市——五十名党员；

（2）选民人数一万至五万的城市——七十五名党员；

（3）选民人数五万至十万的城市——一百名党员；

（4）选民人数十万至十五万的城市——一百二十五名党员；

（5）选民人数十五万至二十万的城市——一百七十五名党员；

（6）选民人数二十万以上的城市——两百名党员。

第四十七条

完整的候选人名单应于代表大会召开的五日前，由十五名以上的代表向市执行委员会提出，其组成如下：

（1）市领导委员会正式成员的候选人，人数应与空缺岗位数一致；

（2）市领导委员会候补成员的候选人，人数为领导委员会人数的三分之一；

（3）废除。

＊1 如果市执行委员会拒绝上述候选人名单，候选人可向选举法院提出

异议，以捍卫其相应的权利。

*2 候选人不得出现在领导委员会的多个候选人选举名单上，否则其候选资格将被视为无效。

*3 市领导委员会应在选举结束后，向州领导委员会提交当选成员名单，以便州领导委员会进行登记。

第四十八条

市代表大会中具有表决权的人员包括：

（1）市领导委员会的成员；

（2）市范围内的党代表；

（3）市议会中的党代表。

第四十九条

市代表大会的会议：

（1）常态化代表大会，依据本组织章程规定的时间和目的召开；

（2）非常代表大会，经其执行委员会成员的多数决定，或经三分之一的党员决定，或经市议会议员的多数决定，方可召开。

第五十条

视具体情况，可将全国代表大会及州代表大会的规则适用于市代表大会。

第六部分　党的领导委员会

第一章　总则

第五十一条

依据本组织章程选举产生的领导委员会成员，将在选举结果公布后自动就职，并于公布后的五日内，选举其执行委员会。

附：

在正式成员就职受阻或出现空缺的情况下，领导委员会的主席将召集候补成员，按相应候选人名单上的顺序，对正式成员进行替换。

第五十二条

在联邦参议院、众议院、立法议会、市议会中任职的党的领导，将成为相应的全国、州、市领导委员会的当然代表，并在审议中具有发言权和表决权。

附：

如果在上述机关中没有任职的党的领导，在此期间，当然代表将维持空缺状态。

第五十三条

领导委员会的审议应有绝对多数成员的参加，并由成员的简单多数表决通过。

第五十四条

如果全国、州、市的领导委员会被解散或撤销，将依据本组织章程的规定，设立临时委员会以选举产生新的机构进行履职。

附：

如果全国领导委员会被代表大会解散，将设立临时委员会以履行本条的规定。

第五十五条

领导委员会的成员仅因为任期结束、在代表大会中被候补成员替换、政党解散或主动辞职，方可导致其任期终止。

第五十六条

废除。

第五十七条

如果州或市领导委员会，连续或间隔两次未缴纳州或市的党员捐款，将不得进行换届选举。

第五十八条

如果州领导委员会不得进行换届选举，全国领导委员会必须将此告知最高选举法院。

第五十九条

如果市领导委员会不得进行换届选举，州领导委员会必须将此告知相应的大区选举法院。

第六十条

如果州、市领导委员会的党组织及其党员的地址、电话或其他信息出现变动，州领导委员会和市领导委员会必须以正式信函形式，分别告知全国领导委员会和相应的州领导委员会，以便于代表之间进行联系。

第六十一条

全国、州、市执行委员会当选的或被任命的成员，必须在出示无犯罪记录证明后，方可就职。

第六十二条

州、市领导委员会必须具备独立的国家法人登记册及两个活期银行账户，一个用于自有资金流转，另一个用于党的资金流转，且必须于每年4月30日之前向选举法院提交年度财务报表。

第二章　全国领导委员会

第六十三条

全国领导委员会成员由全国代表大会选出，正式成员不得超过一百五十三人，候补成员不得超过五十一人，成员任期为两年。

附：

在代表大会召开的十五天之前入党的人员，方可成为领导委员会的候选人。

第六十四条

领导委员会召开会议必须符合本组织章程第二十七条的规定。

第六十五条

全国领导委员会必须依据本组织章程确立的时间和地点，召开常态化会议。

附：

在正式成员就职受阻或出现空缺的情况下，候补成员将自动填补空缺职位，而无须进行选举。

第六十六条

如果就职受阻和/或出现空缺的正式成员数超过总空缺岗位的一半，将由候补成员进行填补，并举行新的选举以填满正式成员和候补成员的其余空缺，直至上述职位的任期结束。

附：

如果就职受阻和/或出现空缺的候补成员数超过总空缺岗位的一半，将举行新的选举以填补空缺职位，直至上述职位的任期结束。

第六十七条

全国领导委员会可在必要时召开会议，以讨论财政预算和年度决算等问题。

附：

领导委员会可将此权力下放给执行委员会。

第一节　全国领导委员会的权力

第六十八条

全国领导委员会的权力如下：

（1）监督党的行动，以实现党的宗旨；

（2）批准全国执行委员会制定的党内规章及行政条例；

（3）通过党的"全国行动计划"；

（4）通过党的财政预算和年度决算；

（5）选举理事会、秘书处、党的协作机构和全国领导机构的成员；

（6）根据党的决议，制定方针；

（7）在参议员和众议员对党的组织章程提出质疑时，代表党在选举法院出席；

（8）对质疑全国或州执行委员会的行为或决定而提出的上诉，做出裁决；

（9）授权组建基金会或实体，以更好地为党的文化和政治行动服务；

（10）依据本组织章程的规定，对党的机构或党员实施纪律处分。

第二节　全国执行委员会

第六十九条

全国执行委员会的构成如下：

（1）主席；

（2）副主席；

（3）第一副主席；

（4）第二副主席；

（5）秘书长；

（6）第一秘书；

（7）第二秘书；

（8）财务总管；

（9）第一财务主管；

（10）第二财务主管；

（11）政治培训秘书；

（12）法律事务秘书；

（13）议会事务秘书；

（14）国际事务秘书；

（15）四名委员；

（16）联邦参议院中的党领导；

（17）众议院中的党领导；

（18）七名候补委员。

＊1 执行委员会的候补成员应参加委员会的会议，在必要的情况下，具有表决权，且可对空缺职位进行填补。

＊2 在执行委员会的成员就职受阻或出现空缺的情况下，领导委员会将于三十天内，从领导委员会正式成员中选出替补人选。

＊3 政治培训秘书、法律事务秘书、国际事务秘书、议会事务秘书及可能产生的其他秘书，均可参与全国执行委员会的会议，但无表决权。

＊4 全国执行委员会成员的任期不得超过两年，应与全国领导委员会的任期保持一致。

＊5 全国执行委员会成员的任期由全国代表大会确定，可仅为数月，且不得超过全国领导委员会的任期。

第七十条

执行委员会将依据本组织章程的规定，定期举行常态化会议，且在必要时，可由其主席召开非常会议。任何情况下，应由其秘书长下发会议通知。

第三节 全国执行委员会的权力

第七十一条

除全国领导委员会分配的职权外，全国执行委员会的权力如下：

（1）依据现行选举法的规定，审议由党推选的参加比例选举制和多数选举制的候选人标准；

（2）督促本党依据现行选举法的规定，在法人实体民事登记处及最高选举法院进行政治纲领及组织章程的变更登记，并严格遵守第一百八十二条的规定；

（3）督促党的国家总统和副总统候选人依据现行选举法的规定，进行登记；

（4）制定党的政治行动日程表，组织必要的行动以促进党的发展；

（5）向全国领导委员会建议，对党员和党的机构实施纪律处分；

（6）编制财务预算和年度决算，以供全国领导委员会参考；

（7）于每年4月30日之前，向最高选举法院提交年度财务报表；

（8）依据最高选举法院的规定，组织全国领导委员会及其执行委员会在最高选举法院进行登记；

（9）授权组建基金会或实体，以更好地为党的文化和政治行动服务；

（10）审议党章遗漏的规定，开展一切必要的行动。

第四节　全国执行委员会成员的权力

第七十二条

主席的权力如下：

（1）协调党的政治行动的执行；

（2）与财务总管共同授权并签发普通经费和特殊经费的支出，且可向唯一的第三方签发授权；

（3）主持执行委员会和代表大会的会议；

（4）经执行委员会批准，雇佣或解聘雇员；

（5）担任党的发言人；

（6）审议紧急事项，特别是待执行委员会解决的紧急事件，包括领导委员会及其下属委员会的组成，以及在最高选举法院的登记；

（7）在法庭上或法庭外代表党；

（8）与国内外的公共或私营实体签订合作或交流协议；

（9）依据党的组织章程的规定及党的审议机构的决议，指导党的工作；

（10）在其权限范围内，查阅党的决议、方针及其他规范性或执行性文件；

（11）向党的道德委员会申请，审查党员或党的机构的行为，并告知全国执行委员会；

（12）制定党的行动日程表，并提交全国执行委员会；

（13）制定财务预算和年度决算，征求财政委员会的意见；

（14）经全国执行委员会授权，向选举法院提交州领导委员会及其执行委员会的行动记录；

（15）依据本组织章程的规定，经全国执行委员会成员的多数通过，解散州、市的领导委员会或临时委员会；

（16）依据本组织章程，任命临时委员会成员。

第七十三条

副主席的权力如下：

（1）在主席临时缺席或经主席授权的情况下，依组织章程的规定，顺位替代主席行使职权；

（2）在主席临时缺席或经主席授权的情况下，与财务总管共同授权并签发普通经费和特殊经费的支出；

（3）与主席共同贯彻党的内部政策，执行党的政治计划；

（4）处理党的内部关系，为州领导委员会提供政治行动及行政管理的咨询。

第七十四条

秘书长的权力如下：

（1）经主席授权，担任党的机构的会议秘书，进行会议记录，并妥善保存会议记录簿；

（2）对全国领导委员会成员的登记信息进行更新；

（3）对党员总数进行统计，并对外公布；

（4）在副主席及第一、第二副主席就职受阻或出现缺席的情况下，替代主席行使职权；

（5）依据最高选举法院的规定，组织全国领导委员会及其执行委员会在最高选举法院进行登记；

（6）经全国执行委员会授权，向选举法院提交州领导委员会及其执行委员会的行动记录；

（7）督促本党依据现行选举法的规定，在法人实体民事登记处及最高选举法院进行政治纲领及组织章程的变更登记；

（8）在其权限范围内，查阅党的决议、方针及其他规范性或执行性文件；

（9）在出现岗位空缺时，依候补人员在党的机构中的排位顺序，进行人员替换；

（10）在财务总管临时缺席或经财务总管授权的情况下，与主席共同授权并签发普通经费和特殊经费的支出；

（11）履行主席委派的其他职责。

第七十五条

第一秘书和第二秘书的权力如下：

（1）在秘书长就职受阻或出现缺席的情况下，替代秘书长行使职权；

（2）整理党的文献资料；

（3）组织党建工作，及时更新党员的登记信息。

第七十六条

财务总管的权力如下：

（1）对领导委员会的经济和财政进行管理，采取措施以增加党的收入，并确保党员捐款的有效性；

（2）保管党的现金、证券及其他资产；

（3）负责银行存款及收支，与主席或秘书长共同签发银行交易所需的支票等其他票据，并可向第三方签发授权，如银行交易等业务；

（4）依据法律规定，编制上一年度的财务报表，并经全国财政委员会审核通过后，报送最高选举法院；

（5）建立必要的机制，保障本党按时收到应收款项；

（6）对党的社会资产进行管理，未经全国执行委员会的审议，不得收购、出售、租赁或抵押党产。

第七十七条

第一财务主管和第二财务主管将在财务总管缺席的情况下，替代财务总管行使职权，可与主席共同授权并签发普通经费和特殊经费的支出。

第三章　州领导委员会

第七十八条

州领导委员会的正式成员不得超过五十一人，候补成员不得超过十七人。

附：

在代表大会召开的十五天之前入党的人员，方可成为领导小组的候选人。

第七十九条

领导委员会的审议应有正式成员的多数参加。

＊1 领导委员会召开会议必须符合本组织章程第二十七条的规定。

＊2 在成员就职受阻或出现空缺的情况下，候补成员将自动填补空缺职位，而无须进行选举。

＊3 如果就职受阻和/或出现空缺的正式成员数超过总空缺岗位的一半，将由候补成员进行填补，并举行新的选举以填满正式成员和候补成员的其余空缺，直至上述职位的任期结束。

＊4 如果就职受阻和/或出现空缺的候补成员数超过总空缺岗位的一半，将举行新的选举以填补空缺职位，直至上述职位的任期结束。

第八十条

州领导委员会可在必要时召开会议，以讨论财政预算和年度决算等问题。

附：

领导委员会可将此权力下放给执行委员会。

第八十一条

州领导委员会的成员在无正当理由的情况下，连续五次缺席常会，其任期将自动终止，并由州执行委员会予以宣布。

第一节　州领导委员会的权力

第八十二条

州领导委员会的权力如下：

（1）监督该州范围内的党的行动，以实现党的宗旨；

（2）执行党的内部条例；

（3）监督代表大会决议的执行；

（4）在该州的众议员或市议员依据法律规定，对党的组织章程和内部条例提出质疑时，代表党在选举法院出席；

（5）对质疑州执行委员会的行动或决定而提出的上诉，做出裁决；

（6）审议执行委员会采取的行动和制定的条例；

(7) 依据本组织章程的规定，对党的机构或党员实施纪律处分。

第二节　州执行委员会

第八十三条

州执行委员会的构成如下：

(1) 主席；

(2) 第一副主席；

(3) 秘书长；

(4) 第一秘书；

(5) 财务总管；

(6) 第一财务主管；

(7) 两名委员；

(8) 立法议会中的党领导；

(9) 五名候补委员。

*1 执行委员会的候补成员应参加委员会的会议，在必要的情况下，具有表决权，且可对空缺职位进行填补。

*2 在执行委员会的成员就职受阻或出现空缺的情况下，领导委员会将于三十天内，从领导委员会正式成员中选出替补人选。

*3 州执行委员会成员的任期不得超过两年，应与州领导委员会的任期保持一致。

*4 州执行委员会成员的任期由州代表大会确定，可仅为数月，且不得超过州领导委员会的任期。

第八十四条

执行委员会将依据本组织章程的规定，定期举行常态化会议，且在必要时，可由其主席召开非常会议。

附：

执行委员会的成员在无正当理由的情况下，连续五次缺席常会，将自动失去其在执行委员会的职位。

第三节　州执行委员会的权力

第八十五条

除州领导委员会分配的职权外，州执行委员会的权力如下：

（1）管理党的政治行动及行政事务；

（2）组织召开州代表大会及领导委员会的会议；

（3）组织州领导委员会及其执行委员会在大区选举法院进行登记；

（4）决定、延长、修改、废除、纠正、干预或批准市领导委员会的相关文件，并提交相应的大区选举法院；

（5）依据选举法的规定，组织参与比例选举制和多数选举制的候选人完成登记；

（6）向领导委员会建议，对党的机构和党员实施纪律处分；

（7）编制财务预算和年度决算；

（8）于每年 4 月 30 日之前，向大区选举法院提交年度财务报表。

第八十六条

州执行委员会成员在州/联邦区范围内的权力，等同于全国执行委员会成员在全国范围内的权力。

第四节　一般规定

第八十七条

全国范围内各州领导委员会收取的捐款，应以银行存款或银行水单的方式，上交全国领导委员会。

附：

除本条规定的方式外，不接收任何其他形式的捐款。

第八十八条

各州应缴纳的捐款数额由全国领导委员会的执行委员会讨论并通过。

第八十九条

经讨论并通过的捐款数额将保持不变，州领导委员会应严格执行第八十七条的规定。

第四章　市领导委员会

第九十条

市领导委员会由十一名至二十九名成员组成，其中应包含市议会中的党领导。

第九十一条

在代表大会召开的十五天之前入党的人员，方可参加代表大会，并投票选举产生市领导委员会的正式成员和候补成员。

第九十二条

领导委员会的审议应有正式成员的多数参加。

*1 领导委员会召开会议必须符合本组织章程第二十七条的规定。

*2 在成员就职受阻或出现空缺的情况下，候补成员将自动填补空缺职位，而无须进行选举。

*3 如果就职受阻和/或出现空缺的正式成员数超过总空缺岗位的一半，将由候补成员进行填补，并举行新的选举以填满正式成员和候补成员的其余空缺，直至上述职位的任期结束。

*4 如果就职受阻和/或出现空缺的候补成员数超过总空缺岗位的一半，将举行新的选举以填补空缺职位，直至上述职位的任期结束。

第九十三条

市领导委员会的成员在无正当理由的情况下，连续五次缺席常会，其任期将自动终止，并由市执行委员会予以宣布。

第一节　市领导委员会的权力

第九十四条

市领导委员会的权力如下：

（1）监督党的行动，以实现党的宗旨；

（2）监督代表大会决议的执行；

（3）对质疑市执行委员会的行动或决定而提出的上诉，做出裁决；

（4）依据上级机构的理念，制定政策方针；

（5）通过财务预算和年度决算；

（6）审议政治报告及执行委员会的行动。

第二节　市执行委员会

第九十五条

市执行委员会的构成如下：

（1）主席；

（2）副主席；

（3）秘书长；

（4）第一秘书；

（5）财务总管；

（6）第一财务主管；

（7）市议会中的党领导；

（8）两名候补委员。

＊1 执行委员会的候补成员应参加委员会的会议，在必要的情况下，具有表决权，且可对空缺职位进行填补。

＊2 在成员就职受阻或出现空缺的情况下，候补成员将自动填补空缺职位，而无须进行选举。

＊3 如果就职受阻和/或出现空缺的正式成员数超过总空缺岗位的一半，将由候补成员进行填补，并举行新的选举以填满正式成员和候补成员的其余空缺，直至上述职位的任期结束。

＊4 如果就职受阻和/或出现空缺的候补成员数超过总空缺岗位的一半，将举行新的选举以填补空缺职位，直至上述职位的任期结束。

＊5 市执行委员会成员的任期不得超过两年，应与市领导委员会的任期保持一致。

＊6 市执行委员会成员的任期由市代表大会确定，可仅为数月，且不得超过市领导委员会的任期。

第九十六条

执行委员会将依据本组织章程的规定，定期举行常态化会议，且在必要时，可由其主席召开非常会议。

附：

执行委员会的成员在无正当理由的情况下，连续五次缺席常会，将自动失去其在执行委员会的职位。

第三节　市执行委员会的权力

第九十七条

市执行委员会的权力如下：

（1）在其管辖范围内，监督及管理党的行动，以实现党的宗旨；

（2）依据本组织章程的规定，在必要时组织召开市代表大会及领导委员会的会议；

（3）在必要时，将市领导委员会及执行委员会的选举记录抄送州领导委员会，以便在大区选举法院进行登记；

（4）在其管辖范围内，组织参加市长、副市长及市议员选举的党的候选人，在选举法院进行登记；

（5）向领导委员会建议，对党员实施纪律处分；

（6）于每年 4 月下旬及 10 月下旬，向州领导委员会提交本市的最新党员名单；

（7）编制财务预算和年度会计决算，并提交领导委员会；

（8）于每年 4 月 30 日之前，向地区选举法院提交年度财务报表。

第九十八条

市执行委员会成员在市/选区范围内的权力，等同于全国执行委员会成员在全国范围内的权力。

第四节　一般规定

第九十九条

为推动党在各州、市的发展与巩固，优先考虑由党推选产生的议员担任相应临时委员会的主席。

第一百条

全国范围内各市领导委员会收取的捐款，应以银行存款或银行水单的方式，上交州领导委员会。

＊1 在联邦区，将按行政区划收取捐款。

＊2 除本条规定的方式外，不得接收任何其他形式的捐款。

第一百零一条

各市应缴纳的捐款数额由州领导委员会讨论并通过，全国领导委员会对此不承担任何责任。

第一百零二条

州领导委员会在讨论并通过各市的捐款数额后，应立即将相关会议记录复印件提交党的全国秘书长。

第一百零三条

州领导委员会应每季度向全国秘书长提交一份报告，其中包括其辖区范围内的城市名及各城市该季度缴纳的捐款总额。

第一百零四条

经讨论并通过的捐款数额将保持不变，州领导委员会应严格执行第一百零二条和第一百零三条的规定。

第五节　对领导委员会的候选人名单提出异议

第一百零五条

在州、市领导委员会的选举中，任何党员均可出于合理理由，就领导委员会的候选人名单，向相应的执行委员会提出异议：

（1）党员应于提出名单的五日内提出异议，候选人可于五日内做出答复；

（2）在候选人做出答复后，相关的执行委员会应于二十四小时内做出决定；

（3）如果候选人被否决，将于做出决定后的次日对其进行替换；

（4）如果州、市领导委员会的候选人名单不符合本组织章程的规定，州、市执行委员会可对名单进行整体否决；

（5）党员如果对全国领导委员会的候选人名单提出异议，将由全国执行委员会予以解决。

第六节　选举法院中的党代表

第一百零六条

各级领导委员会分别有权：

（1）在初审选举法院任命三名代表；

（2）在大区选举法院任命四名代表；

（3）在最高选举法院任命五名代表。

＊1 代表必须应其所属领导委员会主席或秘书长的要求，在相应的选举法院进行登记。

＊2 全国领导委员会任命的代表，可在任何选举法院或选举法官面前代表政党；州领导委员会任命的代表，仅可在相应的大区选举法院及州/联邦区的选举法官面前代表政党；市领导委员会任命的代表，仅可在相应辖区内的选举法官面前代表政党。

第七部分　党的协作机构及议会党团

第一百零七条

党的协作机构与议会党团是党的基本中心，负责组织党员参与政治行动，并确保党员对党组织生活及社会活动的有效参与。

第一章　党的道德、忠诚及纪律委员会

第一百零八条

党的道德、忠诚及纪律委员会由全国性委员会和州级委员会组成。各委员会包含三名正式委员和三名候补委员，由相应的执行委员会任命。委员的任期为两年，经全国、州执行委员会的审议，可延长一个任期。

第一百零九条

党的道德、忠诚及纪律委员会的权力如下：

（1）选举产生其领导小组，包括主席、副主席、秘书及报告员；

（2）全国纪律委员会的主席应在听取全国执行委员会的意见后，制定党的道德、忠诚及纪律准则，并交由全国领导委员会批准通过；

（3）监督党员遵守道德、忠诚及纪律准则，确保准则的适用性；

（4）了解党员违背道德、忠诚及纪律准则的具体行为；

（5）接收及处理党的政治行动的代表；

（6）向执行委员会提出实施纪律处分的程序；

（7）就执行委员会提交的案件，发表意见。

第二章　财政委员会

第一百一十条

财政委员会由全国性委员会、州级委员会和市级委员会组成。各委员会包含三名正式委员和三名候补委员，由相应的执行委员会任命。委员的任期为两年，经全国、州、市执行委员会的审议，可延长一个任期。

第一百一十一条

财政委员会的权力如下：

（1）选举产生其领导小组，包括主席、副主席、秘书及报告员；

（2）监督党的财务活动的开展；

（3）监督党的财务预算的执行；

（4）对财务报表发表总结性意见，以指导领导委员会的工作；

（5）监督决算报表及其他年度款项的编制，以便了解收入来源和支出去向；

（6）要求党的主席做出必要的说明；

（7）审查会计账簿是否符合现行选举法和大区会计委员会的规定。

第三章　咨询委员会

第一百一十二条

咨询委员会由全国性委员会、州级委员会和市级委员会组成。各委员会包含三名正式委员和三名候补委员，由相应的执行委员会任命。委员的任期为两年，经全国、州、市执行委员会的审议，可延长一个任期。

第一百一十三条

咨询理事会的权力如下：

（1）主动地或应执行委员会的请求，就党在全国、州、市范围内的政治利益问题，向领导委员会提出意见或建议；

（2）应执行委员会的请求，就其管辖范围内的领导委员会或临时委员会的解散发表意见；

（3）应执行委员会的请求，就其管辖范围内的临时委员会的任命发表意见；

（4）应执行委员会的请求，就其管辖范围内的多数制选举和比例制选举的组成及联盟发表意见。

第四章　秘书处

第一百一十四条

政治培训、法律事务、国际关系事务和议会事务秘书处是全国领导委员会的协作机构，负责帮助党在上述领域开展具体的行动。

第一节　政治培训秘书处

第一百一十五条

政治培训秘书处由政治培训秘书组成，是党开展政治教育和干部培训的协作机构。

第一百一十六条

政治培训秘书处的权力如下：

（1）制定、组织和开展专门的党员政治培训活动；

（2）组织和举办课程、讲座、研讨会、会议、讲习班及其他活动，以提升党员的政治觉悟；

（3）开展实践行动，以促进党及其机构的干部队伍的建设。

第二节 法律事务秘书处

第一百一十七条

法律事务秘书处是负责处理党内外法律事务的协作机构。

第一百一十八条

法律事务秘书处的权力如下：

（1）及时了解与党相关的法律事务在法院的进展情况；

（2）向党主席和全国秘书长提出必要的建议，以更好地处理党的法律事务；

（3）就司法解释和司法实践问题，向党主席和全国执行委员会提供咨询意见；

（4）帮助党员了解党的道德、忠诚及纪律委员会的审理程序进展情况；

（5）在诉讼中作为党的合法代表。

第三节 国际事务秘书处

第一百一十九条

国际关系事务秘书处是负责组织国际活动、与国外机构交流及对外宣传本党的协作机构。

第一百二十条

国际事务秘书处的权力如下：

（1）制定与党的国际关系相关的行动；

（2）推进党与国外机构之间的"国际互惠交流计划"；

（3）向全国执行委员会汇报党的国际活动及党员出席国际会议的情况；

（4）代表党参加国际会议；

（5）为党在国际事务上制定宣言和表明立场，并报全国执行委员会批准。

第四节 议会事务秘书处

第一百二十一条

议会事务秘书处是负责党与其州/联邦区/市的议席成员、与其工作或项目相关的州/联邦区/市议员，进行沟通的协作机构。

第一百二十二条

议会事务秘书处的权力如下：

（1）监督党的议员在国会上的提案，并向全国执行委员会汇报党的议会活动；

（2）策划、组织和举办议会活动，要求党的议员参加，以交流经验。

第五章 部门

第一百二十三条

工人、学生、妇女、青年、老年、环保和农村部门是负责开展特定行动的协作机构，依据本组织章程、党内决议及内部条例的规定，自行决定其组织结构及运作方式。各部门应党的请求，负责组织及开展特定的政治项目。

第六章 党的研究所或基金会

第一百二十四条

党的政策研究、推广及培训研究所或基金会，是本党设立的协作机构，旨在激发和促进对民主进程和社会进步相关理论的讨论，举办课程及讲座，并推动与文化界的沟通交流。

*1 研究所或基金会的成员将依据特定的法规，自行决定其组织结构和运作方式。

*2 研究所或基金会在不妨碍其自主权的情况下，将其组织结构、审议结果及开展的行动告知本党的全国领导委员会。

*3 研究所或基金会有权从"政党财政特别援助基金"（政党基金）处获得经济支持，以用于持续开展政策推广及培训活动，并依据相关法律规定，告知党的全国执行委员会及其总部所在地的公共部门。

*4 研究所或基金会应根据从政党处获得的资金，于每年初拟定将要开

展的项目，并与本党达成共识。

＊5 按照现行立法的规定，研究所或基金会的财务完全独立于本党，本党不得将研究所或基金会的相关收支纳入其财务报表之中。

第七章　议会党团

第一百二十五条

党在各级立法议会中的议员应与相应级别的执行委员会的成员，共同制定党内的议会席位规则及席位领导分配方式。

附：

党的议席成员的议事行为受本组织章程的基本原则、意识形态及党的路线方针的制约。

第一百二十六条

如果议员的议事态度或表决方式违反了本组织章程、党内议会席位规则及党的其他规章条例中制定的路线方针，将受到以下纪律处分：

（1）暂时中止议席成员资格；

（2）中止在党内会议中的表决权；

（3）失去在议会席位和党内职位中的特殊职权；

（4）失去在相应立法议会中，担任党代表或议员的资格。

附：

就依据本组织章程实施的上述纪律处分，议员可于五日内向上级机构提出上诉。

第一百二十七条

退党的党员将自动失去在相应立法议会中的议员资格和权力。

第八部分　党的纪律和忠诚

第一章　纪律

第一百二十八条

如果党员有发现违反本组织章程的违纪行为，应将违纪行为告知违纪发生地点相应的党的机构。

附：

党的机构在收到举报后，应立即通知相关的违纪人员，以便其于五日内就违纪行为做出回应。

第一百二十九条

依据本组织章程，可对以下机构或人员实施纪律处分：

（1）党的行动、领导及协作机构；

（2）与党相关的所有人员；

（3）议员；

（4）党员。

第一百三十条

对党的行动、领导及协作机构，可实施以下纪律处分：

（1）警告；

（2）解散。

附：

警告适用于普通违纪行为及忽视党的利益的行为。

第一百三十一条

造成党的行动、领导及协作机构解散的情形如下：

（1）违反党的组织章程、政治纲领及党的道德、忠诚及纪律准则，无视党的上级机构做出的决议；

（2）与机构成员之间存在严重的、无法解决的分歧；

（3）财务管理不善；

（4）不履行机构的宗旨，损害党的利益。

第一百三十二条

就上述纪律处分决议，可于五日内向上级领导委员会提出上诉。就全国领导委员会做出的处分决议，可向全国代表大会提出上诉。

第一百三十三条

对党员及与党相关的人员，可实施以下纪律处分：

（1）警告；

（2）中止党员资格三天至十二个月；

（3）中止党内选举中的选举权和被选举权；

（4）撤销在党内机构的职位；

（5）开除党籍。

＊1：警告和中止党员资格适用于普通违纪行为。

＊2：撤销在党内机构的职位适用于党员在履行公职或党内职务时，存在不当行为或滥用职权。

＊3：开除党籍适用于违反党的基本原则或政治纲领、严重违反法律和本组织章程的规定、不忠于党或任何其他极其严重的行为。

＊4：中止资格和撤销职位将导致失去党的代表资格。

第一百三十四条

党的机构被解散、机构成员被开除党籍或撤销职位，仅可在上级领导委员会成员的绝对多数审议通过的情况下，方可生效。

＊1：就纪律处分的决议可于五日内，向党的上级机构提出上诉。

＊2：对于上诉的最终决议，可按法定程序提出申诉。

第二章　忠诚

第一百三十五条

党员未遵守本组织章程第十七条规定的，或在当选后存在以下行为的，将被视为对党不忠：

（1）在当选后，违反或无视党的组织章程、政治纲领、道德准则或党的决议；

（2）未遵守在党的会议上确定的方针，未参加党内会议或议席会议，缺席立法会议，临时缺席全体会议（间接弃权），或在投票中不予投票（弃权）；

（3）在当选后，拒绝、忽略或放弃参加有党的候选人参加的竞选活动，拒绝公开支持党的候选人，或直接或间接地支持其他政党的候选人，政党联盟除外。

附：

对党不忠的行为，即严重违纪行为，将导致开除党籍。任何违反本组织章程规定的行为，将按道德委员会的行政程序进行审理。

第一百三十六条

在联邦区、州、市、选区的比例选举制或多数选举制中当选的职位，均属于本党。

第一百三十七条

由本党提名并当选的党员，在任期内主动退党或受到开除党籍、取消党员资格的处分，将自动失去其当选的职位。

第一百三十八条

执行委员会或临时委员会及相应的议席成员，将共同督促党员严格遵守党的忠诚原则。

第一百三十九条

市领导委员会的主席必须于七日内：

（1）将其辖区范围内，由本党或政党联盟提名并当选的党员的退党行为，告知州领导委员会；

（2）提交由相应选举登记处提供的退党证明；

（3）提交其他的退党证明材料，如信件、公文、报纸杂志、采访等。

＊1 如果市领导委员会未遵守上述规定，州执行委员会可依据本组织章程的规定，下令立即解散市领导委员会。

＊2 如果该市未设立领导委员会或临时委员会，将由州领导委员会执行本条的规定。

第一百四十条

就第一百三十七条所述情形，州领导委员会主席必须于七日内，按照最高选举法院规定的形式，向大区选举法院申请启动认定程序。

附：

如果州领导委员会未遵守上述规定，全国执行委员会可依据本组织章程的规定，下令立即解散州领导委员会，并于七日内，按照最高选举法院规定的形式，申请启动认定程序。

第一节　认定程序

第一百四十一条

就当选党员是否存在对党不忠的行为而开展的认定程序，必须符合党的道德、忠诚及纪律准则的规定。

第一百四十二条

在未设立道德委员会的地区，执行委员会将任命临时道德委员会，以负责开展相应的程序，并发表结论性意见。

第一百四十三条

在公开的审理会议上，主席应就案件情况进行说明，并为党的代表及当事人提供发言的机会，发言时间不得超过十分钟。

*1 此后，由执行委员会成员发表意见。

*2 此后，将对该意见进行表决。

*3 经执行委员会成员的绝对多数表决，该意见将被通过。

*4 如果认定当事人未存在对党不忠的行为，则不得再次以相同的理由，向同一法院申请启动认定程序。

*5 如果认定当事人存在对党不忠的行为，州领导委员会将依据本组织章程第一百三十三条的规定，实施相应的处分。

*6 认定结果可在审理会议上直接告知当事人，并纳入会议记录中。

*7 当事人可依据党的道德、忠诚及纪律准则的规定，对认定结果提出上诉。

*8 如果当事人未能出席领导委员会的会议，秘书处应及时向其发出带有回执的书面信件，并将回执保留存档。

*9 会议应有详细的记录，并在会议结束后，由出席人员审核通过。

*10 如果做出开除党籍的处分，应将完整的认定程序的复印件通过信件形式交由上级党主席，以便其于七天内在选举法院完成必要的手续。

第一百四十四条

党应通过个人信函形式，将会议的议程、地点、日期和时间正式告知当事人。会议上做出的决定始终应向当事人发出书面通知。

第一百四十五条

所有与党的忠诚原则相关的审议应：

（1）保存清楚详细的会议记录，包括实施的处分；

（2）通知当事人；

（3）在党内进行公布。

第九部分　财政和会计

第一章　财政

第一百四十六条

党的资产包括党获得的动产、政党基金、捐款、援助、个人捐赠及租金。

＊1：党每个月均可收取捐款、援助及个人捐赠，但不得超过选举法确立的最高限额。

＊2：废除。

＊3：如果本党解散，党的资产归本党设立的研究所或基金会所有。

第一百四十七条

如果党的议员当选国家总统或副总统、州长或副州长、参议员或候补参议员、联邦众议员或候补联邦众议员、州议员或候补州议员、市长或副市长、市议员或候补市议员，应将其工资总额的百分之五作为议员捐款，缴纳给其当选职位所在州的领导委员会：

（1）州领导委员会可要求议员提供工资证明，议员须始终满足该要求；

（2）议员应在收到工资后的五个工作日内，将捐款存入州领导委员会指定的银行活期账户，或通过银行付款水单缴纳捐款；

（3）违反上述规定将受到纪律处分，并交由党的道德、忠诚和纪律委员会处理。

第一百四十八条

州领导委员会应于次月的第十个工作日之前，将相应州、市缴纳捐款的议员名单及其分别缴纳的金额，以表格的形式提交全国领导委员会。

附：

州领导委员会将于收到议员捐款后的五个工作日内，将当月议员缴纳捐款（州议员捐款）总额的百分之四十，存入全国领导委员会指定的银行账户。

第一百四十九条

全国领导委员会的执行委员会可通过内部决议，以确立可供所有州领导委员会执行的最低议员捐款及党员捐款数额。

第一百五十条

如果党员直接或间接地在州/联邦区的公共管理部门任职，应将其工资总额的百分之五作为党员捐款，缴纳给其当选职位所在州的领导委员会：

（1）州领导委员会可要求党员提供工资证明，党员须始终满足该要求；

（2）党员应在收到工资后的五个工作日内，将捐款存入州领导委员会指定的银行活期账户，或通过银行付款水单缴纳捐款；

（3）不得将党员的工资作为党员捐款；

（4）违反上述规定将受到纪律处分，并交由党的道德、忠诚和纪律委员会处理。

第一百五十一条

如果党员直接或间接地在市级公共管理部门任职，应将其工资总额的百分之五作为党员捐款，缴纳给其当选职位所在市的领导委员会：

（1）市领导委员会可要求党员提供工资证明，党员须始终满足该要求；

（2）不得将党员的工资作为党员捐款；

（3）违反上述规定将受到纪律处分，并交由党的道德、忠诚和纪律委员会处理。

第一百五十二条

党的议员应于次月的第十个工作日之前，将其辖区范围内在公共管理部门任职的党员（公务员）名单、相应的职务及分别缴纳的金额，以表格形式提交州领导委员会。

（1）州领导委员会应于次月的第十个工作日之前，将其辖区范围内缴纳捐款的党员（公务员）名单及其分别缴纳的金额，以表格的形式提交全国领导委员会。

（2）市领导委员会应于次月的第十个工作日之前，将其辖区范围内缴纳捐款的党员（公务员）名单及其分别缴纳的金额，以表格形式提交州领导委员会。

（3）州领导委员会将于收到党员（公务员）捐款后的五个工作日内，将当月党员缴纳捐款（州党员捐款）总额的百分之四十，存入全国领导委员会指定的银行账户。

第一百五十三条

担任公职的人员必须在被任命的十五天之前成为党员，州、市领导委员会不得任命未入党的人员。

第一百五十四条

州领导委员会可通过内部决议，以讨论并确立各市应缴纳的最低党员捐款数额。

（1）在各市的党员捐款数额确立后，州领导委员会应将实施标准、缴纳捐款的城市名及分别缴纳的金额，提交全国领导委员会。

（2）在党员捐款实施后，州领导委员会应每季度将缴纳捐款的城市名及其分别缴纳的金额，以表格的形式提交全国领导委员会。

第一百五十五条

全国领导委员会可通过内部决议，为在全国、州、市的比例选举制或多数选举制中当选的党的候选人，制定专门的捐款款项。候选人在代表大会结束后，必须缴纳上述捐款，方可获得相应的登记资格。

第一百五十六条

党不得以任何形式或任何理由，直接或间接地从以下渠道接受捐款、现金、财政援助或任何形式的宣传：

（1）外国政府或实体；

（2）公共部门或机构，政党基金的捐赠除外；

（3）提供公共服务的私企、国企或特许经营者，依法设立的、与政府机构或实体形成竞争的合资企业或基金会；

（4）工会机构或组织。

第二章　会计及财务报表

第一百五十七条

党的执行委员会应妥善保存会计账簿，以便了解收入来源和支出去向。

附：

上述账簿的编制必须符合联邦会计委员会制定的基本会计原则。

第一百五十八条

各执行委员会应编制每月的资产负债表及年度总资产负债表，并由其各自的领导委员会交由财政委员会审查及评估。

第一百五十九条

资产负债表中应包含以下内容：

（1）政党基金的拨付数额和使用明细；

（2）捐款或捐赠的来源及数额；

（3）选举开支，应提供广播、电视节目、广告、出版物及其他竞选活动的费用支出及明细证明。

第一百六十条

选举法院可对党的会计账簿、财务报表及竞选开支进行监督，审查其是否真实反映了党的财务状况及竞选开支的数额和去向，并要求党遵守以下规定：

（1）在大选中设立专门的委员会并任命具体的领导，以负责在竞选中调配财政资源；

（2）对党的领导、各委员会的领导及财务主管进行责任划分，由其对违规行为承担民事和刑事责任；

（3）制作会计凭证，以记录现金及财物的收支情况；

（4）保存其会计记录至少五年；

（5）在大选结束后，党及其候选人应立即将最终财政结余上交党的财库。

第一百六十一条

党必须于次年 4 月 30 日之前，向选举法院提交年度财务报表。

＊1 财政委员会应对上述资产负债表进行审查，并交由领导委员会表决。

＊2 全国领导委员会的资产负债表应提交最高选举法院，州领导委员会的资产负债表应提交大区选举法院，市/选区领导委员会的资产负债表应提交选举法官。

＊3 废除。

第三章 政党基金

第一百六十二条

政党基金拨付给党的资金将存入联邦政府或州政府监管的银行中，如果没有监管的银行，则存入党的领导机构指定的银行中。

第一百六十三条

政党基金的拨付数额将按以下标准进行分配：

1. 百分之六十分配给全国领导委员会。

2. 百分之二十分配给党的研究所或基金会。

3. 百分之十五分配给满足以下要求的大区领导委员会：

（1）定期在各州相应的大区选举法院完成登记；

（2）定期向全国领导委员会上缴各州的党员捐款；

（3）定期向选举法院提交已通过审核或正式批准的年度财务报表。

4. 百分之五用于建立和维护促进妇女参政的项目。

＊1 如果没有大区领导委员会满足本条第三款的要求，全国执行委员会将根据各州的政治选举表现，重新分配该配额，或收归全国领导委员会使用。

＊2 大区领导委员会可向全国领导委员会发表声明，放弃其相应的配额。

＊3 如果州领导委员会不需要相应的配额，可退还全国领导委员会。

＊4 如果大区领导委员会未逐款满足本条第三款的规定或其配额未被取消，则应将其百分之五十的配额分配给满足以下要求的市领导委员会：定期在市选举法院完成登记，其所属的州定期在相应的大区选举法院完成登记，按时向州领导委员会缴纳该市的党员捐款，按时向选举法院提交已通过审核或正式批准的年度财务报表。

＊5 市领导委员会可向州领导委员会发表声明，放弃其相应的配额。

＊6 如果市领导委员会不需要相应的配额，可退还州领导委员会。

第一百六十四条

政党基金的分配及使用将受最高选举法院的特别指示（1995 年第 9.096 号法律第三十八条至第四十四条）的制约。

第十部分　特别规定

第一章　大选及开支

第一百六十五条

在选举程序开启之后，全国执行委员会将依据选举法及本组织章程的规定，制定并通过党的候选人参加总统/副总统、州长/副州长、市长和副市长、参议员及候补议员、联邦众议员、州议员、联邦区议员和市议员选举的规则。

＊1 选举大会的召开必须符合以下要求，否则无效：

（1）至少于大会召开的五日前，在党的总部、当地媒体，或地区选民登记处、市议会，发布大会公告；

（2）公布大会地点、日期和具体时间；

（3）公布大会议题，包括具体议程。

＊2 大会于九点召开，并于十四点前完成对党的候选人的选举投票。

第一百六十六条

在候选人的选举大会结束之后，相应的领导委员会应制定大选预算，并确立用于党和候选人宣传的最高金额。

第一百六十七条

在确立用于党和候选人的大选开支时，还应考虑：

（1）拟实施的方案；

（2）大选的推广及动员的方式；

（3）党的预算和候选人的个人预算。

第一百六十八条

党如果未提交大选的财务报表，或财务报表被整体或部分否定，政党基金将中止对党继续拨款，且党的负责人将受到相关法律及 1995 年第 9.096 号法律第三十七条（1995 年第 19.406 号决议第五十五条）的制裁。

第一百六十九条

州、市领导委员会可优先公布参加大选的完整候选人名单。

第一百七十条

本党仅可加入在成员政党之间，实行平均分配原则的比例选举联盟。

第一百七十一条

就第一百七十条未涉及的情形，州领导委员会与全国领导委员会可共同对州级选举进行商议，市领导委员会与州领导委员会可共同对市级选举进行商议。

第一百七十二条

在不损害党的利益的情况下，全国领导委员会在全国范围内享有自主权，州领导委员会在其所在地区享有自主权，政党联盟可以此作为参考。

第一百七十三条

就第一百七十条未涉及的情形，如果州领导委员会打算在州级选举中加入政党联盟，则应以书面形式向全国领导委员会提出申请，并说明理由；

如果市领导委员会打算在市级选举中加入政党联盟，则应以书面形式向州领导委员会提出申请，并说明理由。

*1 州领导委员会必须将该州已加入的政党联盟参与州级比例选举制和多数选举制的情况，告知全国领导委员会。

*2 市领导委员会必须将该市已加入的政党联盟参与市级比例选举制和多数选举制的情况，告知州领导委员会。

第一百七十四条

全国、州、市领导委员会及候选人在竞选中的财政结余，应存入相应的全国、州、市领导委员会指定的银行活期账户中。

第一百七十五条

如果州领导委员会没有银行活期账户，州领导委员会会书面授权候选人将结余款项存入全国领导委员会指定的银行活期账户中，授权书一式两份。

（1）废除。

（2）就本条之规定，州领导委员会必须将存入结余款项的城市名和候选人名单及其分别在大选中的结余金额，以表格的形式提交全国领导委员会，同时还应提交授权书和存款凭证。

第一百七十六条

废除。

第一百七十七条

废除。

第一百七十八条

废除。

第一百七十九条

全国领导委员会可通过内部决议，以制定并确立市领导委员会参与全国、州、市各级的比例选举制时，应在该市的有效票中达到的最低百分比。

*1 如果市领导委员会未达到上述最低百分比，将在其任期结束后被撤销，并任命临时委员会。

*2 在临时委员会的任期结束后，将召开代表大会，以选举新的领导委员会。

第一百八十条

在多数选举制和比例选举制中使用的收据，由党的机构或候选人所在的特别行政委员会直接制作。

（1）废除。

（2）废除。

（3）废除。

第二章　党产的合并、融合及终止

第一百八十一条

全国领导委员会将对其资产的合并、融合、终止及分配制定特殊规定。

第三章　党章及纲领的修订

第一百八十二条

在党章及纲领生效并在党的机构和党员中广泛传播之前的三十天内，未经全国领导委员会成员的绝对多数的事先批准，不得向全国代表大会提交整体或部分修改党章或纲领的提案。

附：

在必要时，可对党的纲领和章程进行修订，以适应联邦宪法和其他法律的规定。

第一百八十三条

本组织章程在联邦首都的法人实体民事登记处进行登记后生效。

第一百八十四条

党章的修正案在被批准、登记及认定之后将立即生效，包括党的机构任期未满的情形。

附：

因修订党章而产生的新的党内职位，将召开大会以填补上述职位。

党主席在审阅党章修正案后，允许任何人进行发言。若无异议，将由党主席宣布会议结束。感谢大家的出席！

会议记录将由党主席、本人（秘书长）及党的律师共同签署。

（刘晋彤 译）

智利政党组织法

第 18.603 号法律

出版日期：1987 年 3 月 23 日

颁布日期：1987 年 3 月 11 日

标题：政党组织法

最新版本：2016 年 4 月 15 日

生效日期：2016 年 4 月 15 日

最后修订：2016 年 4 月 15 日　第 20.915 号法律——加强政党的公共性、民主性，推动政党的现代化发展

第一章　政党、政党活动及行动范围

第一条

政党是由具有相同政治理念的人自愿组建的自治团体，具有公法赋予的法人资格，旨在推进民主体系、领导国家，以实现共同利益和国家利益。

政党体现政治的多元化，表达民意，是民主政治参与的基本手段。政党亦可以参与国家政府的组成，是人民与国家之间的调解者。

政党应致力于巩固民主，尊重、保障宪法、国际条约以及法律所承认的人权。

第二条

政党活动是指政党实践其原则、准则和纲领的活动。政党有权按照政

党组织法中确定的方式参与选举和投票。

政党亦可以：

1. 向国家公民和居民宣传政党的原则和纲领，以及领导国家的政策和方案；向宪法和其他法律规定的领导机构或组织，宣传公共利益事务的倡议及行动准则；

2. 应国家政府的要求，协助其开展工作；

3. 促进培养有能力的公民，以承担公共责任；

4. 推动各个领域的公民积极参与政治；

5. 促进公民及党员的政治教育和公民教育；

6. 推动公民与国家机构之间积极且持续的联系；

7. 促进女性平等包容的政治参与；

8. 开展会晤、会议、课程、研讨会和调查研究；

9. 加强与国家、地区和地方各级民间社会组织或机构的联系；

10. 发行出版物，通过媒体传播其政策、计划和纲领；

11. 参与国家机构或国际组织；

12. 同其他政党开展联合活动；

13. 在不违反宪法和其他法律的前提下，开展其他与上述活动互补的活动。

上述条款不得阻碍自然人申请民选职务，亦不得阻碍自然人或其他法人向全国人民以及宪法和其他法律批准设立的领导机构，宣传本人在领导国家和其他公共利益事务上的理念。在本人行为不代表政党行为的前提下，开展第二条第 1 款和第 2 款所指的活动。

第三条

当政党在至少八个大区中取得法人资格，或在至少三个地理上相连的大区中取得法人资格时，方可存续。

就第二条第一段所指的活动，政党的行动范围仅限于该党取得法人资格的所在大区。

第二章　政党的组建

第四条

在政党登记处注册后，政党即可合法组建，且自注册之日起享有法人资格。

第五条

为组建政党，必须获得至少一百名拥有选举权，且不属于其他已注册或在建政党的公民的支持，并且应制定一份包含以下内容的公证书：

1. 建党发起人的身份证明；

2. 建党意愿声明；

3. 政党名称、名称缩写、口号和标识的文字描述（如果有）；

4. 政党原则声明，其中必须承诺巩固民主，尊重、保障和宪法、国际条约以及法律所承认的人权；

5. 党章，其中应明确政党的宗旨、党内组织、各组织的组成和职能、符合本法的管理机构选举方式、党员的权利和义务，以及本法要求的其他准则。

6. 依据第二十四条和第二十八条规定所组成的临时执行机构和最高评审委员会的人员名字；针对上述人员，设置常用地址和制定规则，以便在政党注册前，出现人员去世、辞职、无法任职的情况，可以替补相应人员。临时执行机构和最高评审委员会的人员应参与制定本条所述的公证书。

在制定公证书的同时，应着手拟定包含政党的标识、名称缩写和口号的草案（如果有）。

在无正当理由的情况下，公证员不得拒绝制定本条所指的公证书，亦不得为此服务收费。

在制定好公证书后的三个工作日内，临时执行机构应当向选举服务局局长提交第二段中所述草案的复件以及本段所述的摘要（如果有）。如果该公证书包含了本条第一段所要求的全部内容，则选举服务局局长应在收到上述文件后的五个工作日内，在选举服务局的网站上公布一份公证书的摘要。该摘要应包含第3款和第6款规定的内容，以及政党的原则声明、制定公证书的地点和日期及提交公证书的公证处。相反，如果未满足上述要求，则应责令修改存在异议之处。

自公布之日起，政党便处于在建过程中，可以通过社交媒体传播理论性和纲领性的准则，并且可以在指明入党方式和期限的情况下，招募公民加入该党。

在建政党的资产管理和临时清算由党章决定。

第六条

在建政党招募党员，期限为二百一十个自然日。在最近一次议员选举中，当选民人数的百分之零点二五超过五百人时，政党在取得法人资格的每个大区中，应招募的党员人数不得低于选民人数的百分之零点五。当选民人数的百分之零点二五低于五百人时，在建政党应在相应大区招募至少五百名选民。百分比的计算应依据选举资格评定法院的选票统计得出。

加入在建政党，需要每位拥有选举权的公民在公证员、户籍登记处或选举服务局的工作人员的指导下，签署声明。相关人员不得拒绝接收该声明，亦不得为此服务收费。

选举服务局的指示明确指出，在建政党的组建和党员的招募可以依照第 19.799 号法律中关于电子文件、电子签名以及签名认证服务的法规来开展工作。

每份声明应是独立的，并且应包含提交人的完整姓名、住址、出生日期和身份证。每位新党员应宣誓表明本人是拥有选举权的合法公民，并且不属于其他已注册或在建政党，亦没有在二百四十个自然日内参与或曾经参与组建政党。

临时执行机构有权拒绝任何已签署本条所述声明的申请人。被拒申请人不得入党。

第七条

在满足第五条和第六条的要求，并且在八个大区或至少三个地理上相连的大区中达到第六条规定的党员人数，方可向选举服务局领导委员会申请在政党登记处注册该党。该申请应由在建政党的主席和书记签字。

在第六条第一段所述期限届满后的三个工作日内，如果政党未满足第六条第一段的要求，则失去注册权。应选举服务局的要求，公证员应在相应公证书上对此情况做出说明。

在提交注册申请时，应按照领导委员会要求的形式，提交第六条中所提声明的原件或公证员认可的复件。同时，依据声明，制作一份党员名单。

第八条

政党的全名、名称缩写、标识和口号不得与已注册或在建政党相同，或在图形和发音上相似，亦不得包含人名（无论是否在世）。

不接受下列名称、缩写、标识或口号：

1. 国徽、国旗和国家格言。

2. 违反伦理道德、优秀品格或公共秩序的图像。

第九条

在提交第七条所指注册申请和文件后的五个工作日内，选举服务局局长应在选举服务局的网站上公开该申请，并且指明政党名称、缩写、标识、口号、提交建党公证书的公证处及日期。

在自费的情况下，已注册政党的党员可以要求选举服务局局长在三个工作日内，向本人提供一份所属政党的党员名单复件。

第十条

已注册或在建政党有权对其他政党的组建提出异议，并且不得因此中止自身的组建过程。所提异议必须符合第 19.880 号法律第三十条的规定，并且以书面形式呈现，由提出异议的政党主席签字，并在公开第五条第四段所指公证书后的三十个工作日内，提交给选举服务局局长。

选举服务局应以挂号信的形式，将该异议告知在建政党的主席，同时附上前一段所指异议的复件。自挂号信发出之日起，收到异议的政党有十个工作日的时间来对此做出回应。

在必要情况下，选举服务局可以依据第 19.880 号法律第三十五条和第三十六条的规定，设定一个期限，要求收到异议的在建政党在该期限内做出回应。

在本条第二段所指期限或选举服务局所设期限（如果有）届满后的十五个工作日内，选举服务局应对所提异议做出决议，接受或拒绝该异议，并在三个工作日内，在其网站上公布最终决议。选举服务局的决议应遵守第 19.880 号法律第四十一条规定。

第十一条

已注册或在建政党有权在其他政党未达到最低党员人数的要求时，就该党的注册申请提出异议。该异议同样需满足第十条的要求，并且在第九条第一段所指注册申请公布后的三十个工作日内，向选举服务局提交异议。

第十二条

无论是否存在异议，在第十一条所指期限届满后的十五个工作日内，选举服务局局长应对第七条所述申请做出决议，并在三个工作日内，在选举服务局的网站上公布最终决议。

在存在异议的情况下，应依据前一段的规定做出决议。

第十三条

当政党未满足第五条、第六条、第七条、第八条、第十八条和第四章的规定时，选举服务局应接受所提异议或拒绝注册申请。

针对选举服务局就申请或异议所做的决议，相关政党有权向选举资格评定法院提出异议。

该异议应在公布相关决议后的五个工作日内，以书面形式，提交给选举服务局局长，并且应在三个工作日内提交给选举资格评定法院。

第十四条

收到政党的注册申请后，如果不存在任何异议或相关异议被选举资格评定法院拒绝，则选举服务局局长应立即在政党登记处注册该党，并且指明该党取得法人资格的所在大区。

如果选举服务局局长未在三个工作日内进行前一段所述的注册，在不违背选举服务局局长的职责的情况下，该党主席有权向选举资格评定法院提出申请，以命令选举服务局局长执行该登记。

如果选举服务局局长没有提出异议或相关异议被选举资格评定法院拒绝，则应进行注册。

第十五条

当在建政党的注册申请被拒绝，或收到其他政党所提的异议时，该党可就相关问题提出解决方案，并且基于先前提交的文件制作一份新的申请，指明相关问题已得到解决。新申请应在政党收到决议通知后的两个月内提交。选举服务局应依据第九条至第十四条的规定，就新申请做出决议。如果新申请被拒绝，政党不得再次行使本条所指的权利。

为解决上述问题，在建政党的临时执行机构可以更改政党名称、缩写、标识、口号或党章，以及在党员人数与第六条第一段要求的最低人数相差不超过百分之十的前提下，达到本法规定的最低党员人数。

第十六条

在不违反第 18.700 号法律《公民投票和选票统计组织法》第四条和第九条规定的前提下，当候选人任期届满或组织公民投票时，只有在政党登记处注册了的政党，才能行使相应的选举权和公民投票权。

第十七条

如果政党向选举服务局局长证明，除了该党已取得法人资格的所在大区，该党在其他大区亦达到第六条第一段所规定的最低党员人数，则有权在上述大区开展第二条第一段所述的活动。为此，政党应按照第六条和第七条要求的形式，提交一份附有党员声明的申请。选举服务局局长应在五个工作日内，在选举服务局的网站上公布一份该申请的摘要。

其他政党有权依据第十一条规定，就此申请提出异议。

在上述申请被接受的情况下，选举服务局局长应发布一项决议，指明该党取得法人资格的新增大区。决议应在三个工作日内公布在选举服务局的网站上，并且应记入政党登记处的注册信息。

第三章　党员的招募

第十八条

拥有选举权的公民或在智利定居超过五年的外国人可以入党。以下人员不得入党：武装部队人员，公共安全与秩序部人员，选举资格评定法院人员，选举服务局人员，法院法官、秘书和可信证人[①]，最高法院的司法人员、文书人员、秘书及检察官，公共部检察官及检察官助理律师，国家辩护律师及地方辩护律师，国家总审计长及地方审计员，公证员，不动产保护人[②]。

如果上述人员在任职期间提交入党申请，则申请不得被通过。

在上述情况下，任何人在上任前，都应就本人是否为某一政党党员的情况做出声明。

---

① 译者注：可信证人是一个特殊的头衔，担任可信证人的人负责在特定场合提供证词。
② 译者注：负责维护和更新不动产保存记录的律师或可信证人。

依据上述声明，声明人所在的机构或组织应将情况告知选举服务局，由选举服务局告知相应的政党，政党应取消声明人的入党资格。

如果做虚假声明，声明人应受刑法第二百一十条规定的处罚。

本章规定不得阻碍政党依照党章确定的方式，建立针对十四岁至十八岁的青少年的参与机制和入党机制。

公民在义务服兵役期间不得加入任何政党。如果公民在开始服兵役前，已经成为党员，则该公民的党员身份所携带的权利和义务应在服役期间中止。

第十八条（二）

在不违反法律的前提下，政党可以针对党员和拥护者制定附加条例。入党申请或拥护者申请应一式两份，一份由申请者本人保存，一份由政党保存。

相关机构应在收到申请后的四十个工作日内，就该申请做出决议。在申请被拒绝的情况下，申请人可在收到决议后的五个工作日内，向最高评审委员会提出异议。最高评审委员会应在收到上诉后的十个工作日内，做出决议。

在收到申请后的四十个工作日内，如果政党未就申请做出决议，则该申请应被视为接受。申请人可以要求选举服务局将本人作为党员或拥护者记入该党的注册信息。

第十八条（三）

党员的权利和义务。

1. 党章应明确指出党员的权利和义务，其中包括：

（1）参加政党活动。

（2）推荐民选职务候选人。

（3）在党内选举中，推荐领导人，以及接受党内委员会的任命。

（4）参与党内选举，并且拥有投票权。

（5）依据现行法规，提议修改政党原则、纲领和章程。

（6）依据宪法第八条的规定，在相关信息不涉及政党机密的情况下，或者在信息的宣传、交流与公布不会影响政党运作的情况下，接收此类信息。如果政党拒绝提供此类信息，党员有权向最高评审委员会提出异议。针对最高评审委员会的决议，可以向选举服务局提出异议。

（7）申请获得党内领导人在任职期间的收益账目。

（8）申请履行政党的原则声明、法规和其他强制性文件。

（9）获得政治培训和相关资讯。

（10）有权管理政党。

（11）当党内组织的决议或决定影响到党员的政治权利时，党员可向最高评审委员会提出异议。

（12）依据第二十三条（二）第八段的相关规定，针对政党最高评审委员会就第二十三条第一段第 1 款、第 2 款和第 3 款所指机构党内选举的评定，向选举资格评定法院提出异议。

2. 党员应承担党章所规定的义务，其中包括：

（1）在不违反第二十一条和第三十二条规定的前提下，依照政党的原则、章程、党内条例、管理机构的协议和指示行事。

（2）依照党章规定的政治路线，为实现政党的纲领做贡献。

（3）通过支付党费或其他费用，为政党的筹资做贡献。

党章应保证党员有充分参与党内活动的权利，以及公平申请民选职务的权利。

第十九条

公民只能加入一个政党。如果想加入其他政党，应先退出所属的政党。否则，不得加入其他政党。

党员随时可以退党。在本人将退党声明提交给政党主席或选举服务局后，方可退党。当上述声明提交到选举服务局后，工作人员应以挂号信的形式，将其告知相关政党的主席。

在政党登记处注册后，政党应依照党章招募党员，并且应遵守第六条第三段的指示。

第二十条

选举服务局应及时更新政党的党员登记簿。针对年满十四岁而未满十八岁、同时未受重刑处罚的青少年以及无法行使选举权的人，如果政党接受此类人作为拥护者，则选举服务局应按选区、地区和市分类整理，及时更新相关信息。在不阻碍本段所指登记的情况下，当党员加入其他政党并且提出退党或放弃拥护者身份，或者尚未完成加入其他政党的申请手续，以及去世或无法行使选举权时，选举服务局亦应更新相关信息。

在每月的前三个工作日内，该政党应告知选举服务局上月党员和拥护者的增减情况。

第二十一条

政党不得给国家总统、部长、副部长、大使、市长和公职人员下命令。

针对上述人员，在任职期间，上述规定一直有效，直至任期届满。

第四章 政党的组织

第二十二条

政党的组织和运作应受党章约束。党章应遵守本章规定。

第二十三条

政党可以拥有党章确定的组织，其中应包含：

1. 执行机构。

2. 联合机构。

3. 最高评审委员会和大区评审委员会。

4. 在政党取得法人资格的每个大区中设置一个联合执行机构。

针对组织名称，除了本法使用的术语，政党可以在党章中确定其他名称，但应将新名称告知选举服务局。

政党可以建立联盟、委员会及其他地域组织，以鼓励党员参与政党活动。此外，政党亦可以召开常规会议或全国代表大会。

上述组织的所有成员均应通过选举产生，并且任期不得超过四年。在同一职位上，连任不得超过两届。

在组建本法规定的联合机构时，应确保任何性别的成员均不超过总数的百分之六十。如果总共为三名成员，则其中应有一名与其他成员性别不同。

依据本法、党章以及选举服务局的相应指示，政党可以接受身处国外的智利人入党、成为拥护者以及参与政党活动。

第二十三条（二）

第二十三条所述组织的所有成员应通过民主选举产生。

党内领导机构的选举制度和程序由党章决定。

党章中建立的选举制度应尊重党员和拥护者选举权的独立性、平等性、自由性、机密性，以及知情权。

前一段的选举规则同样适用于选举最高评审委员会委员。

政党的执行机构应向选举服务局提交党内选举条例，并且应在下一次党内选举前的至少六十天，提交新条例（如果有）。该条例应获得选举服务局的批准，并且应包含以下内容：

1. 党内评审委员会负责接受或拒绝党内候选人的宣言和登记。

2. 选民证上应注明选举活动的规则，并附有相应序号。

3. 选举宣传和推广的规则。

4. 选举的形式和期限，以及投票点的设置和关闭。

5. 在选举前至少十个自然日，将投票点的相关信息告知党员。

6. 选举材料，其中包括：投票点的居民花名册，拥有投票权的选民名单（按字母顺序排列），身份识别信息，签名处或印指纹处，选民证，附有投票点工作人员或计票员签名的选票记录表，以及计票结果记录表。

7. 计票、选民证和选举材料的相关规则。

8. 最高评审委员会计票和评定选票资格的相关规则。

9. 针对违反党内选举条例的处分。

10. 任命投票点工作人员、计票员和选举相关的其他工作人员。上述人员应独立行使自身职能，其他人员无权干预。

在收到前一段所指条例后，选举服务局应对所提交的条例及该条例的修订内容进行检验，并在收到条例后的十五个自然日内，通过该条例或就该条例提出建议。在选举服务局提出建议的情况下，政党应在收到通知后的十五个自然日内，对该条例进行必要的修改。如果选举服务局在收到条例后的十五个自然日内，未做出决议，则该条例应被视为通过。

在党内选举中，计票员有权出席所有投票点，参与投票点和最高评审委员会开展的选票统计，并且有权在选票记录表中做出批注。

党内选举是公开的。相应条例明确规定可以向党内评审委员会提出异议。针对第二十三条第一段第 1 款、第 2 款和第 3 款所指机构的选举工作，如果最高评审委员会认定选票无效或拒绝修改计票，在至少百分之二十五的最高评审委员会委员对上述决议表示反对，并且上述决议可能影响选举结果的情况下，相关人员有权在收到决议通知后的五个工作日内，向选举资格评定法院提出异议。所提异议应具体说明最高评审委员会的相关决议，指明存在争议之处，并附上相关支撑文件。如果最高评审委员会委员数量的百分之二十五不为整数，则应就近取一个大于该数字的整数。

在选举前至少三个月，在第二十条所指的党员登记簿中登记了的党员有权在党内选举中参与选举，进行投票。政党有权在此期间继续招募党员。在选举活动中，应使用选举服务局提供的最新党员登记簿。选举服务局最迟应在举办选举活动前的两个月，向政党和候选人提供登记簿。

在党内选举条例允许的情况下，拥护者登记簿中的成员亦拥有投票权。在选举活动中，应使用选举服务局提供的最新拥护者登记簿，时间规定与前一段相同。

在自费的情况下，党员可以要求政党的领导委员会或选举服务局，在前一段规定的期限内，向本人提供第二十条所指的登记簿复件。复件应包含党员的全名和住址。选举服务局可以制定核实党员个人信息的方式，并且向党员提供相应信息。党员不得传播登记簿上的个人信息，或是用于自身权利范围以外的用途。依据刑事诉讼法第三百九十二条规定，在不阻碍第 19.628 号法律第五章就保护私生活所规定的责任的前提下，违反上述规定应被处每月 10 个至 50 个税收单位的罚款。

在不违反上述规定的前提下，党员可以自费申请一份本人在上述登记簿中的登记证明。

选举服务局负责执行本条规定，以及发布相关指示。选举服务局有权指定一名或多名该局的公职人员作为可信证人参与政党的党内选举。

第二十四条

执行机构应由党员或联合机构依据党章的规定选举产生，并且至少应包含三名成员。成员的任命和职能由党章决定，并且应将其告知选举服务局。如果党章规定执行机构由联合机构选出，则联合机构应由党员以直接投票的方式选出。在党章允许的情况下，拥护者亦可参与上述投票。

执行机构应拥有党章规定的职能，其中包含：

1. 依照党内组织通过的原则声明、纲领和政治条例，领导政党。

2. 在不违反党章的前提下，管理党内资产，并且向联合机构提交年度财产结算。

3. 依据法律法规，向最高评审委员会提议，要求发布常规指示以规范党内选举程序。

4. 向联合机构提议，要求修改原则声明、政党名称、党纲、党章和党内条例，改变选举联盟，以及同其他政党的合并或解散政党。

5. 召开联合机构的常规会议和特别会议。

6. 向总理事会提出重要的公共政策问题。

7. 任命党内资产总管。

8. 将违反党章党纪的情况告知最高评审委员会。

9. 在不违反法律的前提下，党章赋予的其他职能。

10. 法律规定的其他职能。

执行机构的成员应依据第 20.880 号法律中关于公职廉政和防止利益冲突的规定，制作年度财产申报表。报表应提交给选举服务局保管和检查。

第二十五条

执行机构的成员由党章决定。该机构可做政党的法律代理和非法律代理。

第二十六条

联合机构是多元化的，具有规范性和决策性。机构成员应依据党章的规定，通过选举产生。

联合机构拥有以下职能：

1. 就政党的运作，发布方针和决议。执行机构应强制执行上述方针和决议。

2. 就重要的公共政策问题，发布方针。

3. 批准或驳回年度财产结算。

4. 应执行机构的提议，批准修改原则声明、政党名称、党纲、党章和党内条例，改变选举联盟，以及同其他政党的合并或解散政党。修改原则声明和党章、解散政党以及合并政党都应遵守第二十九条第一段规定。

5. 接收中央领导机构的年度政治汇报，并就此做出表态。

6. 在不违反第 20.640 号法律的前提下，任命国家总统候选人、众议员候选人、参议员候选人、大区理事候选人、市长候选人和市政府成员候选人。

7. 批准党纲。

8. 在不违反法律的前提下，法律规定或党章赋予的其他职能。

在不妨碍自身职能的情况下，联合机构有权依据党章，组织和举行协商性、决策性、纲领性或意识形态性的政党活动。如果事务涉及联合机构的专属职能，该机构可以组织决策性的政党活动。

第二十七条

政党应依据党章，在取得法人资格的每个大区，至少组建一个大区执行机构和一个大区联合机构。大区联合机构应包含一名主席、一名书记和一名财务主管。机构成员由相应大区的党员选举产生。

第二十八条

政党应设立一个最高评审委员会。委员会的委员应当从未因自身行为受到谴责，同时亦未受政党的纪律处分。执行机构的成员不得成为最高评审委员会委员。

最高评审委员会至少应包含五名委员。委员数量为奇数。在大多数现任委员支持的情况下，方可通过委员会的决议。委员应依据党章，通过代议制的方式选出，不得由执行机构任命。

除法律或党章赋予的职能外，最高评审委员会亦拥有以下职能：

1. 解释党章、法规和其他党内条例。

2. 解决党内领导机构和组织间的竞争问题。

3. 在党内领导机构或组织违反原则声明或党章的情况下，了解和解决针对此类情况所提出的异议，并采取必要措施予以更正和弥补结果。

4. 无论是否为党内领导人，在党员的行为违反纪律、违反原则声明或党章、违背道德或有损政党利益与声望的情况下，了解和解决针对此类情况所提出的异议。

5. 执行党章规定的处分，并监督相应的执行过程。

6. 确保正确开展党内选举和投票，发布相应的常规指示或特别指示。

7. 评定党内选举和投票。

8. 作为二审的评审委员会，就针对大区评审委员会的决议所提出的上诉，做出决议。

9. 在党员未被记入党员登记簿的情况下，解决针对此类情况所提出的异议。

10. 保障党员的权利，其中包括第十八条（三）所述的权利。

在行使职能的过程中，依据违法行为的严重性，最高评审委员会有权给予党员下列处分或党章中规定的处分：

（1）警告。

（2）书面检查。

（3）中止或撤销在党内组织中担任的职务。

（4）在一定期限内中止党员权利。

（5）开除党籍。

针对前一段第（3）项和第（4）项处分，在最高评审委员会五分之三的现任委员支持的情况下，方可采取上述处分。在委员人数为五人的情况下，应获得三分之二的现任委员的支持。

第二十八条（二）

在政党取得法人资格的所在大区，应设立一个大区评审委员会。该委员会应依据党章组建，并拥有党章规定的相应职能。

大区评审委员会应作为一审，负责处理大区范围内涉及党内条例的事务，其中包括第二十八条第3款、第4款、第5款、第6款和第7款规定的事务。

就大区评审委员会的决议，可依照党内条例规定的形式和期限，向最高评审委员会提出上诉。在大区评审委员会做出开除党籍的决议，并且就此决议不存在异议的情况下，应将上述决议提交给最高评审委员会，以寻求意见。

第二十八条（三）

党内处分程序应确保当事人能行使辩护权，其中包括提出申辩、出示相关证据以及在合理的期限内就决议提出异议。

在最高评审委员会委员不得发布决议的情况下，党章应就此情况做出相关规定，以防止利益冲突。

党内纪律不得与宪法和其他法律规定的权利和义务相冲突，亦不得影响党内的思想自由。

第二十八条（四）

在不违反党章的前提下，下列行为属违反党内纪律：

1. 侵犯或威胁宪法、国际条约以及法律所承认的人权的自主行为。

2. 违反政党官方组织批准的协议。

3. 伤害、侮辱或虐待党员的不当行为。

4. 未履行法律或党章所规定的党员义务。

5. 违反政党的政治联盟、选举联盟或议会联盟。

第二十九条

联合机构关于修改原则声明、党纲、解散政党与合并政党的提议，应由党员以直接投票的形式批准通过。

修改政党名称、原则宣言以及其他章程，应依照本法就组建政党所制定的程序来开展（第六条除外）。相关公证书应附有执行机构成员的签名。

第三十条

联合机构的协议应为公开的。关于修改原则声明、政党名称、党纲、党章和党内条例，改变选举联盟，以及同其他政党的合并或解散政党，在选举服务局的人员担任可信证人的情况下，该机构方可通过相关协议。

党章应包含就召集和举行选举以及审查选票做出相关规定。

第三十一条

党章应明确规定，应大区联合机构的提议，联合机构负责任命和支持参议员候选人和众议员候选人。

在选举联盟的情况下，依据前一段规定，联盟内的每个政党都有权提议党内联合机构认可的人作为候选人（无论是否为党员）。

第三十二条

在任何情况下，政党不得命令市政府成员、大区理事、参议员和众议员投票，亦不可在参议院担任陪审团的情况下，要求参议院投票。

第五章　政党的资金

第三十三条

政党的收入包括党员缴纳的党费、捐赠、遗产分配以及党内资产带来的收益。非党员的自然人每年向政党贡献的资金不得超过 300 个发展单位。身为党员的自然人每年向政党贡献的资金不得超过 500 个发展单位。政党不得接受法人任何性质的财产贡献。

已注册政党或在建政党的资金只能来源于国民收入。

第三十三条（二）

国家通过选举服务局，向政党提供季度拨款。拨款应用于补贴政党运作的开支、购置或租赁不动产、偿还债务、开展公民教育活动、培养民选职务候选人、培养党员、开展政治工作的研究、制定公共政策、传播政党的原则及理念、调查研究、促进女性及青少年的政治参与度（通常指参与本法第二条规定的活动）。政党利用拨款来开展的研究，在研究报告的发表或交流不会影响政党的战略性决定的情况下，应是公开的。

在政党收到的拨款中，至少有百分之十应用于促进女性的政治参与度。

政党每年应针对外部审计做出相应规定，以执行第三十四条规定。

为获得第一段所述拨款，政党应满足下列要求：

（1）依据本法组建而成。

（2）遵守规范政党运作和党内组织的法律法规。

政党每年应分配到的拨款总额等于 0.04 个发展单位乘以在最近一次议员选举中党内候选人或与政党相关联的候选人所获得的有效支持票的数量。此数量应依据第 18.700 号法律第三条（二）的规定以及相应的竞选声明来确定。在满足上述情况后，拨款不得少于 0.04 个发展单位乘以选民登记册中的选民总人数的百分之四十，或者多于 0.04 个发展单位乘以选民总人数的百分之六十（按比索算）。所用选民登记册应是选举服务局在最近一次议员选举中使用的登记册。计算结果应分为四等份，分别在每年的一月、四月、七月和十月发放。

季度拨款的分配应符合以下规则，并且按季度检验政党是否遵守相应规则：

1. 季度拨款的百分之二十应按照政党取得法人资格的大区数量的比例，分配给符合领款条件的所有政党。如果政党在所有大区中均取得了法人资格，则应在原有大区数量上附加一个大区，按此数量的比例，向该党分配拨款。

2. 季度拨款剩余的百分之八十应只分配给拥有议会代表，同时符合领款条件的政党，并且依照前一段所述有效支持票的比例分配。

为获得本条第 2 款的拨款，政党应遵守以下规则：

（1）如果某一党员当选为议员而本人所在政党之后解散了，或者当选为议员的非党员人士加入政党或参与组建政党，则相关政党可以获得第 2 款的拨款。在此情况下，拨款应以该议员所得有效支持票来计算。票数只能用于确定每个政党所享有的拨款份额。

（2）如果当选为议员的党员退党了，则应从相关政党的拨款中扣除该议员所得有效支持票的百分之五十对应的份额。同时，不得重新分配票数对应的剩余资金。

（3）如果当选为议员的党员退出原来的政党并且加入其他政党，加入的新政党所分配的拨款不得因该议员所得有效支持票而增加，退出的原政党所分配的拨款中应扣除该议员所得有效支持票的百分之五十对应的份额。同时，不得重新分配票数对应的剩余资金。

如果政党受到行政处分并需要向国库缴纳罚款，或者政党的年度结算账目本未得到选举服务局的批准通过，则选举服务局不得向政党发放拨款。当政党缴纳完罚款或账目得到批准通过后，选举服务局可以补发拨款。政党所分配的拨款最长只能扣发三个季度，如果政党未能在三个季度内完成上述要求，则不得获得扣发的拨款。

如果在年底政党未能说明拨款的使用情况，选举服务局应设定期限，要求政党在此期限内做出说明。期限到期后，如果政党仍未完成上述说明，选举服务局有权强制要求政党退还未说明的资金。如果存在未使用的资金，在不影响有效执行第二段规定的情况下，剩余资金可用于下一年度，但政党需将此情况告知选举服务局。

在未达到第二段的最低百分比的情况下，应从政党下一年的拨款中扣除达到最低百分比所需的数额。

针对本条的所有款项，发展单位的数值应为计算年度拨款总额之日的有效数值。

在国家没有分配所有可用资金的情况下，不得分配剩余资金。

第三十四条

为执行本法的规定，政党应制作一份收支总账簿、一份财产清册和一份结算账目本，并且保留支撑文件。

政党接收的公共拨款和私人资金应分开记账，并且应通过政党的网站公开月收支报告。该报告应每季度更新一次，并且应区分以下类别：

1. 全球党员的党费及贡献的资金。

2. 党内资产的收益。

3. 自然人贡献的资金。

4. 本法规定的国家拨款。

5. 政党活动的收入。

6. 人员开支。

7. 购买商品和服务的开支以及日常开支。

8. 贷款支出（分短期贷款和长期贷款）。

9. 其他管理开支。

10. 研究活动开支。

11. 公民教育活动开支。

12. 促进女性参与政治的活动开支。

13. 促进青少年参与政治的活动开支。

14. 信贷（分短期信贷和长期信贷）、投资和资本运营的价值。

15. 筹备民选职务候选人的活动开支。

16. 培养党员的活动开支。

与选举资格评定法院协商后，选举服务局领导委员会应就如何制作上述账本①发布统一指示。

选举服务局局长每年应至少检查一次上述账本及相关支撑文件，同时应保留相应文件的复件，并按规定提供给公众。

收到第三十三条（二）所指拨款的政党，应与外部审计机构签约。依据选举服务局的指示，政党不得与未在证券和保险监管局登记簿上登记的机构进行签约。

第三十四条（二）

政党应向选举服务局提供政党唯一的银行往来账户，以获取拨款、接收资金和依法接受监督。

第三十四条（三）

政党应任命一名居住在智利的专业人员担任资产总管，直接协助中央领导机构执行党内条例，以获取本法规定的公共拨款。依据规定，当国家拨款使用不当时，在与资产总管的责任或其他不当使用国家拨款的人员的责任不相冲突的情况下，由资产总管承担责任。资产总管应拥有培训时间不少于四年的技术或专业学位。

资产总管的义务如下：

1. 仔细核算所有资金的收入和支出，并且注明资金来源、资金去向、

---

① 译者注：指前文提到的收支总账簿、财产清册和结算账目本。

操作日期以及经手人的姓名和住址。相关支撑文件应保存五年。

2. 向监管机构提供本法要求的信息。

3. 依据本法归还国家拨款。

4. 通过政党的唯一账户，进行所有开支。

在选举期间，政党有权任命党内资产总管为选举总管。选举总管应履行第 19.884 号法律（选举费用的透明度、限制和监管的相关法规）第三十三条所述的职能。

第三十五条

政党应制作一份年度结算账目本，并将复件提交给选举服务局。在必要情况下，选举服务局有权要求政党提供相关信息和文件，而政党应在一定期限内向选举服务局提供所要求的信息和文件。

如果年度结算账目本与账本上所记录的信息不一致，或者年度结算账目本中存在明显错误或遗漏，选举服务局有权驳回该账目。如果不存在争议，或者争议得到解决，选举服务局应在其网站上公开账目。

依据规定，在选举服务局驳回年度结算账目本的情况下，政党有权向相关机构提出异议。

第三十五条 （二）

在不影响本法制定的特殊规则的前提下，政党有权设置规则，以约束政党制定的法令与合同。

政党不得签订不符合市场条件的高额合同，或者合同设置的补偿高于或低于市场价值。

在本法和第 19.884 号法律未明确授权的情况下，政党不得组建或参与法人实体，亦不得提供费用高昂的服务。

第三十五条 （三）

政党有权成为不动产的所有者。政党名下的所有不动产，应至少有三分之二用于本法第二条所述的活动。

每年政党都应将其名下的不动产情况告知选举服务局。

第三十五条 （四）

政党应将获得的公共拨款用于本法规定的用途，并且做出相应的解释说明。

政党不得将公共拨款带来的金融资产投入中央银行发行的固定收益证

券、定期存款以及共同基金份额以外的用途。

除上述情况外，当政党的可用金融资产超过 25000 个发展单位时，政党可以依据第 20.880 号法律（公职廉政和防止利益冲突的相关法规）第三章中的证券管理特别指令，进行投资。依据规定，此类投资应在政党的可用金融资产超过 25000 个发展单位后的九十天内进行。在金融资产未超过该数量的情况下，政党不得进行本条第二段规定以外的投资。

第三十六条

针对政党的组建与合并，在相应程序中，本法要求的文件和文件的更新均不需要缴纳任何税款。所指文件包括第五条、第六条、第七条规定中的文件，以及修改政党名称、原则声明和党章所需的文件。

符合本法要求的捐赠，在金额不超过每月 30 个税收单位的情况下，不需要提请批准。

政党的党费、捐赠和遗产分配，在金额不超过前一段规定的数额的情况下，无须缴纳税款。

第六章　信息的获取及透明度

第三十六条（二）

政党应在政党的网站上，向公众提供清晰完整的下列信息，并且应至少每季度更新一次：

1. 规范框架，其中包括法律规定、原则声明、党章和党内条例。

2. 政党名称、缩写、标识、口号。

3. 选举联盟。

4. 政党取得法人资格的所在大区。

5. 政党总部地址。

6. 组织结构。

7. 党内组织或机构的职能。

8. 执行机构和审计机构成员的姓名。

9. 依据第 18.700 号法律《公民投票和选票统计组织法》以及第 20.880 号法律中关于公职廉政和防止利益冲突的规定，党内候选人和执行机构成员的财务报表。

10. 联合机构的协议。

11. 选举服务局批准通过的年度结算账目本。

12. 党员缴纳的党费总额。

13. 自注册之日起，政党依据法律规定接收的资金、捐赠、遗产分配以及公共或私人转账的总额。

14. 公共拨款的每一笔转账记录，包括转给自然人或法人的每笔资金。

15. 政党参与的所有实体组织。

16. 政党受到的处分。

17. 金额超过每月 20 个税收单位的合同列表，并应标明签订合同的双方，包括签约人以及供方合伙人和主要股东。

18. 招募党员的要求和程序，以及党员数量。

19. 党内参与政治活动的相关数据信息。信息应按性别分类，并且注明党员数量、年龄分布、党内职务、民选职务、党内领导机构等。

20. 第 19.884 号法律第三十三条第 5 款（选举费用的透明度、限制和监管的相关法规）所指的选举活动开支清单。

21. 第 19.884 号法律第四十条（选举费用的透明度、限制和监管的相关法规）所指的选举活动筹资清单。

22. 选举服务局网站的链接。该链接应包含政党依据第 19.884 号法律第四十八条规定（选举费用的透明度、限制和监管相关法规），提交给选举服务局局长的选举收支账目表。

23. 在不违反宪法和其他法律的情况下，政党执行机构批准公开的其他信息。执行机构可以随时撤销上述决定。依据指示，执行机构应以书面形式，将相应决议及时地提交给透明度委员会。

政党执行机构中的一名成员应负责依据透明度委员会的指示，执行本条规定。该负责成员的任命，政党应将其告知透明度委员会。在不影响第 19.884 号法律（选举费用的透明度、限制和监管的相关法规）中规定的职责，该负责成员有权允许选举总管在政党网站上传播信息。

第三十六条 （三）

依据《公共职能透明度与获取国家管理信息法》第二十四条及之后几条规定，在政党未满足第三十六条（二）的情况下，任何人都可以向透明度委员会提出异议。上述相关规定包含在第 20.285 号法律第一条中。

针对透明度委员会或相应上诉法院发布的决议,当宣布政党违反规定时,应通知选举服务局对政党进行处分,就该党的财产设定税收罚款。根据违规的严重性,罚款可从每月 500 个税收单位增加到 2000 个税收单位。如果再犯,罚款翻倍。

第七章　政党的合并

第三十七条

政党有权依据本章规定与其他政党合并。相关政党应同时达到组建政党所需的最低党员人数要求。符合本法规定的任意一条解散理由的政党,不得与其他政党合并。

第三十八条

合并的提议应获得政党联合机构的事先批准。在联合机构批准该提议的情况下,政党主席应依照第二十九条和第三十条规定的程序,召集党员对此提议做出表态。

在党员支持合并以及所提原则声明的情况下,相应政党的执行机构有权同其他政党商讨合并政党的相关事宜,并且就合并政党后的党章达成一致。在所有相关政党的联合机构的批准下,合并协议方可生效。

如果合并提议涉及两个以上的政党,但该提议未获得所有相关政党的批准,在相关政党的联合机构同意更改合并范围的前提下,合并范围可缩小至批准该提议的政党。

第三十九条

在政党达成合并协议后,相关政党的执行机构成员应以书面形式,向选举服务局局长提出申请,请求注册合并之后的政党,以及注销相关政党的原注册。

为此,执行机构的成员应事先制定一份公证书,其中应包含第五条第 2 款至第 6 款的内容,并且附上相关文件,以证明满足第三十八条所指的要求。同时,应拟定包含代表新政党的标识、名称缩写和口号的草案(如果有)。

在制定好公证书后的三个工作日内,应向选举服务局局长提交公证书的复件、草案复件以及一份包含第五条第 3 款和第 6 款内容的摘要。在公证书包含了上述所有内容的情况下,选举服务局局长应在收到上述文件后的五个工作日内，在选举服务局的网站上公布一份公证书摘要和原则声明梗概。在此情况下，第十条、第十二条、第十三条和第十四条的规定同样适用。

第四十条

在政党未符合第三十八条和第三十九条规定的情况下，选举服务局局长有权拒绝合并申请。

第四十一条

在政党登记处注册登记后，合并后的政党方可取得法人资格，并且应继承被合并政党的财产权和财产义务。

自注册之日起，被合并政党的所有党员均应被视为合并后的新政党党员。

第八章 政党的解散

第四十二条

在以下情况，政党应解散：

1. 依据第二十九条规定，应联合机构的提议，经党员一致同意后，方可解散；

2. 在最近一次议员选举中，政党在取得法人资格的每个大区均未获得有效选票中百分之五的票数；

3. 与其他政党合并；

4. 在政党取得法人资格的每个大区，党员人数减少至低于本法要求建党所需最低人数的百分之五十。最低人数应在每次议员选举后更新；

5. 自注册之日起的六个月内，未能组建第二十四条、第二十六条、第二十七条和第二十八条规定的党内组织；

6. 第四十七条、第五十条第二段和第五十一条（二）规定的情况；

7. 依据宪法第十九条第 15 款第六段和第九十三条第 10 款的规定，宪法法院认定政党违反宪法。

在选举联盟的情况下，针对前一段第 2 款，候选人所得票数应记入该候选人所属的政党。

如果政党在一个或多个大区中，未获得本条第 2 款规定的最低票数，应保留政党的法人资格。当政党在至少两个大区中，有至少四名党员当选议员时，政党有权在取得法人资格的相应大区开展第二条第一段的活动。

如果政党在一个或多个大区中，出现第4款的情况，但党员人数符合最低要求的大区数量仍满足法律规定的最低数量时，应保留政党的法人资格，但政党不得在出现第4款情况的大区内，开展第二条第一段的活动。在此情况下，选举服务局局长应将上述情况记入政党登记处的相关文件里。

第四十三条

注销政党在政党登记处注册后，政党方可解散。在选举服务局领导委员会做出决议后，选举服务局局长方可注销该党的注册。

在第四十二条第2款的情况下，在收到选举资格评定法院的决议后的九十个自然日之后，选举服务局局长方可进行注销。

在此期间，政党可以进行合并，但需将此情况告知选举服务局局长。

在第四十二条第4款的情况下，在政党主席或负责人收到选举服务局的通知后的一百八十个自然日之后，如果在此期间，政党仍未招募足够的党员以达到建党所需的最低人数，选举服务局局长方可进行注销。

就选举服务局局长注销政党的决议，可以向选举资格评定法院提出异议。第四十二条第6款和第7款的情况除外。

第四十四条

在宪法法院认定政党违反宪法的情况下，当公开相应决议后，选举服务局局长应立即注销该党。

第四十五条

政党解散后，应按照党章规定的方式处置党内资产。在党章未明确规定的情况下，应上缴国库。在第四十二条第7款的情况下，所有资产必须上缴国库。

第九章　政党的处分

第四十六条

违反本法规定的行为，应受如下处分：

1. 书面警告；

2. 税收罚款；

3. 没收财产；

4. 取消在政党中担任管理职务的资格；

5. 中止选举权和投票权六个月至两年，其中包括宣传推广的相关权利和第三十六条赋予的权利；

6. 解散政党。

在本法确定的情况下，可以采取强制中止党员权利的措施以及中止政党权利的措施。

在不违反第五十条规定的前提下，罚款应分以下等级：

（1）低等，每月 10 个至 100 个税收单位；

（2）中等，每月 100 个至 200 个税收单位；

（3）高等，每月 200 个至 300 个税收单位。

如果再犯，罚款翻倍。

本条第 4 款的处分适用于第二十四条、第二十六条、第二十七条、第二十八条和第二十八条（二）所指的任何职务，以及党章规定的其他职务。

第四十七条

当政党行为超出自身职能范围或违反第一条第三段规定时，政党应受书面警告的处分，同时应指定一个期限以结束此类情况。在该期限届满后，如果该党继续或再次开展此类行为，应处以中等至高等罚款。在此之后，如果该党继续此类行为，应中止政党活动或解散政党。

第四十八条

未履行第二十条规定的义务时，在初犯的情况下，应处以高等罚款。在再犯的情况下，应处以中等至高等罚款。在第三次违规的情况下，应处以低等至中等罚款。罚款由违规政党支付。

在不影响向政党收取相应罚款的前提下，如果选举服务局局长认定政党主席或书记参与了违规行为，则应取消该主席或书记在政党中担任管理职务的资格三年至五年。该处分同样适用于有相同违规行为的大区联合机构领导人。

第四十九条

政党当局如果发布违反第二十一条和第三十二条规定的命令或指示，应被取消在政党中担任管理职务的资格一年至三年。如果实施该违规行为的是联合机构，在可以证明本人对此违规行为不知情或者不支持的情况下，机构成员不会受到上述处分。

第五十条

在违反第三十三条规定的情况下，应没收非法收入，并处以金额等于所涉资产价值百分之二十的罚款。罚款由违规政党支付。

如果再犯，作为处分，应中止政党活动或解散政党。此外，应取消执行机构成员在政党中担任管理职务的资格八年。在可以证明本人对此违规行为不知情或者不支持，或是没有参与第一次违规的情况下，机构成员不会受到上述处分。

第五十一条

在违反第三十四条规定的情况下，如果政党没有制作收支总账簿、财产清册或结算账目本，应处以高等罚款。如果政党未保留相应的支撑文件，或者没有以规定的形式制作上述账本，或者没有向选举服务局提交结算账目本的复件，应处以中等至高等罚款。罚款由违规政党支付。

在违反选举服务局就制定账本发布的统一指示的情况下，应处以低等至中等罚款。

在不影响向政党收取相应罚款的前提下，如果选举服务局局长认定此类违规行为是由政党主席或财务主管的疏忽造成的，或是直接参与违规，在疏忽的情况，该主席或财务主管应被取消在政党中担任管理职务的资格三年；在参与违规的情况下，应被取消资格五年。该处分同样适用于存在相同违规行为的大区联合机构主席或财务主管。上述处分与可能产生的刑事责任不相冲突。

针对第一段的违规行为，如果再犯，在不影响收取相应罚款的前提下，应采取前一段所述的处分。

第五十一条（二）

针对本法第五章的规定，在严重违纪和累犯的情况下，应采取解散政党的处分。

第五十二条

针对从事或开展政党活动的协会、组织或团体，当上述单位的活动超出本法规定的范围时，应处以任意等级的罚款。开展违规活动的协会、组织或团体中的每个成员，以及给予资金支持活动运转的人员，均应受罚款处罚。在第五条第四段所指的公证书公布之日前，政党组建者开展第五条第五段所指的传播活动，应被视为违规。

如果违规单位具有法人资格，法院有权下令剥夺该单位的行政权力。

第五十三条

如果政党在某一管理职务上任命一位已被取消担任管理职务资格的人，选举服务局政党事务处副局长应给该党指定一个期限，以供政党任命有资格的人来担任该职务。在该期限届满时，如果仍未改变之前的情况，则应中止政党活动。

第五十四条

本法确定的违规行为的时效为自该行为发生之日起的一年。

第五十五条

在处以罚款的情况下，考虑到违规者的财力或权力，罚款可以涉及法律允许执行的全部范围。

在违规者拒绝缴纳罚款的情况下，可以中止违规者作为党员所享有的权利。

在政党违规的情况下，如果拒绝缴纳罚款，可以中止政党活动。

第十章　法院和审理程序

第五十六条

针对前一章所提的违规行为，应以抽签的形式，选一名选举资格评定法院的法官，对违规行为进行一审。

相应程序应符合民事诉讼法第八十九条、第九十条和第九十一条的规定。依据民事诉讼法第二百五十八条和第二百五十九条的规定，相应期限应酌情延长。针对一审判决所提出的上诉，在负责一审的成员回避的情况下，由选举服务局处理。

针对前一章所述的违规行为，选举服务局局长、内政部部长、相应大区的区长、参议员、众议员、已注册政党或在建政党均可采取行动，追究责任。

在不违反上述规定的情况下，选举服务局负责收取第五十条和第五十一条的罚款，以及违反本法第五章规定所产生的罚款。在中止政党活动或解散政党，以及取消在政党中担任管理职务资格的情况下，应遵守本条规定。

第五十七条

在最高评审委员会的组成存在争议的情况下，可以就该情况提出异议。该异议应在选举委员后的九十个自然日内，或者是最高评审委员会的人员变动之日提出，并且由选举服务局负责解决上述异议。

在至少四分之一的联合机构成员的支持下，方可提出上述异议。

第五十八条

在未确定其他通知方式的情况下，本法规定的通知均应以挂号信的形式发出。针对已注册政党和在建政党，通知应以挂号信的形式发给政党主席。选举服务局发出挂号信后的三个工作日，该通知应被视为已传达到位。

第五十九条

由本法引起的并在选举资格评定法院处理的异议，应在五个工作日内提出上诉，在不进行申诉的情况下，依据民事诉讼法第一卷第十八章第二百条至第二百三十条的相关规定审理。相应的书面异议应要简短。

第六十条

如果选举服务局局长在执行本法时存在不当行为，应在五个工作日内向选举资格评定法院提出异议。

选举资格评定法院有权向选举服务局局长处以法院组织法第五百三十七条所指的处分。

第六十一条

选举资格评定法院可以通过相关的会审判决，以完善本法规定的该法院的审理程序规则。

第六十二条

依据前一章规定处以罚款或没收财产的处罚，应依照民事诉讼法第一卷第十九章第一款规定的程序执行，并且应由选举服务局局长在民事法官的协同下，执行相应程序。

第六十三条

在执行判决时，如果需要强制执行或采取其他强制措施，或者执行过程涉及案件以外的第三方，选举服务局局长应诉诸普通司法。

第六十四条

在没有特殊规定的情况下，依据第 19.880 号法律，本法规定在选举服务局进行诉讼的期限，以及选举服务局行使职能、做出行政处分的期限，均以工作日计算。

在选举资格评定法院和大区选举法院进行诉讼的期限，分别由第18.460 号法律和第 18.593 号法律规定。

（罗佳 译）

智利民族革新党章程

本文为律师大卫·会纳·瓦伦苏埃拉依据 2016 年 3 月 19 日及 20 日党的总理事会于拉塞雷纳市通过的党章修订案、第 20.900 号法律和第 20.915 号法律的规定及选举服务局提出的建议，制定的民族革新党最新章程。

前言　民族革新党的原则

民族革新党的原则如下：

1. 个人的权利、义务和人权是政治行动中心。

2. 家庭是社会核心。

3. 智利是独一无二的、不可分割的国家。

4. 智利是基于代议民主制的共和国，以巩固公民意识为目标。

5. 社会秩序基于自由。国家服务于人民、家庭和公民社会。倡导辅助性原则和团结原则。

6. 公民社会推动民主生活。重视结社权的价值以及政党在追求共同利益中的作用。

7. 法治是民主的基础。国家是社会和平的推动者和个人安全的保障者。谴责任何动机的恐怖主义。

8. 支持区域化进程，并且持续从中央政府向地方政府转移权力和资源。

9. 制度民主是社会信任和整体繁荣的基础。

10. 参与度、透明度和忠诚度是民主社会的基础。

11. 社会市场经济以私有财产、创业自由和机会平等为原则。

12. 创业是个人发展和集体发展的驱动力；强调合法薪资和企业社会

责任。

13. 促进有利于社会福祉、经济效率和正确分配资源的自由竞争；保护消费者，拒绝滥用国家资源和市场资源。

14. 教育自由和受教育权是人们充分开发自身潜力、采取积极生活价值观和平等融入民主社会的基本手段。

文化、艺术和宗教是提升社会、增进人民福祉以及深化国家灵魂的因素。

15. 就业是实现自我、发展才能和有效加入社会结构的基础。工作体面原则包括尊重和保障工人权利，以及国家有义务改善条件，以推动企业创造高数量、高质量的岗位。

16. 医疗是公共福祉。环境是实现国家可持续发展的社会首要关切。

17. 安全。在全球化的世界，除了传统威胁，亦存在新产生的威胁。国防的目的在于提供安全环境，保护人民和领土安全，以及保障国家的永久利益。武装部队具有专业化、等级化和服从性的特点。

18. 尊重国际条约、和平解决争端和不干预原则是持续影响智利外交政策的三条原则。

第一章　党员

第一条

在民族革新党的理论、准则和政治活动所接纳的情况下，拥有选举权的公民和定居智利的外国人可以申请加入本党，亦可以成为本党的党员。在党员登记簿中登记之后，方可成为党员。在任何情况下，均由秘书处来证明党员的身份。

本章程的规定适用于所有民族革新党党员。

民族革新党应拥有一份由秘书处制定的拥护者登记簿，用于登记年满十四岁而未满十八岁的青少年。依据民族革新党的青少年条例，此类人员拥有投票权。

依据现行相关法律规定，全国领导委员会可以通过入党指导来规范身在国外的智利人的入党事宜。

无论处分严重与否，以及是全部执行还是部分执行，被判犯有违反廉政罪或其他类似性质的罪行的人，不得加入民族革新党。

第二条

民族革新党的入党申请应获得两位登记至少满一年的党员的支持，以保证申请人符合入党要求。全国领导委员会应制定规则，以确定接收申请的方式和党内程序。相应规则应符合现行法律法规。

第三条

依据政党组织法的规定，应制定一份党员登记簿，并且持续更新登记簿。

党员是否有权参加党内选举，应遵守本章程第七十条的规定。

第四条

党员的义务如下：

（1）在不违反第 18.603 号法律第二十一条和第三十二条规定的前提下，对党保持绝对忠诚，并且遵守本党的原则、章程和条例。

（2）遵守党内领导机构的协议和指示。

（3）依据相关章程所规定的政治路线，推动、捍卫和促进本党的理论和纲领的实现。

（4）负责且有纪律地执行党内领导机构指派的任务。

（5）为党内资金做贡献。

（6）加入党内的地域组织。在符合条件的情况下，选择性的加入职能组织。党员只能属于一个地域组织和一个职能组织。

（7）积极参加党内组织的会议和活动。

（8）在社区和基层组织中开展公民活动。

（9）积极参与党内候选人的竞选活动。在没有党内候选人的情况下，积极参与本党指定的或支持的候选人的竞选活动。担任党内管理职务或民选职务的党员，必须履行本项义务。

服务于非本党籍的候选人的领导，应被开除党籍。

第五条

党员的权利如下：

（1）依据宪法第八条的规定，在信息不涉及政党机密的情况下，或者在信息的宣传、交流和公布不影响本党履行相应职能的情况下，党员可以申请和接收与党内决策和协议相关的信息。如果本党拒绝提供此类信息，党员有权向最高评审委员会提出异议。就最高评审委员会的决议，可以向选举服务局提出异议。

（2）接受政治培训和技术培训，以便更好地履行职能和行使权利。

（3）依据相关规定，积极响应本党的要求，参与党内组织和组织的决定。

（4）依据本章程和党内条例的规定，选举和申请管理职务，以及接受党内委员会的任命。

（5）当党员所在组织的领导委员会无法完成党内领导机构指派的任务时，代表领导委员会完成相应任务。

（6）参与民选职务候选人的党内选举。

（7）依据现行法律法规，提议修改本党的原则、纲领和章程。

（8）要求提交党内领导人在管理期间应出示的账目本。

（9）要求履行本党的原则、章程以及其他强制性文件。

（10）有权参与党内管理。在适当情况下，接受指导，以在自身权利受到侵犯时，享有和行使党员权利。

（11）在党内组织的决议和决定影响本人政治权利的情况下，向最高评审委员会提出异议。

（12）依据政党组织法第二十三条（二）第八段的规定，针对最高评审委员会就该法第二十三条第一段第1款、第2款和第3款所指机构党内选举的评定，向选举资格评定法院提出异议。

（13）在自费的情况下，党员可以要求党内领导委员会或选举服务局，在选举前的两个月，向本人提供党员登记簿副本。副本应包含党员的全名及住址。选举服务局可以制定核实党员个人信息的方式，并且向党员提供相应信息。党员不得传播登记簿上的个人信息，或是用于自身权利范围以外的用途。依据刑事诉讼法第三百九十二条规定，在不阻碍第19.628号法律第五章就保护私生活所规定的责任的前提下，违反上述规定应被处每月10个至50个税收单位的罚款。

第二章　党内领导人

第六条

党内领导人担任管理职务，由直接投票选举产生，或在适当的时候，由党内领导机构任命。

第七条

不论级别和职能，管理职务的任期均为两年。最高评审委员会委员和大区评审委员会委员属例外，任期为四年。任职期限从选举或任命之日起计算。在替代他人的情况下，任职期限为被替代人员剩余的任期。

第八条

在没有选举或任命新领导人的情况下，先前当选或任命的领导人应继续任职。第十五条第（1）项至第（3）项所设领导人和党内评审委员会委员在同一职位只能连任一次。

在组建全国和大区联合机构时，应确保任何性别的成员均不得超过总数的百分之六十。在全国或大区级别的机构中，当某一性别的申请人数为总申请人数的百分之四十或低于百分之四十，则该性别的申请人应自动当选相应职务。如果该比例超过了百分之四十，则当选的应为每个性别中得票最多的申请人，直至达到上述比例。

第三章　党内组织

第九条

党内组织分为地域组织、职能组织和执行组织。

第十条

地域组织按党员的选举地址划分。

第十一条

职能组织由拥有共同联系、业务或职能的党员组成。职能组织包含议会、大区、城市、青少年和工会领域。

在不违反法律法规的前提下，全国领导委员会应制定党内条例，以规定职能组织的存续、组建和运作方式。

第十一条（二）

职能组织的领导包括：

（1）党参议院委员会；

（2）党众议院议员长、副议员长；

（3）市长和市政府成员的全国领导；

（4）大区政府委员的全国领导；

（5）青少年事务全国主席；

（6）大区政府委员的区域协调员；

（7）市长和市政府成员的大区领导；

（8）第十一条确定的职能组织的主席或全国领导。

第十二条

执行组织的宗旨在于，为党内行政管理和组织提供专业性、技术性和永久性的支持。

第十三条

已废除。

第十四条

已废除。

第十五条

党内领导机构包括：

（1）联合机构，名为"总理事会"。

（2）政治委员会。

（3）执行机构，名为"全国领导委员会"。

（4）本党取得法人资格的所在大区的执行机构和联合机构，分别名为"大区领导委员会"和"大区理事会"。

（5）选区领导委员会和选区理事会。

（6）市领导委员会和市理事会。

职能组织的党内条例中规定的领导委员会和领导机构，同样具有上述机构的性质。

依据本章程第五章的规定，全国理事会具有协商性。

第四章　地域组织

第十六条

党内地域组织包括市级、选区级和大区级的领导委员会和理事会。

（一） 市级组织

第十七条

市级组织是基本地域组织，应聚集选举地址在相应城市的所有党员。

第十八条

市领导委员会应包含一名主席、一名书记和一名财务主管，同时可以增加一名第一副主席和一名第二副主席。上述人员由相应城市的党员通过直接秘密投票选出。

第十九条

市理事会由市领导委员会和市理事组成。市理事数量等同于市政府成员的数量。

市理事会还包含现任市长、市政府成员、本党籍的市经济和社会理事会成员以及市职能组织的领导人。

市长和市政府成员应参加本人当选时所在城市的市理事会，并在该城市拥有选举地址。

如果议员当选时在对应大区和选区范围内的某一城市进行了选民登记，方可加入本人当选时所在大区或选区范围内的市理事会。

第二十条

除了党员拥有的职能和义务，市理事会的职能和义务还包括：

（1）传播党的理论，促进党员的政治培训。

（2）开展上级组织指派的政治活动，组织本市党员的参与。

（3）研究涉及城市利益的问题，并将研究结果呈给上级组织。

（4）向相应的选区理事会提交市长和市政府成员的候选人名单。

（5）在至少一年召开一次的专项会议上，就市领导委员会、市长和市政府成员以及本党籍的市经济和社会理事会成员提交的管理报告，做出表态。在收到报告后的五天内，市理事会应将报告提交给全国领导委员会。

（6）批准市领导委员会提交的政治行动计划。

（7）本章程、党内条例和全国领导委员会的指示赋予的其他职能。

第二十条 （二）

市领导委员会的职能和义务如下：

（1）和市理事会一起，共同领导本市范围内的市级组织、职能组织和执行组织的运作。

（2）执行全国领导委员会、大区领导委员会和选区领导委员会的指示。

（3）向市理事会提交政治行动计划，并在获得批准后，执行该计划。

（4）每年至少向市理事会汇报一次本市范围内开展的活动，以及本市的管理情况、政治情况和选举情况。

（5）监督本市党员是否及时地、定期地了解党派活动及本党对政治事件的态度。负责党员的理论培训。市领导委员会应至少一年召集一次本市的所有党员，开展会议，以履行此义务。

（6）更新本市的党员登记簿，并且至少每半年一次，或在秘书处的要求下，向秘书处汇报情况。

（7）当党员严重违背道德或违反党纪时，将情况告知大区评审委员会。

（8）在不违反现行法律法规的前提下，本章程、党内条例和全国领导委员会的指示赋予的其他职能。

（二）选区组织

第二十一条

针对第 18.700 号法律《公民投票和选票统计组织法》规定的六十个选区（有效至 2015 年 3 月 4 日），在每个选区中，应组建一个选区领导委员会和一个选区理事会。

选区领导委员会应聚集选举地址在相应选区的所有党员。

第二十二条

选区领导委员会应包含一名主席、一名书记和一名财务主管，同时可以增加一名第一副主席和一名第二副主席。上述人员由相应选区的党员通过直接秘密投票选出。

第二十三条

选区理事会包含选区领导委员会、市长、设有选区级组织的职能组织领导人以及在本选区拥有住址的总理事。

在某城市为一个选区的情况下，市领导委员会和市理事会的职能由选区领导委员会和选区理事会执行。在此情况下，选区理事会应包含相应的市长和市政府成员。

在某选区为一个大区的情况下，选区领导委员会和选区理事会的职能由大区领导委员会和大区理事会执行。

议员有权加入本人当选时所在选区的理事会。

第二十四条

选区理事会的职能和义务如下：

（1）传播党的理论，促进党员的政治培训。

（2）依据全国领导委员会的指导方针，开展政治行动。

（3）研究涉及城市、选区和国家利益的问题，并将研究结果呈给上级组织。

（4）向相应的大区理事会提交选区议员的候选人名单。

（5）在至少一年召开一次的专项会议上，就选区范围内的本党籍议员和选区领导委员会提交的管理报告，做出表态。在收到报告后的五天内，选区理事会应将报告提交给全国领导委员会。在未向选区理事会提交报告，或该报告被选区理事会驳回的情况下，通过选区理事会任何成员的书面申请，可采取本章程第七十二条规定的措施。

（6）监督和评估市级党派活动，并且在市领导人未开展相应活动的情况下，负责开展此类活动。

（7）批准选区领导委员会提交的政治行动计划。

（8）向政治委员会提出有关政治和立法事项的协议草案。

为此，在党总书记的指示下，相应提议应以书面形式开展，并且应获得绝对多数现任理事会成员的支持。

（9）在不违反现行法律法规的前提下，本章程、党内条例和全国领导委员会的指示赋予的其他职能。

第二十五条

选区领导委员会的职能和义务如下：

（1）领导党在本选区的市级组织和职能组织的运作。

（2）执行全国领导委员会的指示。

（3）向选区理事会提交政治行动计划，并在获得批准后，执行该计划。

（4）每年至少向选区理事会汇报一次本选区范围内开展的活动，以及本选区的管理情况、政治情况和选举情况。

（5）监督本选区的党员是否及时地、定期地了解党派活动及本党对政治事件的态度。负责党员的理论培训。

（6）监督市领导委员会是否更新党员登记簿，以及是否至少每半年一次，或在秘书处的要求下，向秘书处汇报情况。

（7）当党员严重违背道德或违反党纪时，将情况告知大区评审委员会。

（8）依据第二十四条第（8）项的规定，选区领导委员会主席或替代主席职务的人员，应公开选区理事会通过协议草案的依据。

（9）至少每月召开一次选区理事会常规会议。

（10）本章程、党内条例和全国领导委员会的指示赋予的其他职能。

（三）大区组织

第二十六条

在智利的每个大区，应组建一个大区领导委员会和一个大区理事会。

第二十七条

大区领导委员会应包含一名主席、两名副主席、一名书记和一名财务主管。

大区领导委员会应由相应大区的党员通过直接秘密投票选出。

副主席替代大区领导委员会主席的顺序，由候选人的登记顺序决定。

替代大区领导委员会书记的人员，应由大区区长在相应理事会的成员之间，确定替补人员。在出现空缺的情况下，应依据一般规定进行。

在当选或被任命后的三十天内，大区领导委员会的委员应在全国领导委员会提交一份财产申报表。任职期间，如果本人的财产情况发生重大变化，应及时修改报表内容。报表为公开的。

第二十八条

大区理事会由大区理事组成。大区理事由相应大区的党员依据本章程第八条和选举条例的规定直接选举产生。

除大区领导委员会外，以下人员亦可参与选区理事会，但只有发言权：

（1）选区区长；

（2）在大区设有下级组织的职能组织领导人；

（3）在大区对应的选区中当选的本党籍议员；

（4）在大区政府任职的本党籍委员。

在依据本条第二段第（2）项规定当选大区理事后，方可竞选总理事。

党总书记应持续更新各个大区的理事名单。

第二十八条（二）

在不阻碍党内组织任命民选职务候选人的权利的情况下，在每个大区中，应组建一个选举委员会。该委员会至少三分之二的委员应是相应大区的领导人。

第二十九条

大区理事会的职能和义务如下：

（1）应选区理事会的提议，向总理事会提交大区参议员和众议员的候选人名单。

（2）选举在总理事会的大区代表。为此，党员拥有一定数量的选票，但只能给每位候选人投一票。选票数量等于需要选举的理事数量的三分之二，并且应在选举说明和选民证上注明。

（3）在至少一年召开一次的专项会议上，就议员、本党籍的大区政府委员以及大区领导委员会提交的管理报告，做出表态。在收到报告后的五天内，大区理事会应将报告提交给全国领导委员会。在未向大区理事会提交报告，或该报告被大区理事会驳回的情况下，通过大区理事会任何成员的书面申请，可采取本章程第七十二条规定的措施。

（4）选举大区评审委员会委员。

（5）在大区理事会每年的专项会议中，批准大区发展计划。

（6）向政治委员会提出有关政治和立法事项的协议草案。

为此，在党总书记的指示下，相应提议应以书面形式开展，并且应获得绝对多数现任理事会成员的支持。

（7）在不违反现行法律法规的前提下，本章程、党内条例和全国领导委员会的指示赋予的其他职能。

第三十条

大区领导委员会的职能和义务如下：

（1）监督选区领导委员会和选区理事会开展的活动，并且在上述机构未完成相应活动的情况下，负责完成相应活动。

（2）在必要的时候，以及在党章和党内条例规定的时候，召开大区理事会会议，或者至少每两个月召开一次会议。

（3）当大区理事会成员严重违背道德或违反党纪时，将情况告知大区评审委员会。

（4）依据第二十九条第（6）项的规定，大区领导委员会主席或替代主席职务的人员，应公开大区理事会通过协议草案的依据。

（5）每年至少向大区理事会汇报一次本大区范围内开展的活动，以及大区的管理情况、政治情况和选举情况。

（6）本章程、党内条例和全国领导委员会的指示赋予的其他职能。

第五章　全国理事会

第三十一条

全国理事会是政治和组织方面的协商机构，由以下人员组成：

（1）选区区长；

（2）大区区长；

（3）本党籍的现任议员；

（4）政治委员会；

（5）职能组织的全国领导；

（6）大区政府委员的区域协调员、市长和市政府成员的大区领导以及青少年事务大区主席。

全国理事会每年至少召开一次会议，并且由全国理事会主席或政治委员会召开。会议上，全国理事会应就会议通知上所列事项和大会上提出的其他事项发表看法。

在不影响全国理事会的存续的情况下，党主席可以召集本人认为合适的特设机构，与其开展协商性会议。

第六章　总理事会

第三十二条

总理事会是具有规范性和决策性的机构，是党的最高权力机构。所有党内组织和领导机构均应强制执行总理事会的决议。

总理事会每年至少召开一次会议。

第三十三条

总理事会由大区理事会选举的理事组成。

以下人员有权参与总理事会，但只有发言权：

（1）全国领导委员会；

（2）最高评审委员会委员；

（3）政治委员会委员；

（4）现任议员；

（5）职能组织的全国领导；

（6）本党籍的现任市长；

（7）现任大区政府委员。

第三十四条

每个大区应选举的总理事的人数，由下列比例得出：

（1）每三百名党员，对应一名理事。

（2）在最近一次议员选举中，本党在选区内所得选票的每百分之五，或超过百分之四，对应一名理事。在没有党内候选人的情况下，应以本党在向选举服务局宣布支持的独立候选人的选票来计算。如果上述规则不可行，则应考虑下一次的选区议员选举。

在任何情况下，每个选区应至少有一名理事。

党总书记应依照选举条例规定的期限和形式，及时地向各大区理事会提供相应信息。

第三十五条

总理事会的职能如下：

（1）就党的运作，发布方针和批准协议。全国领导委员会和政治委员会应强制执行上述方针和协议。

（2）就重要的公共政策问题，发布方针。

（3）在不违反第 20.640 号法律相关规定的前提下，任命国家总统候选人、众议员候选人、参议员候选人、大区政府委员候选人、市长候选人和市政府成员候选人。

在任命议员候选人时，应听取大区理事会的提议。在总理事会驳回大区理事会的提议的情况下，该大区理事会应做出新提议。

（4）选举政治委员会委员和最高评审委员会委员。

（5）批准党纲。

（6）批准或驳回结算账目本。

（7）废除、修改或完善全国领导委员会批准的法规。

（8）每年接受党主席递交的全国领导委员会政治报告和组织报告，并对报告做出表态。

（9）应全国领导委员会的提议，批准修改原则声明、政党名称、党纲、党章和党内条例，改变选举联盟，同其他政党的合并或解散政党，以及更改国家总统候选人的提议。

就修改党章、原则声明、解散政党以及同其他政治团体的合并，总理事会批准的协议应获三分之二党员的支持。当不少于百分之五十的、拥有投票权的理事出席相应会议时，上述协议应被视为通过。

（10）要求党主席召集党员，以批准前一项的协议。

（11）总理事会在执行工作时，可在政治委员会中授权本条第（1）、第（2）、第（10）项三项所指的职能。

（12）在不违反现行法律法规的前提下，本章程和党内条例赋予的其他职能。

第七章　政治委员会

第三十六条

政治委员会由以下人员组成：

（1）全国领导委员会；

（2）最后三位前党主席；

（3）本党籍的参议员和众议员任命的一名参议员代表和一名众议员代表；

（4）各大区区长选举产生的一名大区区长代表；

（5）市长和市政府成员的大区领导、大区政府委员的全国领导和青少年事务大区主席；

（6）在总理事会中，通过秘密投票选举产生的十五名非议员人员。

在当选或被任命后的三十天内，政治委员会的委员应在全国领导委员会提交一份财产申报表。任职期间，如果本人的财产情况发生重大变化，应及时修改报表内容。报表为公开的。

第三十七条

以下人员有权参与政治委员会，但只有发言权：

（1）最高评审委员会委员长；

（2）现任议员；

（3）大区区长；

（4）职能组织的全国领导；

（5）最后三位前党总书记。

第三十八条

政治委员会的职能如下：

（1）依据总理事会的协议，决定本党的政治行动。在不违反第18.603号法律第三十二条规定的前提下，就议员的发展，制定法律管理方针。

（2）处理全国领导委员会提交的文件，并且就大区领导委员会和选区领导委员会提交的协议草案，做出表态。

（3）在政治委员会三分之二的委员的支持下，要求党主席召开总理事会特别会议。

（4）依据总理事会批准的总纲领，制定纲领性决定和部门性决定。

（5）在合理的情况下，公开最高评审委员会的决议。

（6）批准任命技术小组协调员和劳动司司长，在国家事务的各个领域为本党提供专业建议。相关技术小组和劳动司的宗旨、职能等由专门条例规定。

（7）在不违反政党组织法的前提下，本章程和党内条例授予的其他职能。

第三十八条（二）

政治委员会有义务在最短的时间内，有效地将政治委员会批准的重要文件，传达给大区区长。为此，政治委员会每通过一项协议时，都应确认相关通知是否传达到位。

第三十九条

政治委员会关于修改宪法的协议，在经历两次会议之后，方可通过。上述会议可以是专项会议，可在绝对多数现任政治委员会委员的支持下召开，亦可延长会议时间。

第三十九条（二）

在全国领导委员会允许，并且在本章程第三十六条和第三十七条所指人员共同参与的情况下，当会议时间延长时，政治委员会有权继续行使职能。在此类会议中，议员拥有投票权。

第八章　全国领导委员会

第四十条

全国领导委员会应包含一名主席、一名第一副主席、一名总书记和一名财务主管。全国领导委员会最多可以拥有六名副主席。

第四十一条

全国领导委员会的职能如下：

（1）依据本党的原则、章程、纲领以及总理事会的方针、决议和协议，领导本党。

（2）向总理事会提出本党的纲领。

（3）针对本党的组织、运作和资金流通，发布党内条例。该条例应获得绝对多数现任全国领导委员会委员的支持，并且在不影响本章程第三十五条第（7）项规定的情况下，立即生效。同时，应将获得批准的条例告知政治委员会。

（4）向总理事会提议，要求修改原则声明、政党名称、党纲、党章和党内条例，改变选举联盟，以及同其他政党合并或解散政党。

此外，可以向最高评审委员会提议，要求发布符合法律及党章的常规指示，以规定党内选举程序。

（5）召开总理事会的常规会议和特别会议。

（6）向总理事会提出重要的公共政策问题。

（7）在适当情况下，任命党内资产总管。

（8）管理党内资产，并向总理事会提交账目本。

（9）承认党内领导机构选举的领导委员会。

（10）除总理事会、最高评审委员会、政治委员会、大区领导委员会和大区理事会外，宣布重组党内的其他机构，并说明原因。在此情况下，全国领导委员会应任命一个重组机构的临时领导委员会，或者任命一名党员作为监管员。在任何情况下，均应将相关情况告知政治委员会。

（11）召见党内组织的领导人，要求其汇报所在组织的活动。

党参议院委员会、党众议院议员长、市长和市政府成员的全国领导、大区政府委员的全国领导和大区区长代表，有权参加全国领导委员会的常规会议。在全国领导委员会认为必要的情况下，上述人员有权参加涉及立法、监管、市政、地区及其他事务的特别会议，并发表意见。上述人员应将会议批准的协议告知相应的议员、市长和市政府成员。由议员、市长和市政府成员负责，在相应的行动框架内，执行和遵守上述协议。议员在依照全国领导委员会批准的协议行事时，并不违反政党组织法第三十二条的规定。

（12）当出现违反党章党纪的情况时，将情况告知最高评审委员会。当政治委员会委员存在违背道德和违反党纪的严重过失行为时，应额外重视。

（13）在政治委员会的同意下，并且听取最高评审委员会的意见后，就议员候选人的提议，提出异议。在最高评审委员会评定候选人提议无效的情况下，相应理事会应做出新的候选人提议。

（14）确定专业人员、技术人员和行政人员的职务、职能和薪酬。任命一名专业人员为党内审计长和资产总管，直接协助全国领导委员会执行党内条例。任命一名副书记，以协助总书记执行其职能范围外的职责。

在被任命后的三十天内，上述两位公职人员应在全国领导委员会提交一份财产申报表。任职期间，如果本人的财产情况发生重大变化，应及时修改报表内容。报表为公开的。

全国领导委员会应确保党内不会产生利益冲突。

（15）任命第三十八条第（6）项的技术小组协调员和劳动司司长。

（16）在不损害党章赋予机构的职能的情况下，就机构职能范围内的事项，咨询党员的意见。

全国领导委员会的委员应依据法律中关于公职廉政和防止利益冲突的规定，制作一份年度财产申报表，并将其提交给选举服务局保管和检查。

（17）在不违反政党组织法的前提下，本章程和党内条例赋予的其他职能。

第四十二条

党主席的职能如下：

（1）依据党章，管理政党。

（2）党的法律代理和非法律代理。

（3）在国家政府、其他政党以及国内外政治组织和机构的层面，代表本党。

（4）公开政党的政治协议和决议。

（5）主持召开总理事会、全国理事会、政治委员会和全国领导委员会的常规会议和特别会议。

（6）在不违反本条第（7）项规定的情况下，依据级别顺序，将一项或多项主席特定职能授权给全国领导委员会的成员。

（7）赋予党内组织特殊职能。向全国领导委员会委员、政治委员会委员和党员指派特定任务。

（8）在不违反政党组织法的前提下，本章程和党内条例赋予的其他职能。

第四十三条

副主席应履行自身职务固有的职能，以及主席赋予的特殊职能。在必要情况下，由第一副主席替代党主席。在缺乏第一副主席的情况下，依据全国领导委员会的候选人登记顺序，或选举服务局的登记顺序，由排位第一的副主席来替代党主席，以此类推。

替代总书记的人员应由党主席在副书记和审计长之间决定。党内财务主管由审计长替代。

第四十四条

总书记的职能如下：

（1）指导党内组织的运作。

（2）制作和更新党员登记簿。登记簿应按大区分类，并应符合相关法律要求。在党内条例规定的期限内，提供有权参与选举活动的党员名单。

（3）在全国领导委员会知情的情况下，批准党内中央机构应公开的声明、通知和信息。

（4）同主席一起，签署党内的官方会议记录和文件。

（5）履行党内人事处处长的职责。

（6）支持党主席和副主席的工作，并定期向其汇报党内的运作情况。

（7）计算需要选举的大区理事人数。

（8）制作党内领导机构的成员名单。应机构成员或党员的要求，向其出示相应的身份证明。

（9）每年制作一份工作计划。该计划应明确党内组织的目标和战略，并且应尽快将该计划告知大区区长、选区区长和市长。

（10）在不违反现行法律法规的前提下，本章程和党内条例赋予的其他职能。

替代总书记的人员由党主席在副书记和审计长之间决定，并应在适当的时候，将情况告知选举服务局。

第四十五条

依据资金性质（私有资金或公共拨款）不同，财务主管和审计长的职责如下：

（1）制作一份收支总账簿、一份财产清册和一份结算账目本，并且保留相应的支撑文件。

（2）制作年度结算账目本。全国领导委员会应将该账目本提交至总理事会，以供审核。

（3）收取党员的党费，确保党内收支平衡。

（4）按季度向全国领导委员会提交收支预算。

（5）在全国领导委员会批准的情况下，事先授权未明确记录在收支预算里的开支。

财务主管应由审计长替代，并应在适当的时候，将情况告知选举服务局。

第四十五条（二）

在不影响本章程第四十一条第（13）项赋予的职能的情况下，审计长作为资产总管，还拥有以下义务：

（1）依据政党组织法，对所有资金的收支进行详细核算。

（2）向监管机构提供政党组织法要求的信息。

（3）在合理的情况下，退还国家拨款。

（4）通过党的账户，进行所有开支。

第九章　最高评审委员会和大区评审委员会

第四十六条

最高评审委员会由总理事会在党员中选举出的七名委员组成，并且在这七名委员中任命一名委员长和一名副委员长。此外，应任命一名秘书，该秘书具有可信证人的性质。在不影响第 18.603 号法律第二十三条（二）

第八段所指的异议，最高评审委员会的决议具有不可上诉性。

最高评审委员会委员应当从未因自身行为受到谴责，同时亦未受政党的纪律处分。在当选或被任命后的三十天内，最高评审委员会委员应在全国领导委员会提交一份财产申报表。任职期间，如果本人的财产情况发生重大变化，应及时修改报表内容。报表为公开的。

第四十七条

最高评审委员会的职能如下：

（1）依据职能或应党员的要求，解释党章、法规和其他党内条例。

（2）解决党内领导机构和组织间的竞争问题。

（3）在党内领导机构或组织违反原则声明或党章的情况下，了解和解决针对此类情况所提出的异议，并采取必要措施予以更正和弥补结果。

（4）无论是否为党内领导人，在党员的行为违反纪律、违反原则声明或党章、违背道德或有损政党利益与声望的情况下，了解和解决针对此类情况所提出的异议。同时，采取本章程规定的处分，监督相应的执行过程。

（5）依据党章和选举条例，确保正确开展党内选举和投票，以及发布相应的常规指示或特别指示。

党内选举和投票由最高评审委员会评定。

（6）监督党员和领导人是否忠实有效地遵守党内领导机构发布的命令。

（7）作为二审的评审委员会，就针对大区评审委员会的决议所提出的上诉，做出决议。

（8）在党员未被记入党员登记簿的情况下，解决针对此类情况所提出的异议。

（9）保障党员的权利。

（10）在不违反现行法律法规的前提下，本章程或党内条例赋予的其他职能。

最高评审委员会在行使职能时，可以依自身职能或应当事方的请求行事。

第四十七条（二）

在不损害第四十七条规定的前提下，下列行为属违反党内纪律：

（1）侵犯或威胁宪法、国际条约以及法律所承认的人权的自主行为。

（2）违反党内官方组织批准的协议。

（3）伤害、侮辱或虐待党员的不当行为。

（4）未履行法律或党章所规定的党员义务。

（5）违反政党的政治联盟、选举联盟或议会联盟。

第四十八条

最高评审委员会和大区评审委员会的委员及秘书不得兼任党内其他政治职务、民选职务或大区政府委员。

上述评审委员会的委员及秘书当选为总理事会成员，全国领导委员会委员，政治委员会委员，任何市、选区和大区领导委员会及理事会成员，以及众议员、参议员、市长、市政府成员、大区政府委员时，在终止任职之后，方可就任相应的新职务。

第四十九条

最高评审委员会有权采取以下处分：

（1）口头警告；

（2）书面检查；

（3）在一定期限内中止党员权利；

（4）中止或撤销在党内组织中担任的职务；

（5）取消担任管理职务的资格；

（6）开除党籍。

针对第（3）项和第（4）项处分，在最高评审委员会中有五分之三的现任委员支持的情况下，方可采取上述措施。针对第（6）项处分，应得到三分之二的现任委员的支持。

针对参与犯罪的领导人或党员，最高评审委员会和大区评审委员会有权中止上述人员的党员权利。在被判刑的情况下，应在刑罚期间中止其党员权利，或依据相应评审委员会的决议，将其开除党籍。在此情况下，当相应评审委员会做出决议后，方可将其开除党籍。

第五十条

就最高评审委员会的运作、职能以及可采取的措施，党内条例应制定相关规则，以保障最高评审委员会能够正确处理其职能范围内的事项。

大区评审委员会

第五十一条

在本党取得法人资格的每个大区中，应设立一个大区评审委员会。该委员会由三名正式委员和两名候补委员组成。委员由相应的大区理事会在专项会议上，以秘密投票的方式选出。获得票数最高的前三位候选人当选为正式委员，后两位当选为候补委员。

在正式委员无法任职的情况下，可由候补委员替代。大区评审委员会的秘书应对此类情况做出证明，并且将其告知全国领导委员会。

第五十二条

第四十七条第（3）项、第（4）项和第（6）项所指的问题由大区评审委员会进行一审。大区评审委员会还应确保依规开展该地区的党内选举和投票活动。

就大区评审委员会的决议，可依照相关条例规定的形式和期限，向最高评审委员会提出异议。在大区评审委员会做出开除党籍的决议，并且就此决议不存在异议的情况下，应将上述决议提交给最高评审委员会，以寻求意见。

第五十二条 （二）

如果最高评审委员会委员或大区评审委员会委员存在下列情况，则应被取消处理相关事务的资格：涉及案件利益；与当事方属亲属关系；在案件尚未调查清楚的情况下，违规发表意见；与当事方属雇佣关系或是当事方的合伙人。

针对取消委员资格的情况，应向该委员所在的评审委员会提起第一诉讼，并且由相应的评审委员会，在该委员回避的情况下，对诉讼进行评定和做出裁决。评审委员会的委员应告知当事方，在缺乏公正的情况下，会有第三方的人员参与案件。在此情况下，当事方可要求对案件的处理和决议进行批注，并将情况记录在相应文件中。

第十章　党内选举

第五十三条

选举的日期、地点、制度、审计和评定，由选举条例规定。就最高评审委员会委员的选举和本章程第三十五条第（9）项所指的投票，个人应在选举服务局局长任命的可信证人的指导下，进行平等的秘密投票。

第五十四条

党主席应在选举前的三十天至四十五天内，通过全国性日报，召集选举。发布的通知应包含以下几点：

（1）"召集选举"的呼语。

（2）举行选举的时间和地点。

（3）需要选举的职务性质。

（4）提交选票的截止日期。

（5）大区理事会选举总理事的日期，以及总理事会选举政治委员会委员和最高评审委员会委员的日期（如果有）。

全国领导委员会应设定选举的日期，并确保该日期与第七条所列职务的届满期限一致。

政治委员会委员的选举应每两年举行一次，由第五十六条所指选举后的第一届总理事会负责。

全国领导委员会的选举应与本章程第五十六条所指的选举同时进行，每两年举行一次。使用封闭式名单，由全体党员通过直接秘密投票选出。

第五十五条

投票点和最高评审委员会或大区评审委员会负责计票，并且是公开的形式。在不影响向全国领导委员会提交信息的前提下，选举结果应记入计票结果记录表中，并且提交给相应的评审委员会。

在市级、选区级或职能组织的选举中，大区评审委员会有权将职能授权给相应城市和选区的党员。

第五十六条

市领导委员会、选区领导委员会和大区领导委员会以及市理事会、选区理事会和大区理事会的选举，由相应城市、选区和大区的党员通过直接秘密投票的形式选举产生。全国领导委员会确定选举时间，在全国范围内同时举行。

第五十七条

市理事和大区理事的选举，应依据理事的类别，分名单进行。每场选举中使用的名单应包含候选人的姓名，并按字母顺序排列。

第五十八条

获得票数最高的候选人当选，直至完成相应职务的选举。在票数相等的情况下，应在票数相等的所有候选人中，通过抽签的方式确定当选的候选人。抽签应按照党内选举条例中规定的时间和形式来进行。

第五十九条

在地域组织或职能组织的领导委员会的选举中，应使用封闭名单。

第六十条

在第一次投票中，如果任何名单均未获得有效选票中的绝对多数票，则应在获得票数最高的两张名单之间，进行第二次投票表决。第二次投票应在党内选举条例规定的期限内进行。在第一次投票中，如果名单获得的最高票数超过有效票数的百分之四十，并且与第二名相差至少百分之十的有效票数时，不得进行第二次投票表决。

第六十条（二）

除第 18.603 号法律第二十三条规定的机构以外，在本章程和党内条例规定的所有选举中，在提交候选人申请截止后，如果候选人数量等于或少于需要选举的职务数量，则不予核实选票。在最高评审委员会对该选举程序进行评定之后，登记的候选人方可自动当选。

选举诉讼

第六十条（二 A）

在候选人登记截止后的三天内，如果候选人未满足参与竞选的要求，党员有权申请宣布该候选人的竞选声明无效。

上述异议应以书面形式，提交给相应的大区评审委员会，并附上支撑文件。在所提异议不符合上诉要求的情况下，大区评审委员会有权认定异议无效。大区评审委员会的秘书应对此情况做出证明。

就上述异议，应在五个工作日内做出决议。在收到决议通知后的二十四小时内，可就该决议向最高评审委员会提出异议。最高评审委员会的决议不接受任何异议。

第六十条（二 B）

在选举结束后的两天内，就可能影响选举结果的差错，党员有权向相应的评审委员会提出异议。

针对该异议，第六十条（二A）第二段和第三段的规定同样适用。依据所诉内容的严重性，评审委员会有权宣布选举无效，并下令重新选举。在所诉内容不会导致某候选人当选或选举结果不同，或者所诉内容不影响选举意愿的情况下，不得接受该异议。

在重新进行投票表决的情况下，投票时间应由全国领导委员会或最高评审委员会决定。在任何情况下，应在下令重选后的三天至十天内举行。

关于选票无效或修改计票的异议，可依据第18.603号法律政党组织法中第二十三条（二）的规定，就最高评审委员会的决议，向选举资格评定法院提出异议。

第十一章　党内议员

第六十一条

在议会的两个分支机构中，议员负责传达党的意见以及公开党的提议。议员应完成党主席委托的党内事务和党外事务。议员与议员之间的联系以及议员与本党之间的联系，由特定的党内条例规定。

第六十二条

在不违反政党组织法第三十二条规定的情况下，议员长应向议员传达政治委员会或总理事会的决议和协议。上述决议和协议可以影响议员，或为议员的工作制定行动路线。

第六十三条

当执行政治委员会或全国领导委员会批准协议时，在三分之二的议员的支持下，有权实践党的方针。

第六十四条

本党籍的参议员和众议员应分别选举一名议员长和副议员长。相关选举应采用秘密投票的形式，并且应获得简单多数议员的支持。

第六十五条

议员长和副议员长的任期为一年，并且可以连任，负责协调立法工作，以及发挥议会和全国领导委员会之间的桥梁作用。议员长和副议员长的职能和义务由相应条例规定。

第六十六条

议员长和副议员长负责在议会机构里，担任第一届和第二届议员委员会的职能。

第十二章　一般规定

第六十七条

在不损害本章程第三十五条第（7）项和第三十八条第（4）项的情况下，全国领导委员会应发布本章程规定的条例，以及规范党内组织和运作的必要条例，以行使规范权。通过常规指示和特别指示，全国领导委员会有权执行党章、党内条例以及党内领导机构批准的决议。以上所有，均不违反现行法律法规。

第六十八条

除本章程及党内条例明确规定的，或是今后设置的组织及领导机构外，不承认任何其他组织或领导机构。

除本章程或党内条例明确赋予的职能外，党内的任何组织或领导机构均不得享有其他职能。

拥有非本党籍的头衔、职务或代表，属严重违纪。

第六十八条（二）

在现任成员的一致同意下，党内组织可以邀请拥护党的理念、精神、原则及党章的非本党籍人士，参与该组织的会议。

第六十九条

就本章程第七十四条关于缺席面对面会议的情况，除了面对面会议，市级、选区级和大区级的领导委员会及理事会可以开展视频会议，或者通过必要的数字媒体和即时通信来组织会议。亦可通过挂号信或其他可靠途径，传达会议通知。

在本章程或党内条例未制定特殊规则的情况下，党内任何组织、理事会或领导委员会召开会议所需的法定人数，应为现任成员的绝对多数。在未达到法定开会人数的情况下，可以二次召集会议。在此情况下，应同出席会议的成员，召开会议。

领导委员会、理事会和其他机构的会议，可以应会议主持人要求召开，或应大多数成员的要求召开。在主持人拒绝召开会议的情况下，由申请人召开。

除本章程规定的特殊情况外，组织的协议应在简单多数支持的情况下通过。无效选票不得被计入最终结果。如果支持票和反对票的数量相等，应由会议主持人的投票决定。

第七十条

在党内选举中，依据第 18.603 号法律和党内选举条例，在党员登记截止之日，即选举前的至少三个月，按时支付最低党费的党员，有权行使选举权。最低党费由政治委员会决定。支付该笔费用是党员行使选举权以及参与其他党派活动的前提之一。选举条例应规定免除该费用的理由和程序。

第七十一条

为申请管理职务，在满足第七十条规定的情况下，在选举和任命前，本人的入党时间应满足下列条件：

（1）市级、选区级和大区级领导委员会委员和市理事：党员登记截止之日；

（2）政治委员会委员、大区理事、总理事和全国领导委员会委员：满一年；

（3）最高评审委员会委员和大区评审委员会委员：满两年。

在适当情况下，政治委员会有权免除上述第（2）、第（3）项的要求。

第七十二条

成为候选人之后，在当选的情况下，应严格履行相应义务和职能。在严重违反此义务的情况下，可以对违规者进行政治审查。

审查应至少由五名党员，以书面形式，提交给相应的大区评审委员会。提交的审查应说明依据并附上相应的支撑文件。在缺乏支撑文件的情况下，应指明其他用于作证的手段。在听取违规者的解释后，在必要情况下，大区评审委员会有权开始审理或立即做出决议。

收到决议通知后的五天内，违规者可就该决议向最高评审委员会提出异议。如果未在此期限内提出异议，或者异议被拒绝，则应立即离职，并且应依据本章程和相关条例规定的形式，确定填补该职位的人员。

第七十三条

针对全国领导委员会委员，第七十二条的审查由政治委员会处理。

针对党主席，在政治委员会三分之二的现任委员的支持下，方可进行审查。

针对上述两种情况以及其他相关情况，均可采用第七十二条的规定。

第七十四条

市理事、选区理事、大区理事和政治委员会委员，在连续三次无故缺席会议的情况下，应终止其职务。

是否为无故缺席，应由违规者所属的组织评定。违规者可以依据第七十二条第三段规定的期限、方式和条件，就该评定向大区评审委员会或最高评审委员会提出异议。

依据确定的开会时间，当理事或政治委员会委员迟到半个小时以上，应被视作缺席。

第七十五条

当市级、选区级、大区级组织的领导人或大区评审委员会委员辞职、离世、停职或无法任职时，应由相应级别的理事会召开专项会议，在绝对多数现任成员的同意下，任命填补该职位的人。当大区理事辞去本人在总理事的职务时，应采用本章程第二十九条第（2）项的措施。

政治委员会应召开专项会议，在绝对多数现任委员支持的情况下，任命政治委员会和全国领导委员会的委员。

在党主席辞职、离世、停职或无法任职的情况下，应当召开总理事会专项会议，以选举填补该职位的人。在此期间，第一副主席应担任党主席职务；在缺乏第一副主席的情况下，由登记顺序排在第一副主席之后的副主席，担任党主席职务。

在最高评审委员会委员辞职、离世、停职或无法任职的情况下，应由最高评审委员会的其余委员，依据本条第二段的规定，任命填补该职位的人。任命的替补委员应一直任职，直至举行下一届总理事会。总理事会负责完成最终任命。

依据本条规定被任命的人员，应完成前任剩余的任期。

第七十六条

在同一机构中，不得同时担任两个及以上的选举职务。

不得在地域组织中担任管理职务的同时，担任从属议员、市长和市政府成员的带薪管理职务。

不得中止某一组织中的管理职务，以申请另一组织中级别更高的职务。

第七十七条

已废除。

第七十七条 （二）

在职能范围内，党内的管理机构可以通过适当的手段（包括数字媒体或社交网络）公布机构的协议。

第十三章　资产清算

第七十八条

在政党解散的情况下，除政党组织法第四十二条第 3 款和第 7 款的情况外，最高评审委员会委员长负责资产清算。所有资产应移交给总理事会认为其原则声明与本党的原则声明一致的政党。

过渡条款

单独过渡条款

全国领导委员会有权编写党章的合并文本，统一条款，在不改变条款内容和范围的前提下，进行必要的文本修改，以维持语句的逻辑连贯和语法通顺，并且保持各条款间的相互对应。全国领导委员会亦有权在向选举服务局提交的最终文本中，添加批注，以及对条例和其他党内法规进行必要的修改。

（罗佳 译）

西班牙语术语表

Administrador General de Fondos	资产总管
afiliado，militante	党员
alianza，coalición	联盟
Asamblea Electoral	选举代表大会
auto	判决
balance anual de bienes	年度财务结算
bancada	席位
Banco Central	中央银行
Banco de la Nación Argentina	阿根廷国家银行
Bloques Parlamentarios Nacionales	国会参议员小组
Boletín Oficial	官方公报
campaña	竞选
candidato	候选人
Capital Federal	联邦首都区
carta certificada	挂号信
Cédula Electoral	选民证
censura por escrito	书面检查
Código Civil	民法
Código de Procedimiento Civil	民事诉讼法
Código Orgánico de Tribunales	法院组织法
Código Procesal Civil y Comercial de la Nación	国家民商事诉讼法
Código Procesal Penal	刑事诉讼法
Comisión Nacional de Elecciones	全国选举委员会
Comisión Nacional de Honestidad y Justicia	全国诚信与公正委员会
Comisión Política	政治委员会

续表

Comisiones de Ética Partidaria	道德委员会
Comité de Protagonistas	先行者委员会
Comité Ejecutivo	执行委员会
Comité Electoral	选举委员会
Comités de Mexicanos en el Exterior	境外墨西哥公民委员会
Congreso Nacional	全国议会
Congresos Distritales	区级议会
Congresos Estatales	州级议会
Consejero Regional	大区理事
Consejo Consultivo	咨询委员会
Consejo Directivo	领导委员会
Consejo para la Transparencia	透明度委员会
Consejos Económicos y Sociales	经济和社会理事会
Constitución	宪法
Contralor General	总审计长
Coordinador Regional	区域协调员
Corte de Apelaciones	上诉法院
Corte Penal Internacional	国际刑事法院
cosa juzgada	既判力
cuota	党费
declaración de intereses y patrimonio	财产申报表
declaración de principios	原则声明
democracia representativa	代议民主制
derecho a defensa	辩护权
derecho a sufragio	选举权
derecho a voto	投票权
derecho de asociación	结社权
día corrido/hábil	自然日/工作日
Diario Oficial de la Federación（DOF）	《联邦官方公报》
Director del Servicio Electoral	选举服务局局长
distrito electoral	选区
Divisiones de Trabajo	劳动司
Documento Nacional de Identidad	身份证

economía social de mercado	社会市场经济
ejercicio	财政年度
El Fisco	国库
entidades federativas	联邦单位
escribano	公证员
Estatuto de Roma	《罗马规约》
expulsión	开除党籍
financiamiento privado	私人资助
financiamiento público	公共资助
franquicias postales y telegráficas	邮政资费、电报资费豁免权
frente	统一战线
Fuerzas Armadas de la Nación	国家武装部队
fusión	合并
grupo parlamentario	议会党团
Instituto Nacional de Formación Política	全国政治培训学院
Instituto Nacional Electoral（INE）	全国选举协会
Intendente Regional	区长
juzgado federal	联邦初审法院
letrado	律师
Ley General de Instituciones y Procedimientos Electorales	选举制度与选举程序总法
Ley General de Sistemas de Medios de Impugnación en Materia Electoral	选举事务异议处理系统总法
Ley Orgánica Constitucional de Votaciones populares y Escrutinios	公民投票和选票统计组织法
LeyOrgánica de Partidos Políticos	政党组织法
Libreta Cívica	户口簿
libro de balance	结算账目本
libro de inventario	财产清册
libro general de ingresos y egresos	收支总账簿
magistrado	大法官
Ministerio del Interior y Transporte	内政和交通部
Ministerio Público Fiscal	检察院
MORENA	国家复兴运动党

续表

Movimiento Ciudadano	墨西哥公民运动党
nulidad	无效
Orden y Seguridad Pública	公共安全与秩序部
Órgano Contralor	审计机构
Órgano Ejecutivo	执行机构
Órgano Intermedio Colegiado	联合机构
Padrón Electoral	选民登记册
paridad de género	性别平等
Partido de la Revolución Democrática	民主革命党
Partido del Trabajo	劳动党
partido en formación	在建政党
Partido Justicialista	正义党
Peronista	庇隆主义
persona jurídica	法人
persona natural	自然人
personalidad jurídica	法人资格
plataforma electoral	竞选纲领
precampaña	预选
Prevención de los Conflictos de Intereses	防止利益冲突
primera instancia	一审
principio de mayoría relativa	相对多数制
principio de representación proporcional	比例代表制
principio de representación uninominal	单名选区制
Probidad en la Función Pública	公职廉政
programa de acción	行动纲领
propaganda	宣传
Protagonistas del cambio verdadero	改革先行者
recurso de queja	申诉
Regeneración	《复兴报》
régimen fiscal	税制
Registro Civil	户籍登记处
Registro de Partidos Políticos	政党登记处
Reglamento de Elecciones	选举条例

续表

Renovación Nacional	民族革新党
Secretaría de Mexicanos en el Exterior y Política Internacional	境外墨西哥公民与国际政治秘书处
Secretaría de Organización del Comité Ejecutivo Nacional	全国执行委员会组织秘书处
Secretaría Nacional para el Fortalecimiento de Ideales y Valores Morales, Espirituales y Cívicos	全国公民精神道德观念建设秘书处
secretario general	秘书长
segunda instancia	二审
simpatizante	支持者
subrogante	代位人
Superintendencia de Valores y Seguros	证券和保险监管局
Suprema Corte de Justicia Nacional（SCJN）	国家最高法院
transitorios	过渡条款
Tribunal Calificador de Elecciones	选举资格评定法院
Tribunal Constitucional	宪法法院
Tribunal Electoral del Poder Judicial de la Federación	联邦选举法院
Unidad Básica	基层组织
unidad de fomento	发展单位（智利）
Unidad Técnica de Fiscalización del Instituto Nacional Electoral	全国选举协会审计署
unidad tributaria	税收单位
voto secreto	无记名投票

葡萄牙语术语表

ADIN/ADI/Adins	违宪直接诉讼法
advertência	警告
Assembleia Legislativa	立法议会
balanço contábil	决算报表
Banco do Brasil	巴西银行
Cadastro de Pessoa Física（CPF）	个人税务登记号
Cadastro Nacional da Pessoa Jurídica（CNPJ）	国家法人登记册
Câmara dos Deputados	众议院
Cartório Eleitoral	选民登记处
Casas Legislativas	立法机构
Certidões de Antecedentes Criminais	无犯罪记录证明
Código de Ética, Fidelidade e Disciplina	道德、忠诚及纪律准则
Comissão Executiva	执行委员会
Comissõao Provisória	临时委员会
Congresso Nacional	全国议会
Conselho Fiscal	财政委员会
Consolidação das Leis do Trabalho	劳动法
Constituição	宪法
Convenção Nacional do Partido	党的全国代表大会
Créditos não Quitados do Setor Público Federal（Cadin）	违约者登记中心
declarações de isenção	免税声明
desligamento	退党
deveres	义务
Diário Oficial	官方公报
direito	权利

direito a voto	表决权
Diretórios Estaduais e Distrital	州/联邦区领导委员会
Diretórios Municipais e Zonais	市/选区领导委员会
dissolução	解散
Distrito Federal	联邦区
eleição majoritária	多数选举制
eleição proporcional	比例选举制
eleitor	选民
Escrivão Eleitoral	选举登记员
Estatuto do Partido	党章
expulsão	开除党籍
filiado	党员
Fundo Especial de Assistência Financeira aos Partidos Políticos (Fundo Partidário)	政党财政特别援助基金（政党基金）
Fundo Especial de Financiamento de Campanha	大选财政资助基金
infração disciplinar	违纪行为
infrator	违纪人员
Juiz Eleitoral	选举法官
Justiça Eleitoral/Juízo Eleitoral	选举法院
Legislação Eleitoral	选举法
maioria absoluta	绝对多数
maioria simples	简单多数
número do título eleitoral	选民登记号
pessoa jurídica	法人实体
pluripartidarismo	多党制
Procuradoria – Geral	总检察长
Receita Federal do Brasil	巴西联邦税务局
Regime Geral de Previdência Social	社会保障体系
Registro Civil das Pessoas Jurídicas	法人实体民事登记处
relatório financeiro	财务报告
revogado	废除
Secretaria da mulher	妇女事务秘书处
Secretaria de Assuntos Internacionais	国际事务秘书处

续表

Secretaria de Assuntos Jurídicos	法律事务秘书处
Secretaria de Assuntos Parlamentares	议会事务秘书处
Secretaria de Formação Política	政治培训秘书处
Senado Federal	联邦参议院
suplente	候补成员
suspensão	中止
Tesoureiro Geral	财务总管
Tesouro Nacional	国库
Tribunais Regionais Eleitorais（TREs）	地区选举法院
Tribunal de Contas	审计法院
Tribunal Superior Eleitoral（TSE）	最高选举法院
Zona Eleitoral	选区

（刘晋彤 整理）

后　记

　　党内法规制度建设离不开对于国外政党法规和党内法规的合理借鉴。拉丁美洲是政党政治较有特色的地区，政党法规和党内法规也是拉丁美洲政党政治体系的重要组成部分。翻译拉丁美洲主要国家的政党法规和党内法规，对于中国共产党的党内法规制度建设有着重要价值。

　　本书的翻译对象是阿根廷、墨西哥、巴西和智利四国的政党法规及执政党的党章、党纲和其他重要党内法规。这些规范覆盖了以上四国的主要政党法规和主要政党的党内法规，是了解拉丁美洲政党政治体系的重要参考。

　　本书是武汉大学党内法规研究中心策划的"国外政党法规和党内法规译丛"的重要成果。"国外政党法规和党内法规译丛"从 2016 年开始策划，第一批《德国政党法规和党内法规选译》和《日本政党法规和党内法规选译》已经在 2017 年底出版。第二批成果《韩国政党法规和党内法规选译》、《西班牙政党法规和党内法规选译》和《法国政党法规和党内法规选译》已经分别在 2018 年和 2019 年出版。第三批成果包括俄罗斯、拉丁美洲主要国家、美国、英国等国政党法规和党内法规的翻译工作，本书即是第三批成果中的一本。本书也是武汉大学党内法规研究中心借助外脑开展本项目的一次成功尝试。本书是在新冠肺炎疫情期间完成，非常感谢华中师范大学外国语学院西班牙语语言文学系刘晋彤老师及其团队的辛勤工作。刘晋彤老师及其团队有着较高的语言能力和业务能力，已翻译并出版《西班牙政党法规和党内法规选译》一书，对政党法规和党内法规有着深入的研究和思考，十分适合承担本项翻译工作。需要自我批评的是，作为本译丛的策划人，我本人并不懂西班牙语和葡萄牙语，只能根据中文习惯在各位优秀译者的指导下，艰难且缓慢地审阅本书，在此向各位译者和各位读者道歉。

　　尽管各位译者对本书的贡献是同样的，但基于技术原因，必须在封面呈现译者排序，这一排序并不表明实际贡献有别。各部分的译者列于各自的译本之后，翻译责任由各位译者自行承担，我本人也承担相应的审阅责任。

本书的成型和出版获得了很多师友的关心和帮助，特别是武汉大学党内法规研究中心各共建单位的支持和帮助。感谢武汉大学党内法规研究中心将本译丛列为重点资助项目，并提供翻译和出版资金支持。感谢华中师范大学外国语学院对本书的支持。感谢武汉大学法学院班小辉副研究员对于刘晋彤老师及其团队的引介。感谢武汉大学党内法规研究中心李丹青老师为本书出版做出的贡献。感谢社会科学文献出版社的大力支持和协助。

由于时间仓促，本书定然存在很多错漏之处，请各位党内法规理论研究和译著界的同仁不吝赐教！我们相信，没有大家的批评，我们就很难正确认识自己，也就不可能真正战胜自己，更不可能超越自己。

祝捷

于武汉大学半山庐

2020 年 3 月

图书在版编目（CIP）数据

拉丁美洲主要国家政党法规和党内法规选译／刘晋彤，苏雨荷，罗佳译． -- 北京：社会科学文献出版社，2020.6

（珞珈党规精品书系）

ISBN 978 - 7 - 5201 - 6562 - 4

Ⅰ．①拉…　Ⅱ．①刘…②苏…③罗…　Ⅲ．①政党 - 法规 - 汇编 - 拉丁美洲　Ⅳ．①D970.11

中国版本图书馆 CIP 数据核字（2020）第 063294 号

珞珈党规精品书系

拉丁美洲主要国家政党法规和党内法规选译

译　　者／刘晋彤　苏雨荷　罗　佳
策　　划／祝　捷

出 版 人／谢寿光
组稿编辑／任文武
责任编辑／杨　雪

出　　版／社会科学文献出版社·城市和绿色发展分社（010）59367143
　　　　　地址：北京市北三环中路甲 29 号院华龙大厦　邮编：100029
　　　　　网址：www.ssap.com.cn
发　　行／市场营销中心（010）59367081　59367083
印　　装／三河市尚艺印装有限公司

规　　格／开　本：787mm × 1092mm　1/16
　　　　　印　张：17.5　字　数：283 千字
版　　次／2020 年 6 月第 1 版　2020 年 6 月第 1 次印刷
书　　号／ISBN 978 - 7 - 5201 - 6562 - 4
定　　价／88.00 元

本书如有印装质量问题，请与读者服务中心（010 - 59367028）联系